KB171235

끝나지 않은 야만,
국가보안법

# 끝나지 않은 야만,
# 국가보안법

**초판 인쇄** | 2018년 9월 20일
**초판 발행** | 2018년 10월 4일

**지은이** 이병진 지음
**펴낸이** 최종기
**펴낸곳** 좁쌀한알
**디자인** 제이알컴
**신고번호** 제2015-000058호
**주소** 경기도 고양시 일산동구 장항로 139-19
**전화** 070-7794-4872
**E-mail** dunamu1@gmail.com

**ISBN** 979-11-89459-03-1    03330

저작권법에 의해 한국 내에서 보호를 받는 저작물이므로 무단전재와 복제를 금합니다.

책값은 뒷표지에 있습니다. 잘못 만들어진 책은 구입하신 곳에서 교환해 드립니다.

이 도서의 국립중앙도서관 출판예정도서목록(CIP)은 서지정보유통지원시스템 홈페이지(http://seoji.nl.go.kr)와
국가자료공동목록시스템(http://www.nl.go.kr/kolisnet)에서 이용하실 수 있습니다.(CIP제어번호: CIP2018030664)

**판매·공급** | 한스컨텐츠㈜
**전화** | 031-927-9279
**팩스** | 02-2179-8103

# 끝나지 않은 야만,
# 국가보안법

이병진 지음

도서출판
좁쌀한알

권두시

# 지원, 인규에게
### –뿌리가 꽃들에게

권말선


세상 풍파 그대로를

오들오들 떨며 맞듯

담 밑 비를 맞고

추위에 떠는

여린 분홍꽃잎 두 송이


'비바람에 흔들리고

부대낀대도

땅 위로 꽃잎

떨구면 안 돼,

모진 바람에도

두 손 꼭 잡고

서로를 지켜줘야 해!'


깜깜한 어둠 뚫고

울리는 뿌리의 외침,

숙였던 고개 드는

작은 꽃들의 의지!


역사를 거스르는

못나디 못난

국가보안법 때문에

두터운 벽

깜깜한 어둠에 갇혀도

쩌렁하게 울리는

아빠 목소리

'지원아, 인규야
아빠 여기 있다!
너희들 사랑하듯 우리민족 사랑하는
아빠는 평범한 사람이란다.

너희들 너무 보고 싶어,
아빠 여기 있다고 말하고 싶어,
너희들 꼬옥 안아 줄
그 날을 앞당기려
오늘도 통일을 부르는
글을 쓴단다.

아빠 곁에 없다고
아빠 보고 싶다고
고개 숙이고 눈물 떨구면 안 돼,
둘이서 작은 손 꼭 잡고
서로를 지켜줘야 해!

비 그치고 해 뜨면
빗물 툭툭 털어내고
찬란한 아침 햇살 흠뻑 받으며
꽃들은, 분홍 꽃들은
방긋방긋 노래할테지

지원아, 인규야
아빠도 햇살처럼
환한 기쁨, 행복, 사랑
세상 모든 따사로움
다 가져다 줄게
통일된 조국에서
북녘의 다정한 삼촌, 이모
만나게 해 줄게

지원아, 인규야!
아빠 여기 있단다
힘을 내거라,
내 고운 아이들아!'

5

# 인간의 존엄을 지키기 위한 힘겹고 외로운 싸움

2014년 1월 즈음 천주교인권위원회에서 몇 통의 편지와 기록을 보내주며 소송을 진행할 수 있겠는지 물어왔다. 편지의 발신인은 이병진, 주소는 전주교도소였다. 편지에는 알몸검신을 당한 사실, 오래전부터 교도소 밖으로 오가는 서신들을 계속 검열받아온 사실이 적혀 있었다. 그는 교도소 측에 정확한 서신검열의 근거와 서신검열 횟수에 대해 정보공개청구를 했다고 했다. 자신은 서신검열이 인간의 존엄성을 침해함에도 교도소 측에서 이를 계속하고 있기에 소송을 통해 맞서 싸울 것이며 소송을 진행해줄 변호사를 찾고 있다고 했다.

나는 처음부터 어떤 강한 느낌에 이끌렸다. 이병진은 젊은 유학 시절 북한에 다녀왔다는 이유로 국가보안법 위반 등으로 8년의 실형을 받아 2010년부터 4년째 전주교도소에 갇혀 지내는 사람, 이른바 '수형자'였다. 갇히기 전까지 그는 인도 전문가로서 활발히 활동하던 전도양양한 학자였다. 또한, 나와 같은 나이였다. 아직 30대였던 그가 8년의 형벌을 받고 40대가 되도록 이어지는 기나긴 고립을 어떻게 견뎌내고 있을지 가늠하기조차 어려웠다. 그는 편지에서 서신검열을 당한 것을 알았을 때 '마치 알몸을 들여다보는 것 같은' 수치심을 견디기 어려웠다고 했다. 오래전 나 역시 같은

6

일로 구치소에 몇 개월 있었던 경험이 떠올랐다. 외부와 이어지는 유일한 통로인 편지가 얼마나 큰 기쁨이고 매일을 지탱해주는 힘이었던지. 예민한 감수성이, 그가 느꼈을 고통이 느껴졌다.

2014년 2월, 전주교도소로 찾아가 이병진을 처음 보았다. 기결수라서 변호인 접견 대신 일반 접견처럼 칸막이가 있는 곳에서 잠깐만 면회할 수 있다는 교도소 측과 한참 실랑이를 한 끝에 칸막이 없는 곳에서 접견을 하였다. 내 예상은 조금 빗나갔다. 뚜렷한 이목구비 속에서 오랜 시간 쌓여 왔을 선한 웃음, 선한 얼굴을 첫눈에 알아볼 수 있었다. 그리고 깊은 눈에서 뿜어져 나오던 강한 결의를 지금도 기억한다.

그렇게 나는 수형자 이병진의 서신검열 국가배상 청구 소송을 시작하였다. 이후 편지를 주고받고 학자답게 그가 꼼꼼하게 정리해준 기록과 연구자료를 읽었다. 교도소 측은 2010년 그가 교도소에 들어올 때부터 그의 편지를 검열하였다. 2012년에 편지를 개봉해서 제출하도록 하는 것은 위헌이라는 헌법재판소 결정이 있었지만, 그 후에도 서신 개봉 제출을 강요하고 서신검열을 계속하였다. 알몸검신을 당한 사실 등을 편지에 쓴 이후에 교도소 측의 감시와 검열은 더 강화되었다. 외부에 보내는 집필문도 불허하였다.

한참 시간이 지나 2013년 가을에 이병진은 교도소 담당자에게 자신이 서신검열 대상자로 지정되어 있으며 그가 보내거나 받는 편지 대부분을 검열하고 있다는 말을 듣게 되었다. 그는 큰 충격을 받았다. 교도소 측에 정확한 서신검열의 근거와 서신검열 횟수에 대해 정보공개청구를 했다. 교도소 측이 서신검열의 정당성을 강변하면서 어쩔 수 없이 인정한 서신검열 횟수를 기준으로도 그에 대한 서신검열 편지 건수는 2013년(1월~11월) 115건, 2014년(1월~ 9월) 83건에 이르렀다. 소송과정에서 확인한 것에 따르면 그는 전국에서 압도적으로 가장 많은 편지를 오랜 기간 검열당한 수형자였다. 수신인이 단체, 언론인 경우는 거의 대부분 검열을 하고 안부를 주고받는 지인, 가족은 물론이고 심지어 소송을 진행하는 변호사와의 편지까지도 검열하였다.

이병진은 고립된 채 편지를 계속 검열당하는 상태에서도 수년 간 인간의 존엄을 지키기 위한 힘겹고 외로운 싸움을 벌였다. 그는 특정 수형자를 서신검열 대상자로 정해 지속적으로 서신검열을 하는 것이 과연 정당한 것인지 끊임없이 묻고 스스로 공부했다. 나는 그의 싸움이 단지 자신의 싸움이 아니라 모든 갇힌 자를 위한 싸움이라고 확신했고 작은 방에 고립된 그가 계속 싸움을 이어갈 수 있도록 돕고 싶었다. 소송과정에서 국가는 서신검열 대상자 지정 제도의 존재를 부인하였고 수형자의 사회복귀와 교정시설의 질서유지를 위해서 서신검열이 불가피했다고 강변했다. 그러나 소송과정에서 교도소 담당자가 이병진의 지인의 질문에 답하면서 이병진을 서신검열 대상자로 지정했다고 설명하는 대화 내용이 증거로 제출되었다. 교도소 측이 검열한 수많은 편지 중에서 정말로 문제가 되어 발송하지 않은 서신이 없었다는 교도관의 진술도 나왔다. 결국, 그의 동향을 감시하기 위한 목적으로 서신검열을 했다는 사실이 드러났다. 그러나 1심, 2심 법원은 요지부동 국가에 면죄부를 주었다. 서신검열 대상자로 지정했다고 인정하기 부족하고 서신검열이 정당한 것이었다고 판단했다. 심지어 그가 많은 수의 편지를 지속적으로 주고받았다면서 이를 서신검열의 정당한 근거로 삼았다. 결국, 2016년 7월 대법원 상고가 기각되어 패소하였다. 한 수형자의 긴 싸움은 변호사의 무능함으로 인해 결국 승리하지 못했다. 그러나 그의 싸움은 분명 우리 사회 숨겨진 야만에 정면으로 맞선 의미 있는 분투였고 현재에도 진행형인 싸움이다.

만약 이병진이 장기 수형자로서 자신이 처한 상황을 받아들이고 순응하였다면 그는 덜 고통받고 조금 더 일찍 석방되었을 수도 있다. 그 역시 하루에도 몇 번씩 싸움을 그만두고 포기하고 싶은 마음도 들었을 것이다. 그러나 침묵하고 협조하는 대신 그는 싸움을 택하였고, 그 기간 숱한 불이익을 감내해야 했고 모멸을 견뎌야 했으며 조기에 석방되지도 못했다. 그런 상황 속에서도 그는 어느 날 편지에서처럼 끊임없이 자신을 성찰하였다.

이 문제는 제 스스로 결단을 내렸고 제가 싸워야 하는 문제입니다. 끈질기게 싸우겠습니다. […] 오랜 수감생활에 따른 피해의식 때문인지 자꾸 현실에서 도피하고 싶을 때가 있어요. 제가 잘못 생각했습니다. "요즘 밖은 아비규환입니다"라는 변호사님 말씀 듣고 제 자신을 반성합니다. (2015년 12월 16일 이병진 편지)

소송이 끝난 후에도 나는 이병진에게 받은 편지를 오래 보관하였다. 그의 말과 반대로 오히려 그의 편지는 항상 나를 되돌아보게 했다. 마음이 심란할 때면 그의 편지를 꺼내 읽어보고는 했다. 그 편지들은 검열당하면서도 포기하지 않고 싸우고 성찰했던 귀한 기록들이다. 그러한 편지들을 모아 책을 펴낸다니 무척 반갑다. 이 책을 통해 더욱 많은 사람이 그의 편지로 내가 얻었던 성찰의 시간을 함께하면 좋겠다. 그리고 21세기에도 여전히 존재하는 국가보안법의 야만, 수용자를 감시와 통제의 대상으로 여기는 또 다른 야만, 여전히 우리 곁에 배회하는 야만들을 직시하게 되기를 기대한다.

송상교(변호사)

차례

# 야만과 마주하기

# 새로운 싸움의 시작

# 알몸검신과 서신검열

# 포승줄을 풀며

# 야만과 마주하기

# 나를 위로해주기 위해
# 바쁜 가운데 찾아와주신 고마운 분

2010년 8월 17일,
존경하는 임미영 선생님께

안녕하세요? 이병진입니다. 인사가 늦어 죄송합니다.

처음 면회 오실 때 당혹했습니다. 저는 너무나 깊은 상처와 혼돈 속에 빠져 있어서 사람들이 무섭고 신뢰의 가치가 송두리째 흔들려서 제 스스로의 힘으로 서 있기가 힘들었습니다. 그런 상황에 놓인 때에 면회를 오셔서 당황했습니다. 소식지를 받고 임미영 선생님의 글을 읽었습니다. 공감을 했습니다. 편지를 보내야지 하면서 차일피일 미루다 어제 전주교도소로 이감 왔고 편지를 보냅니다. 짧은 면회시간이었지만 임미영 선생님의 첫 인상이 제게 강하게 남아 있습니다. 솔직히 얼굴은 잘 기억나지 않지만 제가 가장 힘들 때 저를 위로해주기 위해 바쁜 가운데 찾아와 주신 고마운 분으로 믿고 있습니다.

1996년도쯤인가요. 정확히 기억은 안 나지만 대학원에 다닐 때 장충체육관에서 양심수후원회 문화행사가 있었어요. 명계남·최광기 선생님이 사회를 보고 안치환 씨의 노래가 기억나요. 그런데 저 자신이 민가협양심수후원회의 후원 대상이 되다니…. 아직도 믿지 못하겠어요. 통상환을 받고, 참 많은 생각을 했습니다. 나는 누굴까? 나는 왜 사랑하는 아내와 아이들, 부모·형제와 생이별을 해야 하나…. 너무나 가슴

17

이 아픕니다.

성신여대 조준현 교수님은 이상을 쫓아가자 희생양이 되었다고 안타까워 하지만, 너무나 가혹하고 가족들의 고통이 큽니다. 아무런 죄가 없는 어린 딸과 아들과 아내가 불쌍합니다. 인도는 영국의 식민지배를 200년 동안 받으면서 인내와 희생으로 값비싼 대가를 치르며 독립을 얻었습니다. 자주적 독립국가의 소중함과 가치를 강조합니다. 인도에서 공부하면서 그런 영향을 많이 받았습니다. 인도는 다양성 속에서 조화와 협력의 민주주의 정치를 하고 있습니다. 독립운동의 전통과 영향 때문입니다. 인도적 시각에서 객관적으로 분단 문제를 정확히 이해하고 싶다는 순수한 열정이 현실을 크게 일탈한 결과를 만들었습니다.

제 행위는 인정하지만 흐름과 맥락을 고려하지 않고 부정적으로 몰아가는 지금의 현실에 개인이 감당하기 힘든 외로움과 고독감을 느낍니다. 참고 인내하고 기다리면 좋은 날도 오겠지요. 감사함과 고마움을 드립니다.

안녕히 계세요.

# 진리를 따르면 반드시
# 승리한다는 믿음

2010년 8월 27일 새벽,
그리운 김혁 선생님(동지)께


반가운 김 선생님의 편지를 받고 기쁘고 든든한 마음입니다. 김 선생님의 편지와 아내의 편지가 같이 왔습니다. 이제는 아내의 편지보다는 김 선생님의 편지가 더 반갑고 위로가 됩니다. '동지'가 되어가는 느낌입니다. 이제 아내를 놓아주려 합니다. 전주로 오면서 다 놓아주고 왔습니다. 제 갈 길도 먼데 아내와 아이들까지 챙기기에는 욕심이자 헛된 욕망이죠. 새로운 마음과 자세로 시작할 거예요. 저는 그저 평범한 선생에 불과했는데 시대가 저를 치열하게 살게 만드네요.

요즘 『레닌 재장전: 진리의 정치를 향하여』라는 책을 읽고 있습니다. 제1차 세계대전의 소용돌이 속에서 제2인터내셔널이 붕괴되고 암울한 시기에 착취받고 억압받는 노동자, 농민, 식민지배를 당하는 사람들에게 혁명적 열정과 무한한 희생으로 새로운 인류 진보의 길을 개척하고 1917년 혁명을 성공시킨 레닌에게서 깊은 감동과 굳은 의지를 배우고 있습니다. 식민지 국가의 민족해방운동과 사회주의운동 역량을 묶어 전쟁을 반대하고 평화로운 참세상을 꿈꾸었던 혁명가였습니다. 레닌은 사상가라기보다 정세를 예리하게 통찰해볼 줄 아는 참다운 정치가였죠. 레닌이 혁명에 성공할 수 있었던 이유는 '진리'를 따랐기 때문이에요. 권력에 대한 환상과 사심을 버리기 위해 철저히 자신을 희생했기 때문에 세상을 과학적이고 객관적으로 볼 수 있었습니다. 그래서 저는 레닌을 존경합니다.

감옥에 들어와 보니 본질적 문제가 보이기 시작합니다. 저의 욕심, 욕구, 이기심이 강제적으로 거세당하다 보니 정체성의 혼란과 죽음의 경계까지 경험하는 두려움과 공포감을 가졌지만 그게 저의 한계였습니다. 그런 것들을 제거하니 지금은 홀가분하고 세상을 좀 더 객관적이고 과학적으로 볼 수 있는 힘이 생깁니다. 감옥생활이 결코 무의미하진 않구나 하고 깨닫게 됩니다. 비정규직의 아픔을 고민하신 김 선생님께 노동운동의 '진정성'을 보게 됩니다.

저는 간디의 비폭력 노선을 신봉합니다. 폭력이냐 비폭력이냐가 본질은 아닙니다. '진실', '진리'가 본질입니다. 간디는 진실, 진리를 따르면 반드시 승리한다는 믿음을 갖고 있습니다. 왜냐하면 진리는 반드시 승리하기 때문에 굳이 폭력을 사용하지 않아도 된다고 보았죠. 결국 '진리'의 길을 가는 사람은 시련과 역경이 찾아와 좌절할 수 있지만 승리한다는 믿음을 갖게 합니다.

저는 쌍용차 파업 때 어느 부인이 자살한 소식을 듣고 얼마나 억울하고 원통했으면 자식과 남편을 두고 자살했으며, 그 남편의 심정이 어떠했을까 생각해봅니다. 그런 이들의 슬픔과 아픔을 나누고 견디어내며 지내시는 김 선생님께 깊은 신뢰를 갖고 있습니다. 저는 김 선생님은 외로움을 못 느끼실 거라 생각했는데…. 편지 받고 참 따뜻한 분이시구나. 저에게 그렇게 깊은 애정과 정을 주신 줄 몰랐어요. 0.75평 거실에서 너무나 큰 절망과 좌절감에 빠졌을 때 김 선생님이 계셔서 얼마나 마음 든든했는지 모릅니다. 그리고 형님처럼 의지했습니다. 저에게 모범을 보여주셨습니다. 정말 고맙고 감사드려요.

이곳 전주는 조용하고 차분합니다. 처음에는 힘들었는데 이제 안정을 찾아갑니다. 혼자 지내는데 거실이 조금 트고, 화장실이 수세식이어서 햇빛 못 보는 위안을 삼고 대신 운동시간에 햇빛을 보고 옵니다. 지내보니 이곳 나름의 장점도 있네요.

답장 주셔서 감사드려요. 자주 편지 드릴게요. 저도 『자본론』을 읽어볼까 해요. 김 선생님을 알게 되어 외롭지 않게 되었습니다. 감사해요.

안녕히 계세요.

# 그동안 알지 못했던
# 진실들

2010년 9월 2일,
존경하는 강성철 선생님께


안녕하세요? 전주에 이감 와서 구노회 소식지를 기다리는 저를 발견했습니다. 처음 면회 오셨을 때의 낯설음은 사라지고 이제는 다른 것보다 우선해서 소식지를 기다립니다. 소식지에는 구속된 사람들의 심정과 아픔을 가장 걱정해주고 진심으로 생각해주는 따뜻한 애정이 있어서 기다려집니다. 저에 대한 깊은 배려 감사합니다. 51호에 실린 김혁 선생님의 편지 글도 잘 읽었습니다. 저를 진심으로 걱정해주시는 선생님들께 감히 '동지'라는 생각을 갖게 합니다.

저는 지금까지 학교와 가정을 한 치도 벗어나지 않았습니다. 오직 '평화'를 신념으로 인도 정치와 정치경제를 연구했습니다. 제3세계의 시각으로 통일을 객관적으로 전망해보고 싶었는데 이곳 감옥에까지 왔습니다. 제가 너무 순진했나? 학자적 양심은 뭔가? 혼돈 속에 저의 진정성과 의도와 달리 이적 행위자로 매몰차게 몰아세우는 지금의 사회현실과 징벌의 결과, 가정이 파괴되어 불안에 떨고 있는 아이들과 아내를 생각하면 너무나 절망적입니다. 이런 저에게 강 선생님의 위로 편지와 후원은 너무나 소중하고 귀중한 위안을 줍니다. 저에게 "결코 부끄러운 사람이 아니다"라고 말씀해주셔서 고맙고 감사합니다. 강 선생님의 편지를 읽고 많은 생각을 하게 되었습니다.

저는 인도에서 공부하면서 우리나라에서 전쟁의 위협을 걱정하며 고민했습니다. 저 역시 평화롭고 안전하게 모든 사람이 자기가 일한 만큼 대가를 얻고 소외되지 않게 사는 세상을 꿈꾸며 학문 탐구를 했습니다. 세상 사람들이 저의 진심을 이해해주었으면 좋겠습니다.

저희 집안은 보수적입니다. 저 또한 그렇습니다. 다만 학자적 양심에 따라 '진실'을 알고 정직하게 살고자 노력했을 뿐입니다. 막상 수감생활을 하니 제가 그동안 알지 못했던 진실들을 알게 되었습니다. 누구를 위해 어떠한 삶을 살아야 할지 근본적인 고민을 하게 됩니다. 감옥에 와서 보니 부당하게 억압받고 있는 노동자들이 많이 계시다는 것을 알게 되었습니다.

오히려 그런 분들이 저를 이해해주고 위로해주셨습니다. 제가 수감되자, 많은 사람이 저를 외면하고 등을 돌렸습니다. 자신들에게 피해가 될까 봐 싸늘한 시선으로 외면하는 그들에게서 그동안 제가 믿고 살았던 우리 사회가 얼마나 허무하고 신기루에 불과했던지 실체를 알게 되었습니다. 오히려 '작지만 양심을 지키고자 하는, 방어하고자 하는 사람들과 함께 있다는 것'이 참으로 가치 있는 삶 아니겠습니까?

저도 그런 분들과 함께 못다 한 제 학문의 꿈을 펼쳐보고 싶습니다. 구속노동자후원회에서 저에게 연구활동을 도와주신다고 하니 말씀만 들어도 고맙고 감사합니다. 지금 보내주시는 책만으로도 과분합니다. 혹시 괜찮다면 사회, 시민단체에서 발행하는 신문, 잡지, 월간지 등을 받아보면 좋겠습니다. 정치학을 연구하다 보니 밖의 소식이 많이 궁금합니다. 진보적 학술단체에서 발행하는 책들도 좋습니다. 알음알음 저를 소개해주셔서 자료나 책 등을 받아보면 좋겠습니다. 염치 불구하고 말씀드렸습니다. 무척 바쁘신데 직접 편지까지 보내주셔서 감사드립니다. 저는 언제든지 강 선생님과의 대화를 환영하며 오히려 제가 감사드려야 할 일이죠. 저도 제 심경을 나누고 싶습니다. 고맙습니다.

안녕히 계세요.

# 어떻게 그 모진 고통과 아픔,
# 외로움을 참고 견뎌내셨을까?

2010년 9월 8일 이병진,
사무국장님께(이정태 운영위원에게 쓴 듯)

멀리 서울에서 전주까지 직접 찾아주셔서 깊은 감사의 인사를 드립니다. 가족 이외에 외부의 지인들을 뵙는 것이 처음이라 그동안 답답한 제 심경을 말씀드리다 보니 이야기를 듣지 못하고 제 말씀만 드린 것 같아서 송구합니다. 자세히 이야기 나누고 싶은데 제한된 시간에 이루어진 만남이어서 아쉬움이 많습니다.

그렇지만 저에게는 소중한 시간이었습니다. 혼자 고민했던 문제들을 누군가와 함께 대화를 할 수 있다는 것만으로도 용기가 생깁니다. 사건의 흐름과 맥락을 무시하고 일방적으로 간첩으로 몰아세우는 여론과 재판 결과에 대해 받아들이기가 힘들었습니다. 지금 상황에서 내가 뭘 어떻게 해야 할지도 막막했지요. 단박에 답을 찾을 수 없지만 저에 대해 관심을 갖고 이해하시는 분들이 몇 분이라도 계신다는 사실에 커다란 위안을 얻습니다.

저는 사상의 자유와 학문의 양심을 갖고 고뇌했던 지식인입니다. 그런데 저를 대역죄인으로 몰아세우는 극우적인 반공이념과 적대적인 대북관에 저의 정신과 몸은 발기발기 찢겨졌습니다. 가족들도 마찬가지입니다. 이걸 어떻게 치유하고 극복해나갈지 한 개인이 감내하기에는 인간적으로 너무나 고통스럽습니다. 사무국장님께서 장기수 송환 일을 하셨다지요. 장기수 선생님들은 그 오랜 기간 어떻게 그 모진 고통과 아픔, 외로움을 참고 견뎌내셨을까…. 가슴이 숙연해집니다. 오늘 찾아주신 의미를 잘 간직하며 마음을 다잡는 기회로 삼겠습니다.

저는 인도에서 정치학을 공부했습니다. 영국 제국주의자들은 200년 동안 인도를 식민지배하면서 힌두와 무슬림들을 갈등과 대립으로 조장하는 '분리지배(divide and rule)' 정책으로 통치했습니다. 제국주의자들의 지배 기술입니다. 그 결과 인도는 종교 갈등과 내전 상황 같은 극심한 갈등을 겪었습니다. 엄청난 사람들이 죽고 다치고 이산의 아픔을 당했습니다. 인도와 파키스탄 간의 갈등은 바로 분리지배의 역사적 산물입니다.

우리 민족도 같은 역사적 맥락에서 분단이 이루어졌고, 사상의 자유와 학자적 양심으로 이 문제를 고민했습니다. 저의 진정성을 보이기 위해 진실을 말씀드렸는데 천인공노할 '간첩'으로 몰아세우는 현실이 너무 괴롭습니다. 이 광풍이 학자의 상상력과 진리 탐구에 대한 열망을 집어삼키는 것이 두렵습니다.

제 사건의 맥락이 정확히 밝혀지기를 소망합니다. 통일운동이 국민들의 지지와 힘을 모으려면 깨어 있는 지식인들에 의한 진실, 진정성 있는 연구의 토대가 중요합니다. 객관적 자료와 과학적이고 논리적인 논쟁을 통해 구체적인 대안을 찾을 수 있다고 믿습니다. 사상과 이념적 편향으로 지식인들을 몰아세우면 결국 그 사회는 퇴행할 것이며 자폐증에 빠진 사회가 될 수 있습니다. 저도 제 사건의 특징과 성격을 정리해야겠지만 밖에서는 어떻게 이해하고 계시는지 궁금합니다. 소통의 계기가 되고, 제 사건을 교훈 삼아 남과 북이 화해와 협력을 이루는 소중한 교훈과 자산이 되기를 바랍니다.

찾아주셔서 거듭 감사드립니다.

# 북한과 화해와 협력을 꿈꾼 것이
# 이렇게 큰 죄인가요?

2010년 9월 11일,
김혁 선생님(동지)께

안녕하세요? 잘 지내고 계시지요. 토요일인 오늘 하루 종일 비가 오락가락합니다. 울적한 마음을 촉촉이 다독거려 주네요. 목요일에는 양심수후원회 사무국장님과 구노회 사무국장님 등 네 분과 장소변경접견을 가졌습니다. 저를 양심수로 보고 있으며 도울 일이 있으면 도와주신다고 하셨습니다. 가석방이나 사면을 받기 위해 사회적 압력과 여론 형성이 필요하다고 하시네요.

가족들이 적극 나서면 도와주신다고 합니다. 27일에는 가족의 날 행사가 예정되어 있습니다. 기관에서 가족관계 회복을 위해 무척 신경을 쓰고 있습니다. 그러나 감옥에 갇혀 있다는 한계 때문에 가족관계를 회복하기가 무척 힘이 듭니다. 아내는 여전히 '이혼'을 원하고 있습니다. 처음보다는 감정이 누그러졌지만 돌아선 마음은 바뀌지 않고 있습니다. 아내와 가족들을 숨기고 오랜 기간 북한 사람과 관계를 맺었다는 사실에 깊이 상처를 받았다고 하네요. 저는 순수하게 학자적 양심으로 만났고 의도가 불순하지 않았지만 밖에서는 저를 불순분자로 낙인을 찍은 것 같습니다.

참 답답하네요. 노동운동을 하시는 분들의 심정을, 그 답답하고 억울한 심정을 조금은 이해할 수 있을 것 같습니다. 그 답답함과 억울함을…. 김 선생님은 요즘 무슨 생각을 하고 지내시나요? 가족들하고도 거리감이 생겨요. 저를 원망하는 가족들을 이해는 하지만 갇혀 있는 사람의 심정을 몰라주고 저 때문에 집안이 망가졌다는 피해의식이 커서 제가 더욱 힘드네요. 왜 우리 사회는 사람을 몰아세워 낙인찍고 모질게 매질을 하는지 모르겠습니다. 온 가족이 죄인처럼 지내고 두려움에 떨어야 하고 아이들에게조차 제 이야기를 마음대로 꺼내지 못하는 상황입니다.

김 선생님! 제가 정말 죽을죄를 지었나요. 북한을 동포로 이해하고 화해와 협력을 꿈꾼 것이 이렇게 큰 죄인가요? 누구에게 제 답답함을 하소연해야 할지 모르겠습니다. 저는 북한을 적이 아니라 같은 민족, 동포라고 생각했습니다. 함께 평화롭게 살 수 있는 방법이 뭘까 고민하고 꿈을 꾸었습니다. 현실은 준엄하고 냉혹합니다. 그 대가가 너무나 혹독합니다. 사랑하는 아내와 자식과 헤어지고 부모, 형제, 자매에게 고통과 슬픔을 안겨주었습니다. 기존의 질서에 조금이라도 균열이 생기거나 변화가 생길까 봐 이념 공세로 한 개인과 가족을 갈기갈기 찢어버리는 섬뜩한 광기에 두렵기까지 합니다.

왜 그랬을까? 맥락도 살피지 않고 일방적으로 낙인찍는 사회가 참 두렵습니다. 그래서 더 외롭고 슬프네요. 소외받고 사는 사람들의 슬픔과 한이 이런 거구나, 인간적인 고뇌가 컸습니다. 풍족하고 단란했던 가정에서 자라 행복했습니다. 그렇지만 진리를 탐구하는 학자 입장과 양심에서 현실의 모순을 외면할 수 없었습니다. 학자적 양심과 현실적으로 가정을 지키고 살아야 하는 고단한 삶의 갈등이 컸습니다. 제가 앞으로 어느 길로 가야 할지…. 가정과 가족이 파괴되어 가고 있는 현실 앞에서 좌절과 절망이 큽니다. 더 이상 물러설 곳도, 빼앗길 것도 없는 사람이 되었네요. 오늘은 우울한 말씀드려 죄송합니다. 김 선생님! 상고심 재판은 잘 되었나요? 혹시 이감 가시면 꼭 편지 연락주세요. 김 선생님을 잊지 않고 있습니다.

건강하세요.

# 삶을 뿌리째 흔들고 뽑아내는
# 섬뜩한 광기

2010년 9월 13~14일,
반갑고 그리운 김혁 선생님(동지)께

오늘 편지 받고 무척 반가웠습니다. 쌍용차 항소심 재판의 기쁨을 김 선생님과 함께 나누어서 기분이 좋아요. 김 선생님도 집행유예로 나가셨으면 참 좋을 텐데….

저는 아직도 제가 '간첩'인가 어리둥절합니다. 믿기지 않아요. 북한 사람 만나서 대화하고 토론한 것을 빌미로 간첩으로 몰아세우는 우리의 현실에 절망했습니다. 갈기갈기 물어뜯고 개인의 삶을 뿌리째 흔들고 뽑아내는 수구보수언론의 섬뜩한 광기를 보았습니다. 그런 상처가 깊은데 8년이라는 징역까지 살아야 하니 제 심정이 오죽하겠습니까. 가족 일까지 생각하면… 답답한 마음입니다.

곰곰이 생각했습니다. 무엇이 잘못되었는가. 제가 순진했고 어리석었다는 것을 알았습니다.

저는 우리나라의 법과 제도에 대한 믿음과 환상을 가지고 있었습니다. 그러나 그것은 허상이었고 거짓이라는 것을 직접 경험했습니다. 저의 진정성을 유린하고 이념적으로 낙인찍는 국가보안법이 얼마나 무섭고 반인권적인지 제 사례가 증명해줄 거라 생각합니다.

김 선생님의 편지를 읽으면서 저보다도 더 분노하고 아파하시는 모습을 보고 진심으로 저를 걱정해주신다는 것을 알았습니다. 저를 이해해주고 아픔을 함께 나눈다는 분이 계시는 것만으로도 제게 큰 용기와 위로가 됩니다. 요즘도 운동을 열심히 하고 계시는지요? 재판은 끝났는지, 이감은 가시는지, 어디로 가실지 궁금해요. 이감 가셔도 꼭 편지 주세요.

저는 9월부터 정보화 교육을 시작했습니다. 워드프로세스 1급을 준비하고 있습니다. 운동은 혼자 합니다. 전주에 와서 안정을 찾아가고 있습니다. 주말에는 부모님과 동생이 다녀갔습니다. 가족들은 싸늘한 사회적 냉대에 불안해합니다. 제가 꼭 명예를 회복하겠다고 안심시켜 드렸습니다. 큰 딸아이(초등 3학년)는 '아빠는 뭘 하고 있을까?' 하고 찾는대요. 막내인 아들 녀석(초등 1학년)은 '10초 만에 아빠가 집에 왔으면' 하고 기다린대요. 그 말 듣고 거실에 와서 한참을 가슴으로 울었어요.

김 선생님! 정의(正義)의 길을 가는 것이 이렇게 고통스럽고 자기희생의 길인 줄 미처 몰랐어요. 가족과 처자식을 버리고 독립운동을 하셨던 애국지사들과 혁명가들이 얼마나 자기희생적 삶을 사신 분들이었는지 그분들이 존경스럽습니다.

9월 13일 늦은 밤


하루가 지났습니다.

김 선생님 편지를 머리맡에 두고 여러 번 읽고 편지를 쓰다 잠들었습니다. 오전에는 정보화 교육을 다녀왔습니다. 그리고 9월 27일에는 '가족의 만남' 행사가 예정되어 있습니다. 기관에서 가족관계의 회복을 위해 신경을 써주고 있습니다. 아내에게 와주었으면 좋겠다고 편지는 보냈지만 기대는 하지 않고 있습니다. 전주에 와서 두 차례 편지가 왔는데… 저에 대한 실망감이 크고 결혼생활 내내 뒷바라지했는데 옥바라지까지 하는 것은 너무 힘들대요. 안양에 있을 때보다는 감정이 누그러졌습니다. 현실적인 고민을 하고 있는 것 같아요.

저도 마음을 비우고 마음을 다잡고 중심을 세워야겠다고 다짐을 합니다. 이제는 더 이상 사사로운 감정에 휘둘리지 말고 굳게 마음먹고 생활해야겠습니다. 절에 들어와서 공부하고 있다고 생각하고 미래를 준비하며 와신상담(臥薪嘗膽)해야겠습니다.

저는 김 선생님이 국가보안법 위반으로 징역을 사셨다는 말에 놀랐습니다. 노동운동을 하는데 왜 국가보안법 위반인지 이해가 안 되네요. 개인적으로 김 선생님의 삶의 경험과 고민을 나누고 싶습니다. 저도 제 경험을 통해 치열하게 고민하면서 새롭고 혁신적인 대안을 찾고 모색할 계획입니다. 분단과 통일 문제도 당위성과 감상적 수준이 아니라 주·객관적인 현실을 냉정히 파악하고 근원적이고 실천적인 대안이 필요하다고 생각합니다.

김 선생님과 대화를 나누고 싶어요. 김 선생님! 추석이 다가옵니다. 추석 잘 보내세요. 저는 책을 읽으면서 차분하게 보내겠습니다. 자주 편지 드리겠습니다.

안녕히 계세요.

9월 14일

# 왜 정의의 길을 가는 사람은
# 박해받고 가시밭길을 가야 하는지

2010년 9월 15일,
김혁 선생님께

땀에 흠뻑 젖어 운동하시고 오시면서 미소 짓던 김 선생님이 그립습니다. 추석이 다가오니 더욱 쓸쓸하고 허전하네요. 김 선생님, 명절 잘 보내세요.

오늘 수원구치소에서 근무하시는 류주형 씨가 면회 왔습니다. 안양에 있을 때도 왔었는데 전주에까지 면회와 주니 고맙네요. 저에게 연민과 동정심을 갖고 있는 것 같아요. 시대의 아픔 같은 거죠.

김 선생님! 오늘 아내에게 편지가 왔습니다. 이혼서류를 법원에 제출한다고 합니다. 가슴이 아파요. 저는 친권은 공동으로 하고 싶은데 친권까지 포기하라고 합니다. 모든 것을 단절하고 싶은가봐요. 접견은 한 달에 2번으로 기회를 늘렸고(1회에서 2회로) 추징금은 대신 내준다고 하네요.

요즘 제 인생에 대해 생각해봅니다. 제가 꿈꾸었던 '이상'이 잘못되었던가? 왜 나에게 이런 고통이 있을까. 그동안 내가 너무 많이 누리고 살았나? 이런저런 생각이 듭니다. 아무리 순응하고 받아들이려 노력해도 치밀어 오르는 분노를 억누를 길이 없습니다. 억울하기도 하고 답답합니다.

차분하고 냉철하게 현실을 똑바로 보아야겠습니다. 점점 우리 사회에 대한 기대와 희망보다는 내 이익을 챙겨서 살아남아야겠다는 이기심이 커지는 것 같아요. 철저히 혼자라는 생각뿐입니다. 제가 나약해지는 걸까요? 학문적 신념과 뜻을 가지고 있지만 감옥에 들어오니 무의미해지고 학자로서의 자존감을 지키고 유지할 힘도 약해지네요. 이럴수록 더욱 굳게 마음먹어야 하는데… 세상이 저를 외면하는 것 같아서 외롭습니다.

소외받고 차별받으며 사는 삶이 무엇인지 뼈저리게 느끼고 있습니다. 그동안 저는 머리로만 세상을 이해하고 살았습니다. 감옥이라는 곳에 와보니 누가 무엇이 어떻게 누구를 짓누르고 억압하고 있는지 알겠네요. 무섭고 두렵기도 하지만 꼭 극복하고 이겨내어 살아남아야 한다는 투지를 갖게 합니다.

김 선생님! 남과 북의 화해와 협력에 대한 꿈을 가지고 한 일이 가정을 파탄 내고 가족들에게 엄청난 고통을 줄 만큼 '대역죄'인가요? 북한을 '적'이 아니고 '순수하게 같은 민족과 동포'로 받아들인 것이 이렇게 큰 죄가 될 줄 몰랐습니다. 그래서 그 꿈을 접어야 할지, 더욱 마음과 정신을 다잡고 굳은 신념을 가지고 살아야 할지 혼란스럽습니다. 저의 한계인 것 같네요. 왜 정의(正義)의 길을 가는 사람은 희생당하고 박해받고 가시밭길을 가야 하는지, 그 길밖에 없는 건지….

속상하고 가슴이 아파요

# 역사는 한 번도
# 나를 비껴 가지 않았다

2010년 9월 19일,
김혁 선생님께

추석이 가까워지니 집 생각이 많이 나네요. 김 선생님 잘 지내고 계시죠?

어제 주문한 책을 받았습니다. 『역사는 한 번도 나를 비껴 가지 않았다』(허영철, 보리). 만 36년간 옥고를 치르신 비전향 장기수 허영철의 말과 삶에 관한 글입니다. 마음이 울적했는데 이 책 보고 마음을 다잡았습니다. 만 36년간 감옥에서 지낸 허영철 선생님을 생각했습니다. 어떻게 그 긴 시간을 참고 이겨내셨을까. 그것도 무기징역을 선고받고 무슨 희망으로 버티셨을까? 사람이라기보다는 신적 존재처럼 경외심을 갖게 되네요. 자신의 신념과 사상을 지키기 위해 순결한 삶을 살다 가신 허영철 선생님을 추모하면서 저도 참고 이겨내야지 하고 다짐을 합니다.

어제는 우연히 큰 딸아이와 전화 통화를 했습니다. "보고 싶어. 지금 빨리 와." 가슴이 찢어졌습니다. 제 자신이 비참해지고 가슴이 쓰라립니다. 우리 아이들에게 전쟁이 아닌 평화로운 세상을 물려주고 싶었습니다. 스스로에게 정당성을 갖고 치열하게 살았다고 자부했습니다. 그런데 감옥에 갇히고 보니 조금 혼란스러웠습니다. 현실과 이상의 모순과 괴리가 너무 큽니다. 제 자신이 철저하지 못했습니다. 저 자신을 바꾸고 혁신해야 한다고 마음을 굳게 먹습니다.

김 선생님도 외롭고 고독할 때가 있으신가요? 저도 제 주변에 동지가 있었으면 좋겠어요. 김 선생님을 동지라고 생각해도 될까요? 감옥이라는 곳에서 김 선생님을 뵈어서 더욱 제 마음에 의지가 되고 신뢰가 생기네요. 어려운 시기를 함께 이겨내고 서로 의지하고 위로하는 동질감을 겪으며 김 선생님이 저에게 깊이 계십니다. 조금씩 제 자신을 밖으로 보여서 함께 나누고 고민하고 희망을 모색해보고 싶습니다.

김 선생님! 추석 잘 보내세요(아마 이 편지가 도착할 때면 추석이 지났겠군요). 9월 27일 가족의 날 행사가 있습니다. 아버지, 어머니께서 오십니다. 아버지, 어머니를 어떻게 위로해드려야 할지…. 자꾸 나약해지면 안 되지만 한 인간으로서 감내하기에는 고통이 큽니다. 제 삶의 토대가 깨져서 무너지고 가족들이 고통받는 것을 지켜보고 있어야 하는 무기력함이 저를 더욱 힘들게 하네요.

국가보안법의 서슬퍼런 무자비한 칼날을 온몸으로 겪고 있습니다. 자신의 정체성을 잃어버리지 않는 것이 중요하다고 하셨지요? 저를 지키고 보존하기 위해 김 선생님과 대화를 나누고 싶습니다.

안녕히 계세요.

# 정치는 소외되고 가슴 아픈 사람들의
# 눈물을 닦아주는 일

2010년 9월 23일,
김혁 선생님께


편지 잘 받았습니다.

경기도에는 비도 많이 오고 태풍의 피해도 있었군요. 편지 읽으면서 그곳의 모습을 생생히 느꼈습니다. 제 인생에도 태풍이 몰아치고 있습니다. 잘 견뎌낼지, 태풍에 휩쓸려 뿌리가 뽑혀 날아갈지 걱정입니다. 강한 정신으로 마음을 다잡고 이겨내야겠지요. 추석이 되니 가족들과 집 생각이 더 많이 나네요. 김 선생님도 마찬가지시겠죠. 김 선생님께 편지 보내며 마음을 달래고 있습니다.

『러시아 혁명사』를 읽고 계시군요. 러시아 혁명은 억압받고 착취당한 민족국가들에 많은 영향을 주었습니다. 인도에서 공부할 때 러시아 혁명과 레닌의 '제국주의론'에 대해 배웠습니다. 인도의 독립운동가들은 러시아의 10월 혁명에 많은 영향을 받았습니다. 독립 이후 인도가 제3세계 비동맹외교정책(non-alignment policy)을 펼친 것도 러시아 혁명에 영향받는 독립운동 지도자들 때문이거든요. 네루는 존경받는 지도자였습니다. 그런데 1990년대에 들어와서 많이 흔들렸어요. 중국과 파키스탄과 전쟁을 치르면서(국경분쟁) 경제적 궁핍이 민심을 동요시켰죠. 그런데 순리대로 원칙을 가지고 풀어야 하는데 급한 마음에 무력으로 떠나간 민심을 붙잡으려 하니 자꾸 무리수를 두게 되고 정치 불안을 야기시켰죠. 1984년 네루의 딸인 인디라 수상이 경호원에게 저격당해 숨지고 그의 아들 라지브 간디도 1988년 폭탄 테러로 숨지면서 인도는 급격히 불안정해졌습니다.

1990년대는 시장경제로 완전히 방향을 잡고 경제발전에 중점을 두었습니다 '시장'이라는 것이 인간의 욕망과 자유를 자극하죠. 그런 영향으로 인도에서는 그동안 억눌렸던 개인의 욕구가 표출되었고 그것이 카스트 간 갈등, 종교 간 갈등(힌두-무슬림)으로 표출되었습니다. 이때 극우적인 힌두국민당(BJP)이 잠시 집권을 하면서 인도는 혼돈의 시기를 거치게 됩니다.

2002년 힌두와 무슬림간의 유혈충돌로 몇천 명이 사망했던 사건도 벌어집니다. 그러면서 서서히 안정을 찾아가면서 자리를 잡아가고 있는 상황입니다.

제가 인도 민주주의에 일말의 '희망'을 갖는 이유는 인도 공산당의 노력과 하층 카스트들의 이익을 대표하는 지방 정당들의 활동입니다. 인도가 자본주의 길을 걷고 있지만 힌두극우민족주의로 가지 않는 것은 이들 야당의 희생과 노력의 결과입니다.

저는 인도를 보면서 대국(大國)이구나 생각합니다. 큰 나라와 작은 나라는 돈이 많고 적음이 아니라 포용력의 차이라고 생각합니다. 우리는 국가보안법 때문에 좌파정당이 불법화되어 있지만 그 점은 멀고 긴 관점에서 보면 국가이익에 손해라고 생각합니다. 제가 북에 다녀왔지만 북의 체제가 완벽하다고 생각하지 않습니다. 다만 인정해줄 뿐이죠. 더욱 건강해지고 세계적 시각과 흐름에 뒤떨어지지 않기 위해 사상의 자유와 정치활동이 보장되어야 한다고 생각합니다. 저는 중국에 대해 부정적이에요. 그래서 미국을 굉장히 믿었습니다. 그러나 요즘 들어서는 세상에 믿을 사람 없구나…. 이런 허망함이 커요. 지식인의 한계인가 봐요. 결국 믿을 것은 나 자신뿐이고 우리 국민 자신의 힘으로 삶을 개척해야 한다고 생각합니다.

그런 차원에서 인도는 제게 여전히 '희망'의 메시지를 주고 있어요. 제조업 기반 없이 성장하고자 하는 인도인의 산업화 전략의 힘은 '진정성'에 기반한 조화와 협력입니다. 그래서 쌍용자동차를 인수한 마힌드라 그룹에 관심이 많아요.

출소하면 마힌드라 그룹의 쌍용차 인수에 관한 논문을 쓸 생각입니다. 국제적 합의와 국내적 합의를 따져보고 싶어요

하고 싶은 일이 너무 많은데 갇혀 있어서 답답해요. 그러나 저는 고독과 외로움, '소외감'이 무엇인지 처절히 각인했습니다. 정치는 소외되고 가슴 아픈 사람들의 눈물을 닦아주는 일이라고 믿고 있습니다. 더욱 분발해서 공부해야겠습니다. 소외되고 아픈 이들과 함께 나누는 것이 정치적 이상(理想)입니다. 참고 인내하며 실력을 키워야 제 진정성을 밝힐 수 있겠죠.

김 선생님! 저도 요즘 『레닌 재장전: 진리의 정치를 향하여(Lenin Reloaded : Toward a Politics of Truth)』를 읽고 있습니다. 러시아 혁명사와 레닌에 대해 토론을 하면 재미있을 것 같습니다.

저는 제2인터내셔널의 분리와 레닌의 정세분석에 대한 판단력을 신뢰합니다. 그와 같은 분석력이 어디에서 나왔는가 늘 궁금해하고 있습니다. 김 선생님은 어떤 이상과 꿈을 갖고 살고 계시는지요? 노동운동

가로서 사시나요? 김 선생님, 저는 순수한 학자의 길을 가고 싶어요. 진리를 탐구하는 학자의 꿈이 저의 꿈입니다.

그런데 지금 저의 현실이 너무나 가혹합니다. 억울하기도 합니다. 그래서 더욱 오기도 생기고 의지가 생기네요. 아이들과 아내와 다시 함께 살고 싶어요. 내 가정이 소중한 만큼 다른 분들의 가정도 소중하다는 것을 깊이 깨우칩니다. 쌍용자동차에서 해고되어 이혼한다는 말 듣고 남의 일 같지 않습니다. 노동자들의 현실에 대해서도 관심을 갖게 되었습니다.

저에게 노동현실에 대한 진실된 이야기 들려주시면 많은 깨우침의 기회가 될 것 같습니다.

건강 잘 보살피세요.

# 분단에 따른 시대의 비극적 사건이
# 반복되지 않았으면

2010년 10월 2~3일,
김혁 선생님께

안녕하세요? 밖에 비가 내립니다. 가을비 내리는 소리에 집 생각이 나
네요. 편지 잘 받았습니다. 앞으로는 김 선생님을 형님이라고 부르고 싶
어요. 제가 힘들 때 함께 위로해주신 분이거든요. 보내주신 편지 읽고
커다란 용기 얻었어요. 역사의 진보를 믿으라는 말씀 듣고 신념을 갖게
됩니다. 1980년대 감옥생활과 지금의 감옥생활의 변화를 통해 세상이
조금씩 변화하고 발전한다는 교훈을 말씀해주셨죠. 그나마 이런 환경
으로 개선된 데는 선배님들의 투쟁이 있었기 때문이란 점을 알게 되었
습니다.

대학 시절부터 지금까지 한결같이 사회변혁을 위해 싸워오신 김 선
생님께 존경과 신뢰를 갖고 있습니다. 그 삶이 얼마나 힘들고 고독하며
자기희생을 해야 하는 것인지 감옥생활을 통해 깊이 깨우치고 있습니
다. 김 선생님! 저는 요즘 제 자신이 혼란스럽습니다. 저는 정치학자로
서 자존감을 갖고 학문의 진정성을 신념으로 믿고 실천하는 지식인으
로 살았는데 어느 순간 '간첩'이 되어 가정은 깨지고 가족들은 비탄에
빠져서 고통스러워하고 있습니다. 제 자신도 급격한 환경의 변화로 인
도 전문학자로서의 역량을 갖고 있으면서 무용지물로 되어 갇혀 있는

점이 너무나 원통하고 비통한 심정입니다.

제가 국가보안법의 희생자라는 사실이 믿어지지 않습니다. 인도에서 공부하면서 분단의 모순을 인식했고 민족을 사랑하는 순수한 마음으로 북한에 다녀왔습니다. 그들도 우리처럼 평범한 사람이고 '평화'를 원한다는 사실을 알고 우리 민족이 하루 빨리 통일이 되어서 잘 살았으면 좋겠다고 생각했습니다. 그 과정에서 인간적인 신뢰가 생겼고 인도 연구에 도움을 주었습니다. 선의로 생각하고 돈을 받았는데 그게 공작금이고 제가 '간첩'이 되었습니다. 흐름과 맥락을 무시하고 너무나 가혹하게 저에게 국가보안법 위반이라는 어마어마한 철퇴를 내리쳤습니다. 저에게는 너무나 가혹하고 견디기 힘든 고통과 아픔입니다.

인도에서 공부할 때 이정빈 대사가 "기술이나 배워서 돈이나 벌지 뭔 정치학이냐"며 핀잔 비슷한 말씀을 하셨습니다. 그래! 내가 왜 '정치학'을 공부해서 이런 비극적 삶을 살아야 하나 스스로 원망이 됩니다. 그러나 정치학을 공부한 이상 학자적 양심을 갖고 우리의 분단구조의 모순을 외면할 수 없었습니다. 지금 우리 가족들과 아내가 저를 외면하는 이유는 남이 부러워할 만큼 풍족하게 생활하고 아내가 뒷바라지를 잘 해주었는데 왜 엄청난 일을 저질러서 집안을 풍비박산을 냈는가 하는 원망이 큽니다. 제 자신이 경험이 부족하고 판단력에 오류가 있는 측면도 있지만 학자적 양심과 진정성을 갖고 진지한 대안을 찾고 싶었습니다.

그러기 위해서는 실제 진실이 무엇인지 정확히 보고 분석해야 한다고 생각했지요. 그래서 북에도 다녀오고 해외에서 북한 동포라 믿고 만난 것인데…. 제 뜻과 의도를 몰라주어서 답답합니다. 우리가 해외뉴스를 통해 크고 작은 전쟁소식을 들으면 그 지역에 살고 있는 사람들이 불쌍하고 불안하게 생각합니다. 인도에서 한반도의 정세를 보면 여전히 '휴전' 상태이죠. 그런데 막상 우리 국민들은 그 위험성을 전혀 느끼고 있지 않죠. 저는 지금 우리 상황에서 '평화'가 얼마나 절실한 요구인지 말하고 싶었습니다. 그런데 요즘 순진하고 추상적으로 '평화'라는 정당성을 주장한다고 얻어지는 것이 아니라는 것을 알게 되었습니다. 이런 점이 지식인의 한계가 아닐까 합니다.

저는 '진정성'을 믿고 모든 것을 털어놓았는데 정작 저는 더욱 골수 빨갱이가 되었고 가족들조차 지켜주지 못하게 되었습니다. 옳다고 저절로 이루어지는 것이 아니라 사회·정치적 힘이 필요하다는 점을 절실히 알게 되었습니다. 더 이상 순진하게 당할 수 없지 않겠습니까? 저의 정당성을 꼭 인정받기 위해서라는 돌파구를 찾아 혁신하고 도약을 해야된다고 생각합니다. 그래야 아이들도 언젠가 저를 이해하지 않을까요?

10월 2일 늦은 저녁에


일요일입니다. 새벽에 잠에서 깨었습니다. 가슴이 왜 이리 쓸쓸한지 잠이 안 오네요. 시간이 흐르면서 감옥생활이 어떤 것인지 실감이 나요. 점점 제 자신을 잃어버리는 것 같은 불안감이 커집니다. 가족과 이별의 아픔이 얼마나 고통스러운 일인지 뼈에 사무치게 느끼고 있습니다. 어제 남과 북이 이산가족 상봉에 합의했다고 했습니다. 참 다행스러운 일입니다. 체제와 이념을 떠나서 인도주의적인 가치는 존중되어야 한다고 생각합니다.

사람이 제일 존귀하고 소중하다는 것이 저의 근본적인 생각이자 가치거든요. 저 역시 감옥에 들어오면서 가족들과 생이별의 아픔을 겪어보니 가족의 소중함을 다시금 절실히 느끼고 있습니다. 어제는 독거자들과 함께 운동을 했습니다. 8년 징역이어서 강성의 사람인 줄 알았는데 저를 보더니 무슨 징역을 그리 많이 받았냐며 의아해하더군요. 더군다나 조직사건도 아닌데…. 나는 스스로 '간첩'이라고 생각해본 일이 없다. 호기심에 북에 다녀왔고 편의를 제공받아 좀 도와준다는 것이 일이 이렇게 커졌다. 내가 이렇게 어마어마한 사건으로 비약되어 감옥에 올 줄은 예상하지 못했다고 말했습니다.

김 선생님! 시간이 지나면 정말로 저의 진심을 사람들이 믿어줄까요? 제 경험을 토대로 다시는 저와 같은 분단에 따른 시대의 비극적 사건이 반복되지 않았으면 좋겠어요. 김 선생님, 상고심이 길어지는 이유는 좋은 소식이 있다는 것이 아닐까요? 김 선생님도 무죄로 석방되면 좋겠어요. 예전에는 공안사범들이 많았군요. 전주에는 저 혼자인데…. 함께 생활하면 의지도 되고 배우고 자극도 받아서 참 좋겠구나 생각합니다. 절대적 고독과 외로움이 느껴질 때마다 사람들이 그리워집니다. 구노회 소식지, 후원회 소식지를 기다리는 이유가 그런 그리움을 위로해주기 때문입니다.

《정세와 노동》이라는 월간지도 옵니다. 《다 함께》와는 입장이 미묘하게 차이가 느껴지네요. 저는 마음을 다잡아서 인도 연구에 집중하고 싶은데…. 집 생각과 아이들 생각에 여전히 흔들리네요. 독해져야지 하면서도 뜻대로 안 되네요. 사회의 진보에 대한 낙관적인 전망을 갖고 있지만 요즘의 정세는 너무 답답하고 우울해서 더욱 어수선합니다. 우리에게도 봄은 오겠죠! 안녕히 계세요.

10월 3일

# 연대의 힘이 생겨
# 국보법 폐지에 조금이나마 보탬이 된다면

2010년 10월 13일,
임미영 국장님께


안녕하세요?

정세와 노동 9월호에 「통일세 제안은 북에 대한 체제붕괴 공세」라는 글을 읽었습니다. 임 국장님의 글이라고 생각했습니다. 통일운동에 대한 임 국장님의 열정과 냉철한 정세 분석에 깊이 공감합니다. 개인적으로 제 사건으로 인해 국민들의 대북인식에 부정적인 영향을 주었고, 천안함 사건과 맞물리면서 극단적인 남북대결로 치달았다고 생각합니다. 임 국장님께서도 지적하셨지만 이명박 정부 들어서 최대의 공안 사건임에도 적극적인 대응을 하지 못했습니다. 저 개인과 일개 가정이 대응하고 감내하기가 너무나 힘이 약하고 제 자신이 학자라는 울타리에 갇혀서 너무 순진하게 분단 모순을 생각했습니다.

많이 혼란스러웠습니다. 임미영 국장님이 안양에 있을 때 면회 와주신 게 저에게 많은 영향을 주었습니다. 이후 후원회 소식지를 받으면서 스스로 고립되고 갇혀 있었던 제 자신을 발견했습니다. 앞으로는 자신감을 가지고 당당하게 개방하고 의사소통을 나누고 싶습니다. 저의 고민과 통일운동에 대한 전망에 관해 의견도 나누어보고 싶습니다. 명백한 사실은 진실은 승리한다는 믿음입니다. 우리가 분단 모순을 해결하지 않는다면 민족의 미래는 불행해진다는 확고한 인식을 가지고 있습니다.

임 국장님께서 저를 직접 면회 와주신 일이 얼마나 값지고 영광스러운 일인지 모르겠습니다. 임 국장님의 글을 읽으면서 임 국장님을 만나서 후원회 소식지도 받게 되고, 제 스스로 많이 반성하고 성찰하는 계기가 되었습니다. 다시 한 번 깊은 감사의 인사를 드립니다. 양심수 명단에 제 이름이 오른다면, 그래서 연대의 힘이 생겨 국보법 폐지에 조금이나마 보탬이 된다면 영광으로 생각하겠습니다. 다시는 저와 같은 희생자가 나오지 않았으면 합니다. 제 사건이 사례가 되어 우리 사회에 경종을 울리는 계기가 되길 바랍니다. 후원회의 모든 분들께 감사와 고마운 마음과 인사를 올립니다.

# 국보법 폐지를 위한
# 연대와 사회적 압력이 필요하다

2010년 10월 13일,
이정태 사무국장님께

안녕하세요? 이병진입니다.

추석맞이 전국면회공공행동에 관한 글을 후원회 소식지에서 읽었습니다. 많은 분들이 양심수들을 위해 노력하시고 애쓰시는 모습을 뵙고 커다란 용기와 희망을 얻었습니다. 다시 한 번 감사의 인사를 드립니다.

사무국장님, 양심수 명단에 제 이름이 생략되었는데 포함시키셔도 좋습니다. 제가 감히 양심수 명단에 제 이름을 올릴지 말지 자격은 없지만 이제는 스스로 개방하고 검증받고 함께 연대하는 것이 중요하다고 인식하고 있습니다. 제 사건의 충격과 고통이 너무 크고 가족들 역시 정신적 고통이 깊고 혼란스러워하고 있습니다. 그래서 차분하고 담담하게 지내고자 했습니다. 그러나 그건 저의 순진한 생각뿐이고 이미 저는 간첩으로 낙인이 찍혔고 모든 것을 잃어버렸습니다. 사회정치적으로 사망 선고를 받았습니다. 학자로서의 자존감과 진정성을 간직하고 어떻게든지 진실을 밝히고자 했는데, 사회적 냉대와 압박은 저를 절망케 합니다.

서로 연대하고 사회적 압력이 필요하다는 이광열 사무국장님의 말씀에 깊이 공감하고 있습니다. 국가보안법을 철폐해야 한다는 권오헌 선생님의 글과 임미영 선생님(구노회 소식지)의 글을 읽고 제 심경을 대변해주시는 것 같았습니다. 저는 아직도 제가 감옥에 있다는 것이 믿어지지 않고 국가보안법 위반으로 징역을 8년씩이나 받은 것이 실감이 나지 않습니다. 학자로서 열심히 살아왔다고 자부했는데 국가보안법으로 징역을 산다는 것은 상상도 못 했습니다. 국가보안법의 해악과 잔혹함을 제 사례가 증명하고 있습니다. 다시는 저와 같은 피해자가 생기지 않길 바라며 국민들이 각성해야 된다고 생각합니다. 혼자 고민하며 외롭게 지냈습니다. 모든 것이 하루 아침에 무너진 절망감에 놓였습니다. 스스로 위축되며 두려웠습니다.

그러나 남과 북의 화해와 협력을 위한 진정성과 평화에 대한 신념은 더욱 확신을 갖게 합니다. 후원회 소식지를 읽으면서 저의 신념과 생각이 옳다는 확신을 갖게 합니다. 담당 수사 검사에게 저는 '양심적인 학자'라고 했더니 면박을 주더군요. 이후 세상과 스스로 담을 쌓고 지냈습니다. 이제는 제 자신을 드러내놓고 검증받고 싶습니다. 통일운동을 고민하시는 분들과 깊은 대화와 소통을 하고 싶습니다. 혼자 고민했던 문제들을 함께 고민하고 싶습니다. 그래서 학자로서 제 본래의 모습을 찾고 진정성을 회복하고 싶습니다. 가족들에게도 '민가협양심수후원회'에 대해 소개하고 공감대를 만들어갈 생각입니다. 후원회 소식지를 읽으면서 안정을 찾아가고 있습니다. 깊은 배려와 관심 감사드립니다.

안녕히 계세요.

# 내가 가진 것은 오직
# '진리의 힘'

2010년 10월 25일,
최상철 동지께

안녕하세요? 이병진입니다. 보내주신 편지와 책 잘 받았습니다. 책은 아직 받지 않고 목록만 받았습니다. 꼭 읽어보고 싶은 책이었는데 정말 고맙고 감사합니다. 최 동지의 편지를 읽으면서 가슴 깊이 전해지는 감동과 동지애를 느낍니다. 비록 최 동지를 뵙지는 못했지만 누구보다도 저를 잘 이해하고 뜻이 통합니다. 최 동지의 편지를 여러 번 읽고 많은 생각을 했습니다.

구속 이후 지난 1년 동안 혼돈과 방황과 번민의 고통 속에 있었습니다. 스스로 객관화시키기보다는 갑자기 변화하는 환경에 두려움과 절망감에 사로잡혀 지냈습니다.

그리고 깨달았습니다. "관용과 자비는 없다"는 점을. 아내가 겁에 질려 극단적인 선택을 할 수밖에 없다고 말할 때, 이 사회의 뿌리 깊은 대북 적대감의 유령이 얼마나 무시무시한 것인지 보았지요.

최 동지!

저는 사상가도, 혁명가도 아닌 평범한 소시민이었습니다. 진실을 탐구하는 열정을 갖고 인도를 연구한 학자입니다. 진리를 찾아가는 길이 이렇게 험난한 것인지 미처 몰랐습니다. 인도에서 유학 기간 동안 격변하는 세계사의 소용돌이에 휩싸였습니다. 1991년 구소련의 붕괴와 인도 정치체제의 변화, 걸프전쟁, 북핵위기, 팔레스타인 문제 등 델리대에서 이 모든 현상을 지켜보면서 미처 몰랐던 세계사의 큰 흐름과 모순과 갈등. 그 정점에 한반도의 분단 모순이 첨예하게 자리매김되어 있다는 사실에 놀랐습니다. 세상이 부러워하는 경제발전의 이면에 언제 어느 한 순간 무너질지 모르는 불안정한 분단구조에 학자의 양심으로 모른 체 할 수 없었습니다. 그런데 그 대가가 너무나 가혹하고 고통스럽습니다.

최 동지!

저는 지금의 시련과 고통을 극복하여 역사(歷史)의 정의와 양심적인 학자의 자존감을 일으켜 세우는 기회와 '희망'을 만들고 싶습니다. 저의 '진정성'이 밝혀져서 국가보안법의 모순과 한계가 무엇인지 인식하는 계기가 되었으면 좋겠습니다.

최 동지가 어떤 분인지 앞으로 더욱 깊은 대화를 나누었으면 기대합니다. 최 동지의 글을 통해 동시대를 사는 지식인으로서의 고뇌를 봅니다. 비록 짧은 시간이었지만 이제까지 제가 느끼지 못했던 지식인의 순결함을 보았습니다. 최 동지께서 허락해주신다면 인도 연구에 관해 대화도 나누고 저의 고민도 함께 풀어갔으면 좋겠다는 기대를 합니다. 수인이 된 이후 제도권 학자들과의 관계가 모두 끊겼습니다. 그래서 인도 연구에 대해 포기하고 절망하고 있었는데 최 동지의 편지가 제게 큰 용기와 힘을 주었습니다. 저와 최 동지가 학문적 동지로까지 발전하기를 기대합니다. 저 역시 최 동지에게 많이 배우고 싶어요.

감옥생활을 하면서 지속적으로 인도 연구자로서 실력을 유지하고 집필도 구상하고 있습니다. 최 동지의 조언을 듣고 싶어요. 수인의 몸이

다 보니 자료 구하기가 어렵습니다. 인도와 남아시아 관련 자료를 보내주시면 제가 공부할 수 있는 기회도 되고 정세 분석에 도움을 드리고 싶습니다. 지금 국내 정세는 매우 급박하게 돌아가고 있습니다. 세계의 경제위기가 지배적인 현상처럼 그 이면에 치열하게 돌아가는 국제정치(정세)를 놓쳐서는 안 됩니다. 동전의 앞, 뒤와 같은 것입니다. 인도는 새로운 시각에서 국제 정세를 분석하는 기회를 줍니다.

우리가 인도에 관심을 갖는 이유입니다. 물론 인도가 우리에게 직접적인 영향을 주지는 않지만 남아시아 정세를 이해하면 중앙아시아에서의 미국의 헤게모니의 본질이 선명히 보입니다. 미국과 인도 관계, 인도와 중국, 인도와 일본, 인도와 이란, 터키 관계를 이해하면 지금 남한의 지배적인 국제 관계의 인식틀이 얼마나 편향적인지 알게 될 거예요. 최 동지께서도 남아시아 정치경제에 관심 있다면 함께 공부하고(세미나) 싶어요. 주변에 인도와 남아시아 정치에 관심 있는 분이 계시면 함께 (비록 감옥 안이지만) 인도 연구에 활력을 갖고 공부해보고 싶습니다. 발제문은 우편으로 보내드릴 수 있습니다. 인도 관련 책자들이 오면 꼼꼼히 읽고 서평을 보내드리겠습니다.

"민주당 정권의 원자력 추진정책을 규탄한다"(《정세와 노동》 10월호, pp. 94-97). 짧은 글이지만 일본과 인도의 관계를 추론할 수 있는 매우 시사적인 글이었습니다. 세계 평화와 군축의 입장에서 저자의 주장은 정당성이 있습니다. 그런데 당위성만 가지고 주창하다 보니 현실성과 구체성이 떨어집니다. 본질적인 문제는 미국의 모순적인 핵 통제 정책의 균열의 결과가 인도와 일본의 원자력 협정 추진의 공간을 준 것입니다.

이는—2012년 서울에서 NPT회의의 발목을 잡을 것이고— 미국의 핵 통제력에 대한 의구심을 키워 핵갈등을 촉발시킬 것입니다. 또한 북핵문제와 한반도 정세에 직접적인 영향을 줄 것입니다. 인도와 일본의 핵협정 과정을 주시해서 보아야 할 것입니다. 개인적으로는 이 글을 읽고 깜짝놀랐습니다. 일본의 발 빠른 대응에….

미국이 중앙아시아를 장악해서 중국을 압박하자 중국은 상하이협력기구(SCO)를 통해 미국에 대응했고, 인도가 중국에 호응할 것처럼 반응하자, 부시가 급하게 뉴델리로 달려가 핵협정을 맺었습니다. 일본과 인도의 핵협정 추진은 이런 맥락에서 진행되는 것입니다.

'아프가니스칸 4월혁명'도 흥미 있게 읽었습니다. 저자의 문제의식과 아프가니스탄의 정세를 분석하는 데 많은 도움을 얻었습니다. 좀 이상한 부분이 있습니다. p. 100쪽 둘째 줄 "특히 중국이었다"라는 부분은 심각한 오류라고 생각합니다. 사실관계를 확인해볼 필요가 있습니다.

무자헤딘의 배경을 설명드리면 다음과 같습니다. 인도는 1947년 영국으로부터 독립하면서 500개의 왕국이 있었습니다. 카시미르 왕국 주민의 대부분이 무슬림인데 왕은 힌두였습니다. 주민들의 의사와 관계없이 인도로 편입되면서 파키스탄과 인도 사이에 카시미르 분쟁이 배태되었습니다. 카시미르 주민들은 자치운동을 전개했고 인도 중앙정부가 무력 진압을 하자 무슬림 동포를 구하자는 급진세력이 등장합니다.

무자헤딘의 등장입니다. 파키스탄은 무자헤딘을 통해 카시미르 분쟁에 개입합니다. 아프가니스탄을 공격하기 위해 무자헤딘을 더욱 극단적인 모험주의 세력으로 변화시킨 것은 미국이었고 파키스탄 군부정권은 이를 비호했지요. 바로 탈레반의 등장입니다. 탈레반은 미국과 파키스탄에 의해 훈련 받고 무기도 공급받으면서 아프가니스탄을 공격하여 아프가니스탄 민주공화국을 무너뜨렸습니다. 지금 아프가니스탄 전쟁에서 탈레반이 쉽게 무너지지 않는 이유가 이와 같은 근본적 모순이 있기 때문입니다. 파키스탄은 카시미르 분쟁과 관련해서는 탈레반을 지지하면서 아프가니스탄 탈레반과는 전쟁을 하는 모순된 입장입니다. 파키스탄에 잔존하는 탈레반을 소탕하지 못하는 이유가 바로 이점이고 이것이 미국과 파키스탄의 딜레마입니다.

인도는 9·11 테러 이후 탈레반 세력을 박멸하여 카시미르에서 안정을 찾기 위해 미국의 아프가니스탄 전쟁을 전폭적으로 지지하고 있습니다. 파키스탄은 죽을 맛입니다. 이러지도, 저러지도 못하면서…. 이와 같은 이해관계의 충돌로 아프가니스탄 전쟁이 지지부진한 것입니다. 재주는 파키스탄이 부리고 돈은 인도가 챙기는 묘한 상황이 된 거지요. 그러다 보니 지난번 파키스탄의 대홍수 피해를 겪으면서 내부적으로 민심의 큰 동요가 일어났고 이 점을 기화로 군부세력이 또다시 독재를 위한 기회를 노골적으로 드러내놓고 있습니다(영국에 있는 무샤라프 전 대통령이 노골적으로 복귀하겠다고 하고 있음). 미국으로서는 정말 골치 아픈 일입니다.

'아프가니스탄 4월혁명'을 단행본으로 출간할 계획이시라면 좀 더 참고 서적을 보충하여 보완한다면 저자의 문제의식을 선명하게 보여줄 수 있고 남아시아 정세를 이해하는 데에도 큰 도움이 될 것이라 기대합니다.

최 동지의 지적처럼 저는 가족들이 받는 고통을 줄이기 위해 굴종과 참회로 마음을 다스리고 관용을 기대했습니다. 그러나 가족들은 오히려 더욱 고통받고 사회적 냉대와 멸시에 두려워하고 불안해합니다. 그래서 최 동지의 말에 깊이 공감을 하고 있습니다.

제가 가진 것은 오직 '진리의 힘'입니다. 저는 학자적 양심으로 '진리'의 횃불을 들고 캄캄한 암흑을 헤메고 있습니다. 고독하고 외롭군요. 진리의 횃불이 올바른 방향으로 지향할 수 있도록 도움과 격려 바랍니다. 학자로서의 진정성이 짓밟히지 않고 회복될 수 있도록 도와주시면 고맙겠습니다. 최 동지와 소통의 끈을 확장시켜서 의미 있고 가치 있는 학문적 성과를 만들어보고 싶네요. 저는 진리와 진정성의 힘을 보여주어 인도의 독립을 이끈 간디를 존경합니다. 계급적 한계(힌두 상층 카스트) 때문에 비판 받는 측면도 있지만 그의 순수한 열정을 존경합니다.

지금 불안과 두려움에 떨고 있는 아내와 아이들을 지킬 수 있는 힘은 정의와 진리의 길을 포기하지 않고 나아가는 것뿐입니다. 최 동지가 저의 심정을 이해해주신다면 고맙겠습니다.

「수인(囚人)」을 읽고 마치 저를 위한 시인 것같이 공감하고 가슴으로 눈물 짓고 읽었습니다.


감옥의 천정들은 추위로 넘친다,

기분 나쁜 불안으로, 무덤 같은 우수로;

그래도 역시 나는 자유에 관한 꿈들을 잊지 않았다,

힘없는 수인(囚人)은…


최 동지 우리의 꿈을 잊지 맙시다. 안녕히 계세요.

# 타협하면 할수록
# 빼앗긴다

2010년 10월 31일,
김혁 선배님께


날씨가 춥습니다. 건강하시지요?

저는 목이 칼칼하지만 건강하게 잘 지내고 있습니다.

조금 전 뉴스를 보다 구미 KC에서 금속노조 소속 지부장이 분신을 시도하다 생명이 위태하다는 소식 듣고 놀랐습니다. 노사협상하는 상황에서 체포를 시도하자 분신했다고 하네요. 가슴 아픈 일입니다. 가족들이 우는 모습을 보면서 제 가슴도 찢어지는 아픔을 느꼈습니다. 오죽 답답했으면 자신의 몸에 불을 지르겠습니까. 칼로 살짝 베어도 쓰라리고 아픈데… 얼마나 아팠을까… 눈물이 나오네요.

저는 지난주 내내 독서삼매경에 빠졌습니다. 노동사회과학연구소에서 30권 정도의 책을 보내주셨습니다. 대부분 《정세와 노동》이라는 잡지인데 몇 권의 단행본도 있었습니다.

제가 읽은 책은 『영웅적 투쟁 쓰라린 패배』인데 주의 깊게 읽었습니다. 왜 소련이 그렇게 쉽게 무너졌을까 늘 의문이었는데 이 책을 읽고 정확히 해명이 되었습니다.

제가 인도에서 경험했던 일들과 정확히 일치하고 있어서 이 책의 가치를 더욱 깊이 느꼈습니다.

이 책의 논지는 소련의 해체를 외부적인 요인은 김 선배님께서도 짐작하실 것 같고 내부적 요인에서 당과 국가의 관계에 대해 핵심적인 내부요인이라는 저자의 주장에 깊이 공감을 했습니다.

아무도 가보지 않은 전인미답(前人未踏)의 길을 갔었기 때문에 오류가 있었구나 하고 생각했습니다. '당'의 역할이 얼마나 중요한지 다시 한번 생각을 하게 되었습니다. 결국 대중을 올바르게 끌고 가는 핵심역량이 변질되지 않고 순결성을 지키는 문제인데… 이 문제는 정치학의 핵심 고민 중에 하나입니다. 플라톤은 이 문제를 해결하기 위해 철인의 지배를 주장했습니다. 철인왕을 길러내기 위해 아내들을 공유해서 누가 누구의 자식인지 모르게 해야 한다는 이야기까지 했지요. 권력을 가진 사람이 사심 없이 권력을 행사하기가 얼마나 어려운 일인지 소련의 사례가 설명해주고 있습니다.

혁명가의 삶이란 혁명을 성공하고도 끊임없이 자기희생을 해야 한다는 것은 인간으로서 참 극복하기 어려운 일입니다. 저도 징역 살고 나가서 물질적 보상과 (명예)권력을 준다면 흔들릴 것 같습니다. 그렇기 때문에 조직적 규율이 필요하다는 생각을 하게 되네요.

인도에 있을 때 러시아 문화원에 자주 가서 책과 참고 자료들을 많이 보았습니다. 매우 수준 높은 문화와 교양을 느꼈습니다. 소련이 해체되자 혼란 자체였습니다. 인도도 이때 친 시장경제로 방향을 바꾸었습니다. 이 책은 자본주의의 모순에 의해 사회주의로의 객관적 물적 토대가 만들어진다는 마르크스의 학설도 중요하지만 이 변화를 목적의식적으로 끌고 가고 견고하게 이끌 '당'이 얼마나 중요한가 하는 역사적 교훈을 주고 있습니다.

김 선배님! 노동자들의 정치세력화는 노동운동하시는 분들의 공통의 목적일 텐데 왜 진보신당과 민주노동당에 노동계급의 역량이 집결되지 않을까요? 노동계급의 이익을 반영하지 않아서 그런가요? 문득 그런 의문이 드네요.

김 선배님을 통해 노동운동에 관심을 많이 갖게 되었어요. 저는 제도권에서 정치학을 연구했기 때문에 개혁주의자의 한계를 갖고 있었는데 그 한계를 절감하고 있는 와중에 이런 저런 고민을 하고 있습니다.

저는 사상과 이념을 떠나 '진실의 정치'를 꿈과 이상으로 삼고 있습니다. 사람과 사람이 서로 믿고 신뢰하며 사는 세상이 진실된 사회라고 생각합니다. 그게 저의 신념입니다.

김 선배님!

제가 얻은 교훈이 하나 있습니다. 타협하면 할수록 빼앗긴다는 것입니다. 저는 적당히 타협하고자 순응했습니다. 그게 가족들을 지키는 거라 생각했습니다. 그런데 결론은 명분도 잃고 가족도 지키지 못했습니다. 이제야 그걸 깨우치고 있습니다. 저 혼자 우왕좌왕 혼란과 혼돈 속에 있었기 때문입니다. 혼자 있으면 나약해지고 객관적인 판단을 못 합니다. 그게 저의 본질적인 한계였습니다. 그런데 지금도 혼자 지내고 있어서 어떻게 극복해나가야 될지 고민하고 있습니다.

연대의 힘이 정말 중요하다고 생각합니다. 그래도 다행인 것은 김 선배님을 만나서 짧은 시간에 상황을 추스르고 정리해나갈 동력을 찾았다는 것입니다. 저에게는 매우 중요한 인연입니다. 소중히 간직하겠습니다.

이번 주에는 『서준식 옥중서한』을 읽을 계획입니다.

국제금융에 대한 연구는 진척이 있으신지요? 얼마 전에 스티그리츠 교수의『자유낙하(free fall)』이라는 책이 번역되었습니다. 루비니 교수와 스티그리츠는 서로 다른 논지를 주장합니다. 제 생각은 국제금융 문제는 시장의 자율성이냐, 국가의 개입이냐 하는 수요와 공급의 문제가 아니라 선진국들의 근원적인 구조조정이 반드시 전제되어야 하는 문제라고 생각합니다. 프랑스가 저렇게 무리하게 연금법을 개정하는 것은 그만큼 구조조정의 필요성을 응변하고 있습니다. 그런데 그러한 구조조정은 누군가의 희생이 따릅니다. 이에 대한 저항이 일어날 테고 그러다 보면 그런 위험을 다른 나라에 전가시키기 위해 환율조작이 생길 것이고 이는 환율전쟁을 촉발시킬 것입니다. 고래 싸움에 새우등 터지듯 힘없는 나라만 희생이 될 거예요. 딱 우리 상황이네요.

일단 미국은 거침 없이 달러를 찍어내기 시작했습니다. 일본은 환율개입을 하겠다고 선언했고 중국의 인플레이션 리스크를 이유로 미국 채권 구입을 거부하겠죠. 이에 대한 미국의 대응이 중요한데 밝지만은 않네요.

속도조절은 하겠지만 구조적인 문제로 가는 느낌입니다. 선배님은 어떻게 전망하시는지요? 요즘은 코리아 헤럴드가 더 재미있습니다. 국제정치경제에 대해 한겨레신문 반성 많이 해야 할 것 같습니다. 이만 인사드립니다. 안녕히 계세요.

# 엘리트 의식의
# 허구성을 딛고

2010년 11월 5일,
김혁 선배님께

10월 27일에 보내주신 편지를 11월 3일에 받았습니다. 선배님의 긴 편지글을 읽고 깊은 사색과 함께 저를 뒤돌아보았습니다. 선배님의 배려와 진심으로 저를 동지로 생각하고 마음을 나누어 주시는 열정이 꽁꽁 얼었던 제 마음을 녹이고 있습니다. 저를 객관화시키면서 차츰차츰 정리하는 힘이 생기고 있습니다. 모두 선배님의 덕분이라고 생각합니다.

최근에는 노사과연의 최상철 동지, 노정협의 백철현 동지에게서 지지와 연대의 편지를 받았습니다. 메이데이 출판사의 박성인 사장님에게서도 편지를 받았습니다. 모두들 저에 대해 선입견 없이 진실되게 해 주십니다.

그동안 저는 많은 사람들과 이별하며 단절의 고독감과 외로움에 힘들었습니다. 저에 대한 '진실'보다는 보수 언론에 의한 비방에 가까운 이데올로기적인 이미지로 죄인 취급하며 거리를 두고 인간적인 관계마저 끊어내는 모습들을 보고 세상의 비정함과 배신감을 맛보았습니다. 지금은 그들에 대한 기대로 없고 감정도 없습니다. 그저 담담하게 받아들이고 있습니다. 나의 한계와 오류들을 발견할 때마다 얼굴이 붉어지며 스스로에게 부끄러웠습니다.

'평화'라는 관념적인 이상을 좇았던 저의 순진함과 단순함의 한계를 발견했습니다. 선배님 말씀처럼 이제는 더 이상 학자로서 살아갈 수 없는 운명을 받아들이고 앞으로 '어떻게 하면 제 뜻과 이상을 실현하기 위해 우리 운동을 보듬어서 밀고 나갈 것인지' 고민해야겠습니다. 선배님께서 같이(함께) 고민을 하자며 손을 내밀어주시니 참 고맙고 용기가 생깁니다. 그동안 저는 혼자라는 생각에 무척 소심했습니다. 제 생각을 밖으로 잘 드러내지도 않았습니다. 이제는 저의 경험을 드러내고 공론화시켜서 평가도 받고 비판도 받고 하면서 앞으로 어떻게 발전시켜 나갈지 고민하겠습니다.

감옥에 들어오기 전 저는 소시민적 삶을 살고 싶었습니다. 아내와 아이들이 있고 가정과 가족들이 있었기 때문입니다. 대학교수가 되는 것이 목표였습니다. 그런데 저는 늘 학자적 양심에 괴로웠습니다. 그것은 거짓에 대한 양심의 고통입니다.

2008년 8월 민주평통자문위원 대표로 미국 휴스턴에서 열리는 차세대 포럼에서 기조발표를 했습니다. 이때 비합리적인 이명박 정부의 대북정책을 비판했고 이때부터 본격적인 내사가 시작되었음을 수사기록을 통해 나중에 알게 되었습니다. 저는 학자적 양심으로 이명박 정부의 정책을 비판했는데 수사기록에는 '불순한 의도'로 보고 있더군요. 제가 정말 신분을 속이고 '간첩' 활동을 하고자 했다면 순진하게 제 입장을 공개적으로 드러내 보이지 않았을 것입니다. 저는 이 점이 대단히 가슴 아픕니다. 전체적인 흐름과 역사적 맥락을 고려하지 않고, 일방적으로 저를 불온한 사람으로 몰아세우는 지금의 현실에 대단히 커다란 충격과 두려움을 갖게 되었습니다. 아직도 그 정신적 후유증은 남아 있습니다. 앞으로는 이 부분에 대해 제 스스로 해명을 하고 '진실'을 밝혀나가야겠습니다. 선배님의 도움과 조언이 필요합니다.

운동적 관점에서 제 사건은 저에게 역사적인 숙제와 고민을 주었습니다. 6·15 공동선언, 10·4 정상선언, 9·19 합의, 영변 냉각탑 폭파 등 제도적 수준에서는 남과 북의 화해와 협력은 낙관적인 전망을 갖게 했습니다. 그런 순진한 믿음과 무비판적인 낙관주의가 정세를 오판하게 만들었습니다. 학자적 시각의 한계입니다. 현실의 객관적인 힘, 제도를 공고화 시킬 물질적인 힘과 토대를 확보하지 않고 이상에 머물며 제도화에 급급했던 한계입니다. 보수 세력에서 '퍼주기' 논란을 일으킬 때, 저는 '무식한 정치 문맹인들'이라며 무시했습니다. 엘리트 의식이 강했었지요. 그런데 결과는 지금의 제 현실처럼 참담합니다. 감옥에 와서 저를 가둔 무뇌아인 그들을 경멸하고 조롱하면서 스스로 세상과 담을 쌓고 자폐아처럼 지냈습니다.

선배님을 만나면서 생각이 조금씩 바뀌었습니다. 그리고 내 자신의 엘리트 의식의 허구성을 참담하게 인정해야 했습니다. 노동시장의 유연성과 비정규직이 늘어나는 고용불안과 경제 문제 때문에 당장 먹고 살기 힘든데…. 그런 대중들에게 '평화'가 얼마나 공허하고 비현실적이겠습니까? 대중의 지지와 평화를 공고화시킬 힘이 없는데 그것을 지탱시키기는 어렵죠. 저는 순진하게 학자적 양심과 정의와 진실을 믿고 '당위성'에만 의존했습니다. 이게 실패의 원인입니다.

결론은 '평화'는 대중들의 강력한 지지와 동의, 물질적(정치적) 기반이 튼튼해야만 실천될 수 있다는 점입니다. 그동안 저는 북한이 어떤 사회인지 국가인지 이해하고자 했지 정작 우리 내부의 고민과 이해관계(정치적 세력관계)를 파악하지 못했습니다. 내부의 현실적 토대와 세력관계를 무시한 채 이상만 추구했습니다. 감옥생활은 저의 오류와 한계를 반성하며 뒤돌아보는 중요한 시간이자 기회가 될 것입니다.

저의 문제의식을 어떻게 대중적으로 풀어갈 것인가? 저의 문제의식이 역사적 실천과제와 관련해서 의미 있는 것인지 공허한 것인지 더욱 철저히 검증할 필요가 있습니다. 선배님과 대화를 나누면서 차근차근 이런 문제들을 토론해보고 싶습니다. 제가 그동안 고민했던 것들을 선배님과 공유하면서 객관적으로 정리하고 싶습니다. 괜찮으신지요? '과학적 이론', 이게 우리에게 힘이지 무기입니다. 끊임없이 저를 객관화시켜서 위기를 돌파하여 도약의 발판으로 만들고 싶습니다.

"날씨가 추워졌습니다." 아내가 걱정하며 편지를 보냈네요. 3주째 아내에게 편지를 안 했습니다. 아내 말처럼 날씨가 춥습니다. 선배님께서도 감기 걸리지 않으시도록 조심하세요.

안녕히 계세요.

# 연구를 더욱 발전시켜야겠다는
# 사명감

2010년 11월 8일,
최상철 동지께

최 동지 반갑습니다. 11월 5일자 소인이 찍힌 편지 잘 받았습니다(11월 8일 받음). 제 편지에 답장 보내주시는 깊은 애정과 마음에 커다란 용기를 얻습니다. 정말 고맙고 감사합니다. 최 동지를 통해 내가 무엇을 해야 하는지 자각도 하고 제 한계에 대해 깊이 고민했습니다. 스스로 위축되고 자신감을 잃었습니다.

저는 지난 10년간의 민주주의 성과와 제도화에 자신감과 체제에 대한 신념을 가지고 살았습니다. 제 자신이 혁명가이거나 진보적인 사람은 아닌 소심한 소시민이었습니다. 학자적 양심으로 진리와 정의(正義)를 탐구하고 연구한다는 신념을 갖고 강단에서 학생들을 가르쳤습니다. 그런데 하루 아침에 '간첩'이 되어 언론에 오르내리고 저를 낙인찍는 사회에 절망감과 좌절을 넘어 그냥 포기하게 되더군요. 30일 동안 매일 국정원에서 조사 받으면서 나도 모르게 정신과 육체가 파괴된 것 같아요. 도무지 제 말은 믿어주지 않고 단편적인 사실들을 재구성해서 저를 새로운 사람으로 만들어 버렸습니다. 그게 아니라고 외치고 싶어도 저 혼자뿐이었습니다.

최 동지와 대화를 시작하면서 차츰 제 자신을 찾아가고 있습니다.

최 동지에게는 깊은 연민과 인간적인 고뇌에서 진리를 찾고자 하는 울림을 느꼈습니다. 그래서 순결하다는 말씀을 드렸는데 오해 안 하셨으면 해요. 저 역시 동지라는 말이 서먹하지만 최 동지에게서는 정말 동지애를 느끼고 있습니다. 저에 대해 부담 갖지 마시고 편안하게 대해주세요. 국가보안법이 폐지되는 날까지 동지로서, 아니 평생 동지로서 최 동지를 잊지 않겠습니다.

감옥에 와서야 나의 무지함과 부박함을 깨달았습니다. 저 역시 모르는 것이 너무나 많습니다. 최 동지에게 많이 배우겠습니다.

연구소에서 보내주신 책은 모두 잘 받았습니다. 《정세와 노동》(32권) 도서 5권입니다. 연구소의 재정이 넉넉하지도 않을 텐데 어찌 고마움을 전해야 할지 모르겠습니다. 독자 투고해서 감사한 마음을 전해도 좋다면 그렇게라도 감사의 인사를 드리고 싶습니다.

인도 관련 원서를 기다리겠습니다. 번역도 고려해보겠습니다. 그런데 우선 급한 것이 인도의 정치를 이해하는 개론서조차 없다는 것입니다. 초보적인 인도 정치 개론서를 구상하고 있는데 최 동지의 조언을 부탁드립니다. (중략)

『테헤란에서 롤리타를 읽다』, 『이븐 바투타의 여행기』를 보내주시면 읽고 반납하겠습니다. 정수일 교수의 다른 책은 읽었습니다. 그분도 '간첩' 혐의로 7년을 복역하고 출소하셨습니다. 제 수사기록에 그분의 판결문이 있어서 읽어보았습니다. 가슴 아픈 일입니다.

중국에 대한 '제국주의' 논쟁은 제가 오해를 했습니다. 최 동지의 생각에 저도 전적으로 동의합니다. 특히 2010년 2월호에 실린 글을 읽고 나니 저자의 시각과 문제의식에 공감을 하게 되네요. 글의 단편적인 내

용을 보고 제가 오해했습니다. 중국의 변절에 대해서는 저 역시 문제의
식을 가지고 있습니다. 저의 석사논문은 인도의 낙살라이트에 관한 것
인데(인도의 급진적인 농민운동에 관한 연구, 1998, 경희대학교 석사학위 논문) 중국의
마오쩌둥에 깊은 영향을 받아 농민들이 일으킨 무장 게릴라 운동입니
다. 지금 네팔의 마오주의자(네팔 공산당)들도 낙살라이트 운동에 영향을
받았습니다.

그런 중국이 1992년 '사회주의 시장경제(social-market)'를 받아들이
는 것을 보고 혼동스러웠습니다. 1993년 평양에 가면서 베이징에 잠시
있었는데 천안문 광장을 택시로 지나는데 자갈밭을 지나는 것 같았습
니다. 탱크들이 지나간 자국이죠. 그때 북측 사람들과 논쟁을 했지요.
중·소 분쟁 당시 북한의 입장과 왜 북한이 중국과 거리를 두고 자주외
교 노선을 걷고 심지어 미국과 관계 개선을 하고 주한 미군 주둔까지
인정하는지 이해를 하게 되었죠. 그때 이미 저는 중국은 공산주의(사회
주의) 국가가 아니구나 알았습니다. 엄밀한 의미에서 북한도 사회주의
국가인지 연구를 해봐야겠지만 노동계급을 기본으로 한 민족주의적인
사회주의 국가라고 해야 될까요? (나중에 논쟁을 깊이 해보죠.)

아무튼 중·소 분쟁의 앙금이 깊었고 북한도 그때부터 자주노선을
걸어갔다고 하더군요. 이미 물 건너간 일이지만 북한은 중국을 견제하
기 위해 미국과 진심으로 관계 개선을 원했죠. 나는 미국이 정세를 잘
못 판단했다고 봐요. 미국의 입장에서 북한과 관계 개선이 오히려 중국
을 압박하는 카드일 텐데 우물쭈물하다 다 놓쳐버린 거죠. 이런 상황
에서 대북 압박정책에 매달리는 이명박 정부는 사상과 이념을 떠나 객
관적인 정세 파악을 하고 있는지 의문이 들 정도입니다.

나 같은 사람 '간첩' 만들어서 여론을 호도시킬 수 있을지 몰라도 얼마나 진실을 가리울 수 있을까요? 손바닥으로 하늘 가리는 일이지요. 저도 베트남과 캄보디아에 가서 새로운 사실을 많이 알았습니다. 우리가 잘못 알고 있는 게 너무 많고 제가 왜곡된 사실들을 알고 있다는 점을 인식했습니다. 이 분야는 저도 잘 모르지만 중국과 베트남 전쟁, 베트남의 캄보디아 침공 등 1970년대 이후 상황에 대해 면밀한 이해가 필요하다고 생각합니다. 최 동지와 저의 문제의식에서 공통점을 발견해서 기쁩니다.

저는 인도에 대한 연구를 더욱 발전시켜야겠다는 사명감이 불끈 생기네요. 「음악의 반란자」라는 최 동지의 글(글이 아니라 번역임 - 편집자 주)을 읽으면서 어떤 분일까 상상을 합니다. 저 역시 음악을 좋아하고 한때는 바이올린 연주자가 되고 싶었죠. 파가니니를 좋아했습니다. 〈지고이네르 바이젠〉을 듣고 집시들의 슬픔과 그러면서 이겨내고자 하는 역동성을 좋아했습니다. 고2(1988년) 때 노동은 교수님에게 김순남의 〈산유화〉라는 곡을 소개 받고 너무나 놀랐죠. 월북작가라는 이유만으로 이렇게 좋은 곡을 오랜 기간 금지했다는 것을…. 서울대 이강숙 교수님, 이건용 교수님의 글을 많이 읽었습니다. 한국예술종합학교 설립에 이건용 교수님의 문제의식이 작용했지요. 그래서 요즘 한국예술종합학교의 위기에 대해 가슴이 아파요. 《낭만음악》이란 잡지가 있어요. 음악학을 지향해서 만든 잡지인데…. 아쉬운 것은 아직까지 가극 「금강」 수준을 넘지 못하는 것 같아요. 혹시 최 동지께서 진보적 음악인들의 활동에 대해서도 아신다면 근황을 듣고 싶네요.

제가 출소하면 최 동지와 함께 제가 인도 유학 시절 소장하고 있던 소련의 멜로이아 음반사의 LP판 음반을 함께 듣고 싶어요. 민요도 있고, 레닌 연설도 있고, 교향곡 30~40장 있는데… 듣고 싶군요. 상업적인 음반하고 다른 순수함과 예술에 대한 진지함이 참 좋았어요. 그때는 내가 어려서 잘 몰랐지만 소련의 해체는 잘못이라고 직감했죠. 당시 뉴델리에는 프로그레스 출판사 지점이 있었는데 수준 높은 책과 음반 등이 가득했어요. 소련의 문화 수준이 높다는 것을 알고 있었어요. 갑자기 해체되어 아쉬었죠.《정세와 노동》을 읽으면서 "아! 그랬었구나!" 자연스럽게 와 닿네요.

제가 러시아어를 몰라서 늘 궁금했는데 연구소에 기증해서 함께 공유자산으로 나누는 것도 좋은 생각이네요. 필요하면 말씀하세요. 기증할 의향 있습니다. 연구소에서 나를 이렇게 도와주는데 저도 당연히 작은 기여를 해야겠죠. 제가 출소할 때쯤이면 연구소가 더 대중화되었으면 하고 소망합니다. 편지 말미에 가족들을 걱정해주서서 고맙습니다. 제 "자신을 굳건히 세워야 가족들이 용기를 갖고 세상에 맞서 싸울 수 있다"는 조언은 저에게 꼭 필요한 말이라 귀담아 듣겠습니다. 저는 가만히 있는 것이 가족들을 도와주는 거라고 잘못 생각했어요. 악의적인 선전, 모략, 비방이 가족들을 더욱 힘들고 지치게 한다는 사실을 몰랐죠. 그래서 이제부터는 제 사건을 적극적으로 공론화시키고 '진정성'을 알려나갈 생각입니다. 이 점에 대해 최 동지께서 조언해주시면 고맙겠고 함께 고민도 해보고 싶습니다.

그리고 개인적인 부탁인데… 아내가 많이 힘들어하고 저에 대해 실망하고 있습니다. 아내에게 용기와 힘을 주고 싶습니다. 사상적으로 감화를 주면서 깨어 있는 음악을 전해주고 싶습니다. 예술 작품을 통해 아내에게 진보적 삶과 아름다운 희망을 보여주고 싶어요. 자료를 소개해주시면 동생에게 부탁해서 보낼 수 있습니다.

혹시 기분이 언짢으시면 용서해주세요. 최 동지를 믿고 한 말이니 기분 상하지 않으셨으면 좋겠습니다.

최 동지께서 보내주시는 시(詩)는 저의 심경을 그대로 표현해줍니다. 그래서 더욱 절실히 가슴에 와 닿습니다. 최 동지의 예술적 감수성을 보면 예술을 하시는 분이 아닐까 하는 생각을 합니다.


너무나 사랑하기 때문에

사랑할 수도, 증오할 수도 없는

비장한 현실

가슴에 무엇인가를 비장하게 결의하며

전선에 나서는 심경입니다.


수인(囚人)도 좋았는데 이번 시(詩)도 가슴에 와닿습니다. 좋은 선물 감사합니다.

최 동지의 깊은 배려 잊지 않겠습니다. 안녕히 계세요.

# 가족과도 불신의 벽을
# 쌓아야 하는 현실

2010년 11월 14일,
임미영 사무국장님께

안녕하세요? 후원회 소식지에 실린 제 편지글 보고 부끄러웠습니다. 앞으로 잘하라는 충고이자 신념을 잊지 말라는 지지와 연대의 마음의 표현이라고 이해합니다.

저는 소시민적 삶을 살았습니다. 주변 사람들에게 피해를 줄까 봐 혼자 고민했으며 아내와 가족들에게조차 북에 다녀오고 해외에서 북측인사를 만난 사실을 말하지 않았습니다. 이 점 때문에 가족들은 제가 식구들을 '무시했다'고 오해하고 아내는 '속였다'며 실망하고 화가 나 있습니다. (좀, 심각합니다.) 제가 왜 가족을 속이고자 했겠습니까? 피해 줄까 봐 말을 안 했을 뿐입니다. 국가보안법이 없었다면 제가 말하지 못할 이유가 없었을 것입니다. 일부 오해의 소지가 있는 점이 있는데 오래전에 판단력이 부족한 실수이며 제 스스로 밝힌 부분입니다.

그런데 오랜 기간 암약한 간첩으로 묘사함으로써 저 자신뿐만 아니라 가족들에게 커다란 정신적 충격과 고통을 안겨주고 있는 상황입니다. 국정원 조사에 협조하고 사실관계가 밝혀지면 진실이 드러나겠지 생각했는데 오히려 왜곡되어 확대재생산되는 현실에 직면하게 되었습니다. 그럼 구체적으로 어떻게 해야 할지가 저의 고민입니다. 가족들이 걱정하는 것은 사회문제로 공론화되면서 언론에 오르락내리락하는 것 자체를 힘들어합니다. 피해의식이 크기 때문입니다. 가족들 또한 저에 대한 실망감이 있기 때문에 시간이 필요한 상황이예요. 노정협의 백철현 동지와 이런 문제를 의논하고 있습니다.

장기적으로는 저희 가족들이 양심수후원회에 관심을 가지고 신뢰를 쌓고 적극 나서야겠지만 아주 평범한 소시민이고 가정주부이기 때문에 어떻게 접근하는 것이 좋을지 고민입니다. 제가 중심을 잡고 지속적으로 설득과 해명을 할 생각입니다.

양심수명단에 누락된 내용은 다음과 같습니다.

구속날짜: 2009. 9. 9.

적용법규: 국가보안법

형량: 8년

만기일: 2017. 9. 8.

수감지: 전주교 2513

참조하시기 바랍니다. 몸이 아프시다고 들었습니다. 건강에 유의하세요. 감사와 고마운 마음을 전하며 이만 인사드립니다. 안녕히 계세요.

# 분단 모순 체제에 대한
# 문제의식

2010년 11월 14일,
모성용 부회장님께

모성용 선생님, 안녕하십니까? 부회장님이 되신 것을 축하드립니다.

"송환 10년을 맞아…"의 글 잘 읽었습니다. 부회장님께서 그동안 하신 일들에 대해 잘 알게 되었습니다.

저에 대해 소개가 없었습니다. 저에 대한 궁금증이 있을거라 생각합니다. 저는 1971년에 태어나 대전에서 고등학교를 마치고 인도 델리대학에서 정치학과를 졸업했습니다.

인도는 영국의 식민지배를 받은 나라로 자주적인 독립의식이 강합니다. 이런 영향으로 남북 문제에 관심을 갖고 1993년과 1994년에 북한을 다녀왔고 귀국 후 군복무와 결혼 및 인도 연구자로서 소시민적 삶을 살았습니다. 사실 저는 북한 문제보다는 인도 문제에 더 많은 관심을 갖고 있었습니다. 그러나 인도의 국내정치는 국제정세와 밀접히 관련되어 있습니다. 특히 인도의 핵정책은 북한과 미국의 핵협상에 영향을 받고 있기 때문에 인도 연구자로서 한반도의 정세를 정확히 이해하는 것이 중요합니다. 저에게는 이처럼 두 가지 이유로, 즉 인도 연구자로서뿐만 아니라 분단 모순 체제에 직접적인 영향을 받고 사는 남쪽의 지식인으로서 중요한 문제의식을 갖게 했습니다.

지난 10년간 북한과 미국의 핵협상을 모 부회장님께서도 잘 알고 계시지만 (저의 주관적 판단인지 모르겠지만) 북한은 핵을 포기할 확고한 입장을 가지고 있다고 생각합니다. 민주평통자문위원으로서 우리가 북을 믿고 신뢰한다면 그들로 책을 포기한다는 생각을 가지고 우리의 진정성을 설득했습니다. 그런 과정에서 깊이 있는 정세 토론도 했고, 정책 자료 등을 공유했는데 일부 자료들을 가지고 기밀을 유출하고 기획적으로 이적행위를 한 것처럼 흐름과 맥락이 왜곡되었습니다.

이명박 정부 들어서 저의 신념에 갈등이 심했습니다. 특히 2008년 봄부터 고민이 많았습니다. 깊이 있는 이야기는 기회가 생기면 차차 말씀드리겠지만 저는 이명박 정부를 지지하지는 않았지만 민주주의의 성과를 믿었기에 (민주주의 제도화) 학자적 양심으로 순수하게 이해했습니다.

외교통상부에서는 실용외교를 화두로 다자외교에서 신4강외교(4강+인도)로 점진적인 변화를 기획했는데 죽다 살아난 통일부가 살기 위해 너무나 다급하게 반응했고 옥수수 5만 톤 문제가 비핵화와 맞물리면서 감정적인 기싸움으로 변했지요. 더 큰 문제는 민주평통 김대식 사무처장이 해외교포들의 선거권을 의식해 평통조직과 외교통상부 산하 해외교포 조직을 하나로 묶어서 정치적 영향력을 강화하고자 하면서 북한에 대한 인식이 더 악화되고 보수화되었습니다.

2008년 8월 미국 휴스턴 평통차세대 컨퍼런스에서 저는 기조발표를 했습니다. 이런 문제점들을 지적하면서 정부정책을 비판했습니다. 이 일이 있고 난 후 본격적인 국정원의 내사가 있었다는 사실을 수사기록에서 알게 되었습니다. 제 사건의 본질은 과거 10년간 남북 간의 쌓은 신뢰를 훼손시키기 위해 과장되고 부풀려진 측면이 있습니다. 저는 제 자신이 희생되더라도 이런 파국을 막고자 자진해서 모든 일들을 이야기로 풀어서 진술했는데 오히려 저의 발목을 잡고 악의적으로 부풀려졌습니다.

부회장님의 글을 읽으면서 장기수 선생님은 그 오랜 기간을 어떻게 인내하시며 견디셨을까… 마음이 경건해집니다. 다시금 제 마음을 가다듬게 합니다. 부회장님과 후원회 모든 분들께 감사의 인사를 드리며 이만 줄입니다.

# 어느 누구도 우리의 문제를
# 대신해주지 않는다

2010년 11월 16일 새벽 2시에,
최상철 동지께


잘 지내시죠? 오늘 편지 받고 반가웠습니다. 저는 잘 지내고 있습니다. 관심과 깊은 배려 감사합니다.

오늘 도서 담당 직원이 책이 도착했다고 알려주더군요. 2~3일 후에 주겠다고 했습니다. 인도 관련 책을 받아 보게 되니 무척 기쁩니다. 연구소에 인도 관련 책이 있다는 사실에 놀랐습니다.

『독립 투쟁의 역사(A history of Indian freedom struggle)』와 『독립 이후 인도(India since independence)』는 저에게 유익한 책입니다. 비핀 찬드라 (Bipin Chandra)는 인도에서 권위 있으신 역사학자이십니다. 나머지 책은 모두 귀중한 책입니다. 책을 읽고 서평을 보내드리겠습니다. 오래간만에 피플스 퍼블리싱 하우스(People's Publishing House: PPH) 출판사 책을 만나니 반갑네요. PPH는 인도공산당 계열의 출판사이지요. 델리에서 공부할 때 자주 갔었지요. 책들이 궁금하고 기대가 됩니다. 출판사에서 서점도 운영합니다. 연구소에서 보내주신 책들 아직 다 못 읽었는데 분발해야겠습니다. 책을 읽고 감상문을 꼭 보내드릴 생각입니다. 책을 보내주신 분에 대한 예의라고 생각합니다.

국가보안법에 대해서는 지금 저의 현실이 말해주듯 폐지시켜야 할

법입니다. 국정원에서 조사받을 때 처음으로 묻는 질문이 '누구를 존경하느냐? 국가보안법에 대해 어떻게 생각하느냐?'였습니다. 저는 '국가의 안보를 위해서는 필요한 법이라고 생각한다. 그러나 역사적으로 국보법이 사상과 양심의 자유를 침해했기 때문에 잘못이라고 생각한다'고 답했지요. 자유로운 사상과 학문의 자유를 위축시킨다는 점에서 폐지시켜야 될 법입니다.

최 동지 편지 읽고 최근에 벌어지고 있는 공안탄압을 알게 되었습니다. 분위기가 심상치 않군요. 국정원에서 조사받을 때, 말도 안 되는 내용을 가지고 억지로 꿰맞추려고 해요. 이 과정이 참 힘들어요. 나는 혼자고 수사관은 2인 1조로 5~6개조가 들어와서 조사합니다. 설명하고 반박하는 가운데 진이 다 빠지고 정신도 혼미해집니다.

멀쩡한 사람도 4~5년 동안 뒷조사해서 특정한 행동을 추려서 꿰맞추면 '간첩'이 될 수 있죠. 가능한 일이라고 생각합니다. 일단 수인이 되면 밖의 사람들이 색안경 끼고 봅니다. '설마' 하면서도 나중에는 믿어버리죠. 제가 직접 겪어보니 그런 상황입니다. 시간이 흐른 뒤 '진실'이 밝혀져도 이미 피해자는 고통을 치렀고 그 시간을 치유하거나 보상받을 수 없죠. 제가 크게 착각을 했습니다. 형식적 민주주의에 대한 자만이었습니다. 국보법이 살아 있는 한 민주주의는 별 의미가 없다는 점을 깨우치고 있습니다.

마르크스-레닌주의를 연구하면서 국보법을 걱정해야 하는 현실이 참 서글프네요. 델리대학 1학년 첫 강의(정치학과)가 레닌의 『제국주의론』입니다. 이론을 토대로 영국제국주의가 인도에 끼친 영향을 여러 측면에서 분석합니다. 제1차 세계대전에 대한 레닌의 분석은 과학적이었기 때문에 1학년 첫 시간에 배우는 것입니다.

최 동지! 저는 복잡한 이론보다는 제1차 세계대전이 왜 발생했고 레닌에 의해 러시아가 전쟁에서 빠진 이유와 평화를 위한 노력이 어떠했는지 역사적 흐름만 정확히 이해시켜도 마르크스-레닌주의 본질을 쉽게 대중에게 알릴 수 있다고 생각합니다. 그래야 파시즘의 성격과 본질을 쉽게 이해하게 됩니다. 자유주의자들은 소련과 독일의 불가침 조약을 전체주의 독재국가끼리 동맹이라고 하는데 정세를 왜곡시킨 주장입니다. 시급한 문제도 많겠지만 청소년과 대중들이 쉽게 마르크스-레닌을 접할 수 있는 노력도 필요하다고 생각합니다.

저에 대한 소식이 홈페이지와 카페에 소개되었다고 하니 기대도 되고 궁금합니다. 정말로 저를 지지해주고 연대해주시는 분들께 편지도 받고 싶고 소통을 나누고 싶네요. 최 동지께서 말씀하셨듯이 제 개인이 아닌 국가보안법에 대한 문제의식을 공유하고 고민을 확산시키는 촉매제가 되었으면 좋겠습니다. 최 동지와 함께 고민하면서 제가 도와드릴 수 있는 일은 힘껏 도와드리겠습니다. 최 동지를 믿고 앞으로 저에 대한 많은 부분을 개방하고 공유하면서 연대와 지지의 힘을 키웠으면 좋겠습니다.

"가슴속의 거인이 되십시오"

네, 잘 간직하겠습니다. 저의 정당성을 지키기 위해서라도 싸울 수밖에 없는 입장입니다. 싸워야 할 대상을 명확하게 한다. 이 문제는 앞으로 최 동지와 깊은 대화를 나누고 싶습니다.

그렇습니다. 비핵지대화는 의지만 가지고 해결할 수 없다는 것이 저의 최종 결론입니다. 저는 이 문제를 이상적으로만 바라보았습니다. 남북을 오가며 비핵지대화를 소망했지만 결국 간첩이라는 오명만 쓰고 아무 성과도 없네요. 그 가능성을 보았지만 결정적으로 미국이 틀어버렸습니다. 저는 미국을 믿었습니다.

그러나 지금은 아닙니다. 어느 누구도 우리의 문제를 대신해주지 않는다는 것을 지금 값비싼 대가를 치르며 배우고 있습니다. 제가 지금 당장 죽음 앞에 놓여 제 아이들에게 하고 싶은 말이 있다면 "미국을 믿지 말라"는 말입니다. 이게 저의 가장 큰 오류였습니다. 대안은? 우리 내부의 힘인데… 사회가 파편화되어 있고 개인주의가 강해서 회의적인 생각이었습니다. 최 동지를 만나기 전까지만 해도 포기하고 절망했습니다.

나는 최선을 다했다. 나는 더 이상 힘도 없고 능력도 없다. 내 말을 믿지 않았던 너희의 문제다. 나는 이제 너희들의 세상에 관심도 없고 미련도 없다. 그래서 홀가분하게 산으로 간다. 지금 광란의 밤 속에 국민소득 2만 달러의 향연을 즐기며 욕망과 욕정의 도가니에서 탐욕에 눈이 먼 그대들이여. (머지 않아) 이제 곧 노예된 삶의 가혹한 시련이 몰아칠 것이다. 그때 나는 그대들을 불쌍하다고 생각하지 않을 것이다. 그건 당신들의 욕망이 파놓은 덫이었으니까…

이런 생각을 갖고 있었습니다. 그리고 이 땅을 떠나고 싶었지요. 그런데 최 동지가 저의 영혼을 일깨워주었습니다. 최 동지의 편지에서 '진심'이 느껴졌어요. 그게 뭔지는 저도 잘 모르겠어요. 그냥 편하고, 느껴지네요.

「단지」라는 시가 비장합니다. 제가 요즘 품고 사는 마음 같군요. 저를 가둔 세상이 야박해서 비장해집니다. 오늘은 반가운 편지에 두서없이 길게 썼습니다. 정성 없이 편지 보냈다고 화내지 마세요. 다음 편지는 차분한 마음으로 정리해서 보내겠습니다.

차츰 변화하는 저 자신도 두렵고 과거의 끈을 놓아야 하는 것도 두렵고 제가 믿었고 의지했던 것들이 신기루에 불과했구나 하는 것이 허무합니다. 제 스스로 저를 부정해야 하는 현실이 고통스럽네요.

최 동지의 편지가 나에게 많은 질문과 고민을 던져주는군요. 오늘은 좀 쉬어야겠습니다.

시계를 보니 밤 2시네요. 10시부터 편지를 쓰기 시작했는데…. 그럼 편히 주무세요.

# 『Marx's Legacy in 21st Century』를 번역하면서

2010년 12월 8~9일,
김혁 선배님께


선배님의 편지를 꺼내어 다시 읽습니다.

선배님의 편지 받고 기분이 좋았습니다. 그리고 저에 대한 깊은 배려의 마음을 알게 됩니다. 저는 별로 하는 일 없이 선배님께 도움만 받고 있습니다. 저 자신에 대한 자부심과 자신감이 강했습니다. 그런데 수인(囚人)이 된 순간 원시인이 되면서 분석력과 판단력, 자신감이 사라졌습니다. 차츰 지적 활력을 회복하고 있습니다. 제 사건에 대해 어떤 역사적 맥락을 가져야 할지는 저로서도 중요합니다. 선배님과 대화를 나누면서 객관적으로 풀어가고 싶습니다.

12월 8일 저녁


아침에 운동을 나갔더니 눈이 왔네요. 날씨가 추운데 어떻게 지내시나요? 강성철 선생님께서 민원인 서신을 보내고 영치품도 넣어주셨어요. 전주지역 버스노조 파업으로 오셨다 이기호 동지를 면회하고 저에게는 서신을 보내주셨네요. 아마도 개인은 1회 면회밖에 허용이 안되나 봐요.

요즘 책을 하나 번역하고 있습니다. 『Marx's Legacy in 21st

Century』입니다. 인도 사회학자가 쓴 책입니다. 앞부분에는 왜 마르크스의 사상이 사회과학에서 퇴물 취급을 받는지 논증을 하고 있습니다. 직접적인 원인은 사회주의 붕괴인데 그 원인은 소련공산당의 역할이 성장하는 사회주의 국가의 중산층, 즉 기술노동자(육체노동자와 대비해서 새로운 지식과 기술로 형성됨)에 의해 변질되었다는 것입니다. 재미있는 것은 서구의 사이비 마르크스학자들이 이들을 흔들었다고 보는데 대표적인 예로 프랑크푸르트학파의 비판사회학이론(하버마스 등)과 탈산업화이론, 포스트모더니즘들이 있습니다.

이런 시각에서 인도의 경제자유화, 급진적 마오주의, 이주 문제, 지방분권화라는 주제로 인도의 문제들을 분석하고 있습니다. 소통을 강조하는 하버마스의 이론은 저에게도 영향을 미쳤습니다. 그런 비판사회학이론들조차 마르크스주의를 가장한 반사회주의에 이용된 학문적 조류라고 하니 저로서는 당황스럽네요. 저자는 근거로 비판사회학이 1930년대 나치 독일에 대한 비판에서(문제의식) 시작되었는데 나중에 스탈린 독재에 비판적으로 되면서 우익화 되었다고 주장합니다. 일리가 있습니다. 저도 지식인 행세 하며 포스트모더니즘, 비판사회학, 프로이트 심리학 책을 많이 읽었습니다. 이제는 좀 정리가 됩니다. 저로서는 좀 충격입니다. 순수한 학문의 세계에 저런 의도가 있구나…. 정치학계에서도 후기 산업화, 탈산업화 담론이 지배적입니다. 인터넷과 개인주의가 심화되면서 더욱 지배적인 담론으로 자리잡아가고 있습니다.

감옥에서 보니 이제야 '진실'이 보여요. 참 놀랍네요. 저는 지금 모든 것이 무너지면서 좀 혼란스럽지만 정신은 가벼워지고 명료해집니다. 아! 그랬었구나…. 인도에서 유학 시절에 소련이 해체되고 러시아 사람들이 인도 호텔에서 포르노를 찍다 망신을 당했어요. 잘 이해를 못 했죠. 왜냐하면 그당시 러시아 사람들은 성의 개방이 자유, 진보, 해방 그런 개념으로 이해하고 있었죠. 러시아 사람들이 속은 거죠. 아마 이면에는 서구의 포스트모더니즘 담론과 개인주의 이념으로 소련 노동자들이 스스로 무너진 거라 생각해요. 저는 왜 러시아 사람들이 저런 환상에 빠져 잘못된 생각을 갖고 있는지 이해를 못 했죠. 그게 다 서구의 반공주의 전략에 의한 사상의 와해 작업이라고 생각하니 섬찟하군요. 깨어 있는 참지식인이 절실합니다. 인문사회과학이 위축되는 것은 비극이라 생각해요. '평화'의 근원을 파면 팔수록 지배와 피지배의 모순이 선명해지네요. 책을 번역하면서 제 생각을 전하겠습니다. 선배님, 저는 추워서 옷을 2겹으로 입고 있습니다. 감기 조심하세요. 안녕히 계세요.

12월 9일

# 평화의 절박함을
# 절감하며

2010년 12월 9일,
강성철 선생님께

안녕하세요? 민원서신 받고 기뻤습니다. 그동안 잘 지내셨죠?

면회를 못 하고 가신다니, 아쉽지만 서신과 간식을 받으면서 직접 만난 것처럼 기쁘고 감사합니다.

아주 가끔 이기호 동지와 인사를 나눕니다. 잘 아시겠지만 자유롭게 인사를 나누지 못합니다. 그래도 제 걱정을 해주시는 이기호 동지에게 고맙게 생각합니다. 저에게 죄송하다는 말씀 듣고 송구합니다. 그런 말씀 안 하셔도 됩니다. 저야말로 죄송하지요. 감옥생활을 해보니 어렵고 힘들게 살아가는 사람들에게 깊은 연민과 동정을 갖게 됩니다. 정치학자로서 그동안 내가 무엇을 했나 부끄럽기까지 합니다. 강성철 선생님과 후원회 분들은 어려움과 개인적 희생을 감수하시고 인권운동을 하시는데… 저는 걱정해주시는 덕분에 잘 지내고 있습니다.

지난번 보내주신 엽서 받고 김학주 동지를 서운하게 보내서 씁쓸했습니다. 참 매정하게 보내는구나, 많은 생각을 하게 되었습니다. 저 역시 같은 처지 아니겠습니까! 저도 출소하면 냉냉한 대접을 받겠지, 그런 생각이 들더군요. 그렇게 긴 시간을 인내하며 기다렸는데 야박하게 내쫓다시피 하는 것 같더라고요. 접견 가면서 처음 뵙는데 수더분하고 좋은 분이라고 느꼈습니다. 저는 요즘 제 자신에 대해서뿐만 아니라 제 사건에 대해 객관적으로 살펴보고 있습니다. 차근차근 학문적 토대를 처음부터 다시 쌓아야겠구나 생각합니다. '진실'을 이야기 할 수 있는 학자가 되고 싶습니다. 또한 제 사건을 어떤 역사적 맥락에서 의미를 두어야 할지 생각해봅니다.

최근 한반도의 정세가 요동치는 것을 보면서 걱정도 되고 '평화'의 절박함을 절감합니다. 긴장을 조장하는 극우 보수세력이야 그런다 하지만 자유주의자들과 소위 진보적 진영에서조차도 무기력한 것을 보니 많이 안타깝습니다. 과거 정부에서 이룩한 민주적이고 개혁적인 몇 몇 성과들을 보고 우리 사회의 민주화에 대해 긍정적으로 생각했습니다. 그런데 지금 와서 보니 무척 허술하고 모래 위의 성이었구나 알게 됩니다. 깊이 성찰하게 됩니다. 노동자들을 위한 것이 민중들을 위하는 것이고 다수의 대중들을 위하는 것이라고 생각합니다. 정치라는 것이 다수의 사람들이 함께 잘사는 것 아니겠습니까? 그게 민주주의를 심화시키는 것이지요.

정치는 지배하는 것이 아니라 어떻게 함께 더불어 잘살 수 있는가를 연구하는 학문입니다. 억압과 착취를 반대하고 함께 잘사는 세상이 제가 추구하는 이상입니다. 그런 측면에서 자신의 권리와 노동자들을 위해 싸우시고 있는 분들께 제가 더 많이 배우고 있습니다. 고맙습니다. 밖에서 많은 동지들이 저에게 '안타까워' 하신다니 정말 고맙습니다. 더욱 마음을 굳게 먹고 전진해나가겠습니다. 다시 한 번 깊은 감사의 인사 드립니다. 안녕히 계세요.

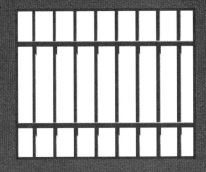

# 새로운 싸움의 시작

# 구체적이고 작은 실천을
# 해나가야겠습니다

2011년 1월 1일,
김혁 동지께

2011년 1월 1일입니다. 새해 복 많이 받으세요.

수원구치소에서 2010년을 시작했습니다. 1년이 언제 가나 싶더니 2011년이 시작되었습니다. 저에게 올해는 중요한 한 해가 될 것 같습니다. 2010년 방황과 좌절의 시간이었지만 2011년 올해는 앞으로 삶의 방향과 내용을 결정해야 할 시기라고 생각합니다. 그동안에는 감상적이고 즉흥적인 측면이 있었는데 이제부터는 마음을 굳게 먹고 구체적이고 작은 실천을 해나가야겠습니다.

어제 《정세와 노동》 12월호 받았습니다. 독자 편지란에 저와 최상철 동지가 주고받은 편지들이 고스란히 실렸습니다. 좀 당황했습니다. 또 한편으로는 지금 저의 정신과 태도, 신념, 말 한마디가 중요하고 무거운 책임감을 갖고 살아야 한다는 점을 느꼈습니다. 제가 좀 오버하는 것은 아닌가 생각되지만, 이미 밖에서는 저를 개인 이병진으로 생각하지 않는구나 하고 느꼈습니다. 저의 고난이 '한 개인의 고난이 아니라 우리 민족의 고난이기도 하고 피압박 민중들의 고난'이라는 선배님의 당부와 질책을 다시금 깊이 새깁니다.

저는 감옥생활이 주는 압박감과 상실감 때문에 개인주의에 자꾸 빠졌습니다. 아마 제가 너무 편한 삶을 살아왔기 때문에 나약해서 그런 가 스스로 반문했습니다. 처음으로 구속되어 재판을 받고 수감생활을 하다 보니 도대체 '나'란 사람은 누구이고 어떻게 행동하고 살아야 될 지 '감'을 잡을 수가 없었습니다. 당장 눈앞에 잡히고 지키고 싶었던 것이 가족, 특히 아이들이었습니다. 제가 순진한 것인지는 모르겠지만 수사에 협조하고 조용히 순응하고 따르면 최소한 가족관계는 파괴되지 않을 거라고 생각했습니다. 그런데 그것은 저의 주관적인 생각뿐이라는 게 분명해졌습니다. 근본적으로 감옥 안에 갇혀 있다는 이유 하나만으로 제가 아무리 가정을 지키려 해도 밖의 객관적 정세와 상황이 가만히 놔두지 않는군요.

여동생이 찾아와서 말했습니다. "가족들도 살아야 하는 것 아냐. '간첩'이라는 꼬리표가 평생 아이들에게 따라다닐 텐데… 오빠는 이기적이야."

이제 더 이상 가족들과 그동안 나와 관계 맺었던 모든 사람들과의 인연에서 미련을 버리기로 했습니다. 선배님 말씀처럼 징역은 제가 사는 거고, 밖의 사람 생각하여 저 자신을 거기에 맞춰(죽이고 산다고) 저에 대한 생각이 바뀌는 것도 아니고 오히려 패배자로 살아갈 뿐이라는 것이 명백해집니다. 지난 1년간 고통스럽게 깨우친 진리입니다.

이제는 생존을 위해 살아남기 위해 싸워야 한다는, 본능 가까운 감정에 이르고 있습니다. 생존을 위해 절규하며 분신하는 피압박 민중들의 삶이 바로 이런 거겠지요.

선배님 앞으로는, 올해부터는 진보적 미래를 위해 선배님과 토론도 하고 깊은 대화를 해나가고 싶습니다. 먼저 제 사건을 적극 사회에 알리는 작업을 하기 전에 저에게 한 가지 근본적인 과제가 있습니다. 영장 실질심사에서 판사가 저에게 "본인이 간첩이라고 생각하느냐?"라는 질문을 받고 저도 모르게 소름이 끼치면서 "저는 간첩이 아닙니다"라고 답했지요. 수사검사와도 한 차례 논쟁이 있었는데 북한에 다녀오고, 돈을 받고(검사는 공작금이라고 말함), 국가기밀을 넘겨주고 간첩 아니냐 다그쳤지요. 객관적 사실은 인정한다. 그러나 나는 간첩이 아니다 하고 말했더니 '궤변'이라고 일축했습니다. 그래서 저는 더 이상 말을 못 하고 공소사실을 시인했고 처자식을 생각해서 선처해달라고 반성문을 재판부에 제출했습니다.

다시 재판을 받으려면 절대로 똑같이 하지 않겠지만 그 당시에는 자포자기 심정으로 형량이라도 줄이려고 협조했고 저의 진심은 가슴에 묻어두었습니다. '구노회'와 《정세와 노동》을 통해 저의 심경을 조금 밝혔는데 앞으로 보다 적극적으로 제 사건을 공론화시키기 위해서는 제 사건을 객관적으로 정리를 할 필요가 있습니다. 재판 과정에서 잘못을 시인하고 이제 와서 즉 인권단체와 소통을 하면서 '진정성'을 주장한다면 마치 기회주의 같은 생각을 갖게 합니다. 그러한 오해를 만들지 않기 위해서라도 솔직한 저의 심경을 밝히는 것이 실타래처럼 얽힌 지금의 상황을 헤쳐나갈 수 있다고 생각합니다. 선배님께서는 어떻게 생각하시는지요?

# 진보와 변혁으로 가는
# 역사의 거대한 흐름

2011년 1월 27일,
최상철 동지께

오늘은 최 동지께 슬프지만 그래도 '희망'이라는 기쁘고 감사한 소식을 전해드립니다.

사실 어제 이혼에 관한 재판이 있었습니다. 아내와는 10개월 만에 만났습니다. 그동안 아내에게 미안하다는 말을 못 해서 응어리로 남았었는데 이렇게라도 만나 그 말을 해주어서 감사하게 생각했습니다.

재판의 쟁점은 '간첩'이라는 꼬리표와 장기 징역이라는 부정적 요인이 아이들에게 해악을 끼친다는 것이었습니다. 아내는 "아빠의 자리는 비워두겠다. 하지만 감옥에 있는 동안 아이들과 아빠와 관계를 단절시켜야 한다"고 주장했습니다. 이에 대해 재판부는 "아빠의 사상으로 인해 아이들과의 관계를 제한할 수 없고 사상의 차이는 어른들의 문제일 뿐 아이들과는 전혀 무관한 일이다. 아빠와 아이들이 한 달에 편지 1회, 전화 1회씩 소통하도록 한다"고 결정했습니다. 또한 "두 분 다 아이들을 위해 최선의 선택을 하기 위해 노력하나 관점과 방법의 차이가 있다. 따라서 양육에 대해 두 사람이 협력한다"라고 판결문에 명시했습니다.

제가 최 동지께 저의 부끄러운 단면일 수도 있는 재판 이야기를 하는 이유는 어른들의 사상의 차이로 아이들까지 제약당해서는 안 된다는 재판부의 의견에 깊이 공감해서입니다. 아내는 현실적이며 현재의 주류적 시각에서 볼 때 혹시나 아이들이 잘못될까 하는 보호본능적 모성애 입장일 거라 생각합니다. 그러나 저는 판사님의 판단처럼 어른들의 사상적 차이 때문에 기본적인 인간적 관계를 배제하거나 제한하는 것은 잘못이라고 생각합니다. 이는 저와 아이들과의 관계이기 때문에 나의 주관적 입장일 수 있지만 아이들만큼은 자유로운 사상과 이념을 접하고 그들 자신의 미래는 스스로의 의지를 갖고 자신들이 결정하는 사상과 신념을 갖고 살게 하면 좋겠어요.

저 또한 아이들이 자라서 저를 신뢰할지, 부정적으로 대할지 확신은 없습니다. 그러나 최선을 다하고 진실되게 저의 경험과 생각, 느낌, 그러면서 그 과정에서의 감정들을 솔직하게 들려주고 싶습니다. 아이들에게 보내는 편지를 기록으로 남겨서 나중에 아이들이 왜 아빠는 집을 떠나 있었는지 이해하는 데 도움이 되었으면 좋겠습니다. 아이들이 우리 가정의 해체에 대한 쓰라린 아픔을 잘 이겨내어 분단된 민족의 아픔 역시 우리 가정의 아픔과 같다는 점을 이해할 수 있는 성숙된 지성인이 되어 아빠 없이 크면서 겪어야 했던 상처들을 치유하길 바랍니다. 저는 우리 가정이 형식적으로 이별이지만 아픔을 이겨내고 내용적으로는 더 큰 가족으로 만날 수 있을 거라 믿고 있습니다. 판사님이 여성분이셨습니다. 두 사람의 '협력'을 판결문에 넣어주신 의미를 깊이 새겨둡니다.

또 다른 소식은 제가 살았던 오산의 다솜교회 목사님과 지인들이 면회를 오셨습니다. 뜻밖의 방문에 감격했습니다. 오산대의 교수님들도 제 걱정을 하시면서 찾아오시겠다는 반가운 인사도 전해주셨습니다.

제가 경찰경호행정학과에서 강의를 했는데 제자들과 교수님들께서 뭐라 생각할지 나를 이해해주실지 그런 마음이었습니다.

목사님 말씀에 의하면 처음 제 사건이 보도되었을 때는 모두 놀라고 혼란스러우셨답니다. 지역신문에 크게 보도되었고, 아주 큰 사건이었답니다. 서로 눈치들을 보며 지냈는데 차츰 시간이 지나면서 저에 대한 이해심을 갖고 있다고 전해주셨습니다. 목사님께서 이제는 지역에서 목소리 좀 내야겠다고 "우리들이 지어야 될 십자가를 대신 지고 있다"라며 용기 잃지 말라고 당부하셨습니다. 오산의 뜻 있는 시민들이 저에게 지지의 마음을 보내주어서 너무나 감격했습니다.

저는 오산에서 '참여민주주의 심화'라는 문제의식을 갖고 현실 정치에 직접 참여했습니다. 결론은 대의민주주의의 한계를 인식하게 되었지요. 그러면서 오산 지역의 뜻있는 분들과 친분을 쌓았는데, 모든 것이 단절이 되었습니다. 지역 사회에서의 단절감이 가족의 고통을 크게 했습니다. 오늘 목사님의 방문으로 오산에 대한 애정이 다시 피어오르네요. 마지막 소식으로 고난받는 이들과 함께하는 모임에서 지지와 후원을 하기로 결정했다고 알려주셨습니다. "이병진 교수님의 꺾이지 않는 양심을 지지하고 격려하는 힘이 되어드렸으면 좋겠습니다"라며 정성스러운 편지도 보내주셨습니다.

최상철 동지!

제가 소식을 전하는 이유는 눈에 보이지는 않지만 어떤 변화의 징후를 느끼기 때문입니다. 불과 얼마 전까지만 해도 제가 절망에 빠져 힘들어하고 괴로워할 때 최 동지께서는 "죄인이 아니다. 국가보안법은 폐지되어야 한다"며 저를 적극 옹호해주셨습니다. 얼굴도 모르고 한 번도 만나지 못했지만 저를 믿고 신뢰해주셨습니다. 그러면서 최 동지와 함께 편지로 대화하면서 조금씩 상처를 치유하면서 여기까지 왔습니다. 그리고 오늘 비로소 '진실'의 힘이 무엇인가 정의(正義)가 어디에 있는가! 깨우침의 시간을 갖게 되었습니다. 진보와 변혁으로 가는 역사(歷史)의 거대한 흐름은 멈출 수가 없습니다.

# 뭔지 모를 작은 변화들이
# 아래에서 일어나고 있구나

2011년 1월 27일,
김혁 선배님께


날씨가 춥지요? 이제는 적응이 되어 잘 견디며 지내고 있습니다. 어제 수원지법에 다녀왔습니다. 아내와 10개월 만에 처음 만났는데 '아내도 힘들었구나!' 연민을 느꼈습니다. 40분 정도 이야기를 나누었는데 주로 제가 이야기를 했습니다. 서로가 이해하는 시간이 되었으면 좋겠는데…. 아내는 많이 지쳐있고, 저에 대한 실망감이 너무 커서 단호했지만 아이들의 아빠 자리는 '숙명'이라며 남겨두고 아이들을 잘 키우겠다고 했습니다. 제가 가장 듣고 싶은 말이어서 고마웠습니다.

이제 법적으로는 남남이 되었지만 서로를 더욱 배려하고 제가 노력을 많이 할 생각입니다. 아내에게 제가 상처를 주었으니까 보듬어주고 위로를 해주고 싶습니다. 한편 아내는 제가 예전과 다르다고 하네요. 그래서 더 거리감이 느껴지고 아직도 '반성'을 못 하고 있다고, 잘못을 인정하지 않고 있다고 합니다. 아내의 입장이 이해는 되지만 여전히 저에 대한 기대가 있고 감정(비록 미운 감정)이 있기 때문에 객관적으로 보기까지는 시간이 필요할 것 같습니다.

감옥은 극단적인 상황이기 때문에 엄청난 고통을 겪지만 밖에서보다는 더욱 냉정히 자신의 감정을 끊어내고 통제할 수 있는 것 같습니다.

위축되고 불안정한 측면도 있지만 그걸 극복해야 살아남을 수 있겠죠. 이제는 아내를 받아줄 수 있겠습니다. 제 편지에서 제가 정리하는 모습을 보시는 선배님의 깊은 관찰력과 그만큼 저를 깊이 생각하시는구나, 알게 됩니다. 저 역시 선배님의 아픔을 이해할 수 있을 것 같습니다. 선배님과 대화하면서 섬세한 감정과 자상하신 분이란 걸 알았습니다. 밖에서는 선배님을 강한 사람으로 보겠지요. 얼마나 감상적인 분인지 알면 사람들이 놀랄 거예요. 저의 등기 편지를 받으셔서 다행입니다.

빡빡머리 교도관(문태영)은 저에게 면회까지 왔어요(안양). 어제는 수원에서 류주형 교사도 우연히 만났습니다. 두 분 다 불교에 심취해서 수원에 있을 때 인도와 불교 이야기를 많이 나누었습니다. 그래서 저에게 관심을 갖는지 모르겠지만 아무튼 제게 관심을 갖고 있답니다.

선배님께서 벌써부터 안양의 운동장을 그리워하시는군요. 저도 지금 다시 수원으로 가라면 힘들 거예요. 땅을 밟고 안 밟고의 차이는 큽니다. 겪어보지 않고는 밖의 사람들은 땅과 자연의 소중함과 우리의 정서에 얼마나 중요한지 모를 거예요(얼마나 절박한지를…).

이곳도 조사 징벌방에 가끔씩 이상한 사람들이 와서 소란을 피우곤 합니다. 우리 같은 공안수들을 독거 수용시설이 없다는 이유로 징벌적 차원에서 독거 시찰을 받은 사람들과 함께 지내게 하는데 정신적·정서적으로 힘이 들어요. 대화를 나눌 만한 사람이 없어서 더욱 외롭게 지내죠. 이렇게 편지를 통해 대화를 나누는 것마저 차단당하면 아마 정서적으로 불안해지면서 문제가 생길 수 있겠죠. 그만큼 편지는 절대적이죠. 그런 편지를 검신하고 발송을 불허하고 영치시킨 것은 부당하다고 생각해요. 선배님 말씀처럼 이유라도 설명해주어야 맞다고 봅니다.

편지에 대해 저도 조금 예민해졌습니다. 보낸 편지가 소식지나 정세와 노동에 실리면서 부담이 돼요. 소통을 하고 싶어서 보낸 편지들이 고스란히 소개가 되어 저 역시 놀랐습니다. 관심과 배려라고 생각하지만 나에게 그만한 자격이 있는가 여전히 부끄럽습니다.

오늘 반가운 소식이 있었습니다. 오산의 다솜교회 목사님과 지인 분들이 면회를 오셨습니다. 오산대학의 경찰 경호행정학과 교수님들도 제 걱정을 많이 하시면서 조만간 면회를 오신다네요. 저는 세상이 등을 돌렸다고 생각했는데 그게 아니었군요. 목사님이 그러시는데 정치적 환경이 그래서 눈치들을 살피고 혹시나 해서 그런다고 하시네요. 속마음은 그렇지 않다고 '대신 십자가를 지고 있다'고 생각하래요. 처음에는 다들 놀라고 혼란스러웠대요. 지역신문에는 제 기사가 많이 나왔대요. 오산에서는 매우 큰 사건이었다고 하십니다. 목사님께서 적극 나서서 도와주신다니 너무나 힘이 됩니다. 지난 6·2 선거를 치르면서 제 이야기가 민주당의 발목을 잡을까 봐 잔뜩 쫄아 있대요. 그런데 앞으로는 목사님께서 좀 적극적으로 이야기를 해볼 생각이라고 하십니다. 무엇보다 오산에서 저의 '진정성'에 대해 조금씩 관심을 갖는다는 사실이 놀랍고 기쁩니다.

제가 열린우리당 운영위원이었을 때 여성시의원을 강력히 지원해서 오산에서 최초의 여성 시의원에 당선되었고 작년에 재선에 성공했습니다. 주민참여 예산제도 소개했는데 현재 오산시장이 정책으로 실행하고 있습니다. 지역신문인 오산 시민신문을 창간하고 있었는데 구속되었지요. 그런데 제가 수감되자 모두 단절되었습니다. 오히려 조롱과 냉소가 더 큰 소외감을 갖게 했습니다. 그런데 오늘 목사님이 찾아와주서서 오히려 제가 속이 좁았구나, 그런 생각이 들었습니다.

선배님이 보시기에는 어떤지 궁금합니다만, 저에게는 제가 살고 있고 함께 지역 일에 대해 고민했던 분들이 마음을 조금씩 열어주신다는 데 대해 너무나 감격스럽고 감동스럽습니다. 아주 작지만 저에게는 아주 큰 변화와 진보에 대해 자신감을 갖게 합니다. 또 다른 기쁜 소식은 '고난받는 이들과 함께하는 모임'에서 편지와 영치금을 보내주셨다는 거예요. '이병진 교수님의 꺾이지 않는 양심을 지지'한다면서 정성스러운 편지를 보내주셨습니다. 선배님, 정말 놀라운 일이에요. 2011년이 되면서 어떤 변화가 느껴져요.

어느 후배에게서 편지가 왔습니다. 제 소식을 듣고 후배들끼리 걱정하고, 잊고 지낸 여자 후배가 아이가 둘씩이나 있는데 제 걱정을 하며 면회 온다고 하니 "선배는 행복하겠습니다" 하고 놀립니다. 그러면서 20년 전 대학 시절로 되돌아가 순수했던 그때의 기억, 감정이 그대로 살아 있는 것을 서로가 확인하면서 그걸 깨우쳐주어서 "고맙다", "영원히 손을 놓지 않겠다"라며 편지를 보내주었습니다. 이런 진정성에 제 가슴이 뭉클해집니다. 어제 판사님도 당부하시더라고요. "아빠의 사상 때문에 아이와 단절시켜서는 안 됩니다. 그건 어른들의 문제입니다." 그러면서 제가 수인(囚人)이기 때문에 아이들과 아빠가 한 달에 한 번 편지와 전화 통화를 할 수 있도록 판결문에 넣으시더라고요. 판사님은 두 분 모두 아이들을 최우선적으로 위하려고 하는데 관점과 방법이 다를 뿐이니까 양육에 대해 서로 협조하라고 판결문에 넣어주셨어요. 제 입장을 적극 두둔해주시더라고요. 제 진심을 판사님도 읽고 계신 것 같았습니다.

형식적인 재판을 통해 아내는 원하는 바대로 얻었지만 정작 본질적인 것, 내용에 대해서는 제가 더 크게 얻었지요. 역설적으로는 결별인데 내용적으로는 '서로 협력한다', 즉 신뢰를 쌓는 계기로 작용했습니다. 저는 아이들 아빠로서의 진심을 보여주었고 아내에게는 아이들과의 관계 형성에 의무와 책임이 주어졌습니다. 이 모든 것이 선배님께서 저에게 생각하게 하고 절망을 딛고 있어설 수 있는 용기와 자신감을 주셨기 때문입니다.

선배님, 저에게 이런 일들이 생길 거라곤 전혀 예상하지 못했어요. 선배님께서 기쁜 소식을 보내주셔서 저에게도 기쁜 소식이 찾아온 것 같습니다. 겉으로는 드러나지 않지만 뭔지 모를 작은 변화들이 아래에서 일어나고 있구나, 느낍니다.

오늘은 제 이야기가 길었습니다. 선배님께서도 제 이야기 듣고 마음이 따뜻해서 이 추위를 녹였으면 합니다. 설 연휴 건강히 지내세요. 안녕히 계세요.

# 사람의 가치를 실현할 수 있는
# 삶을 위하여

2011년 2월 8일,
최상철 동지께


보내주신 편지와 「마오이스트 커넥션(Maoist Connection)」, 「마오이스트와의 전쟁(War on Maoist)」 기사자료, 그리고 《정세와 노동》 1월호와 12권의 책 잘 받았습니다. 귀중한 연구자료들을 보내주셔서 고맙습니다. 인도에서 자료를 구하고 가져오는 일이 얼마나 힘들지 알기에 그 가치를 소중하게 느낍니다.

그것도 감옥 안에서 받아 볼 수 있다는 것은 더욱 특별한 일입니다. 점점 부자가 되고 있습니다. 저는 최 동지와 노동사회과학연구소와 함께 인도 연구의 길을 개척하고 있다고 생각합니다. 그런데 가족들은 걱정을 많이 합니다. 괜히 긁어 부스럼을 만들어 혹시나 잘못될까 봐 하는 걱정이겠지요. 더군다나 아빠를 기다리고 있는 아이들을 생각하면 저도 무척 마음이 아픕니다. "형은 도덕적이나 사회적으로는 아무런 문제가 없어. 단지 이념(사상)이 많이 다르다는 생각뿐이지. 하지만 그깟 이념이나 사상 때문에 가족이 해체되고 8년이란 세월을 교도소에서 보낸다고 생각하면 너무 가치 없고 무모한 짓 아니야?"라고 안타까워하는 동생에게는 인간적으로 너무나 미안하고 슬픕니다. 언젠가는 이해해줄 날이 오겠지 생각하며 가슴으로 눈물짓고 있습니다.

동생은 말합니다.

"우리같이 평범하게 살아가는 사람들에게는 아무리 국보법이 잘못되었다 하더라도 전혀 문제될 것이 없는데, 왜 형은 긁어 부스럼을 만드는지 모르겠어."

동생 말이 맞아요. 국가보안법이 우리의 일상생활에 직접적인 영향을 주지는 않죠. 그러나 그건 눈에 보이지 않는 현상뿐이지 끊임없이 영향을 주고 있다고 생각합니다. 마치 중력이 우리의 눈에 보이지 않지만 우리는 중력의 영향을 받고 살지 않습니까.

중력의 원리를 몰라도 농사를 짓거나 먹고 사는 일에 전혀 지장이 없죠. 오히려 눈에 보이지 않는 것을 쫓는 망상이라고 할 수 있습니다. 그러나 과학적 추론으로 중력을 이해한 서구 문명은 기계문명을 발전시켰고 비행기, 미사일, 우주선까지 개발하여 압도적인 기계문명의 힘으로 전 세계를 지배하고 식민지를 만들지 않았습니까? 그런 것을 등한시한 민족은 피눈물 나는 착취와 억압을 당하며 지내야 하지 않았습니까?

그렇기때문에 인류의 역사 발전에 도태되어 억압받으며 살지 않기 위해서는 현재의 질서가 영원하다는 무사안일한 생각에 빠지지 말고 역사 발전의 흐름에 따라 끊임없이 변화발전시켜야 한다고 생각합니다. 무엇을? 세상을 바라보는 눈과 귀를. 왜? 보다 행복하고 인류(사람)의 가치를 실현할 수 있는 삶을 살기 위해죠.

동생은 감옥에 있으면서 이제야 국가보안법이 문제라고 하면 자기변명이고 밖에서 볼 때는 잘못을 반성하기는커녕 '뻔뻔하고 이기적'으로 보인다고 합니다. 물론 감옥에 와서 많은 것을 잃어버리고 정신적·육체적 고통을 겪으면서 '내가 왜 이런 아픔을 겪어야 하나'라는 반발심이 전혀 없다고는 할 수 없겠지요. 그러나 그 관점은 하나의 요인일 뿐 본질적인 부분은 아닙니다.

단지 국가보안법이란 형식의 문제가 아니라 국가보안법이라는 기제의 '정당성'의 문제의식인 거죠. 절대적 진리라고 믿었던 '만유인력의 법칙'도 깨지지 않습니까? 상대성 이론에 의해 절대적인 '시간'의 기준도 달라집니다. 그러면서 양자역학이 나오고 소립자와 미립자에 대한 이해가 확장되면서 핵분열과 핵융합의 기술까지 발전시켰습니다. 냉전이 와해되면서 국제질서의 환경이 근원적으로 바뀌었습니다. 그렇다면 냉전시대의 산물인 국가보안법도 바뀌어야 되는 것 아닐까 하는 것이 저의 문제의식, 즉 '정당성'에 대한 문제의식입니다.

어린이가 성장하면 큰 옷으로 바꾸어 입지요. 우리 국가의 경제력, 사회의 발전 정도, 국민들의 의식수준은 비약적으로 발전했고 성숙했습니다. 그렇다고 한다면 그에 걸맞은 옷으로 바꾸어 입어야 하지 않겠는가 하는 문제 제기를 하는 거지 저를 변명하려는 것이 아닙니다. 이 점에 대해 최상철 동지와 노동사회과학연구원과 깊은 공감대가 있어서 저의 닫힌 마음이 열리고 대화가 시작된 것입니다.

그런대도 동생은 저의 이런 문제의식조차도 마치 제가 좌파단체에 현혹되어 국가에 대항하려는 것은 아닌지, 또는 그러한 삶을 살려는 것은 아닌지 깊이 우려하고 있습니다.

현재의 국가보안법 기준에서 볼 때 저는 실정법을 위반했고 사실관계에 대해서는 국가에게 사과했고 책임지는 자세로 징역을 살고 있습니다. 그러나 제가 직접 경험한 전체적인 역사적 흐름과 맥락에서 볼 때 저는 '이적행위'를 하지 않았고 그런 측면에서 문제를 제기할 수 있다고 봅니다.

문제 제기를 했다고 해서 국가에 대항하려고 보는 것은 비약이라고 생각합니다. 그런데 동생은 오히려 제가 감옥에 있으니까 '우물 안의 개구리'가 되었다고 하니 저도 조금은 고민이 되네요. 이 점에 대해 동생과 더 많은 대화를 나눌 생각입니다.

이번에 보내주신 책 중에 인도공산당(마르크스주의당)에서 발행하는 『마르크스 주의자: 인도 공산당의 이론 계간(마르크스 주의자)the Marxist: Theoretical Quarterly of the Communist Party of India(Marxist)』가 있습니다. 2008년 4-6 XXIV2에 인도공산당(마르크스주의당) 19차호의 보고서가 실렸습니다. 「좌파 주도 정부들: 현재 상황에서의 경험과 역할(On Left-led Governments: The Experience and their Role in the Present Situation)」 Part II of the Political-Organisational Report of the 19th Congress of the CPI(M).

이 보고서에는 인도공산당(마르크스주의당)의 당의 기본 입장이 제출되었습니다. 기본적인 정세 인식은 미제국주의에 반대하며 미국과 결탁한 중앙정부에 반대한다는 점입니다. 노동자와 민중들의 이익을 침해하는 경제자유화(시장) 정책과 외국인 직접투자(FDI)를 반대합니다. 문제는 좌파 주정부가 집권한 서벵갈, 께랄라, 트리퓨라 주정부가 재정위기를 겪고 있고 중앙정부의 견제로 어려움이 크다, 이를 극복하기 위한 산업발전의 필요로 외국인직접투자(FDI)를 허용한다는 것입니다. 주정부는 공공부문과 산회간접시설을 유지·관리하여 산업화를 촉진한다는 점을 밝히고 있습니다. 일관성이 없습니다.

이처럼 최상철 동지께서도 이미 지적했듯이 "부분적·지역적 자치의

실험으로 인도에 사회주의 정치를 뿌리내리려는 노선은 그 수명을 다한 것 같다"는 점에 저도 동의를 합니다.

네팔의 통합공산당(마오주의당)이 단독으로 정권을 수립할 수 있었음에도 그렇지 못한 이유가 많이 있겠지만 저는 경제적 요인이 매우 크게 작용한다고 생각합니다. 네팔의 경제는 인도에 종속적입니다. 인도로부터 기본 생필품이 차단되면 네팔은 현실적으로 유지할 힘을 잃게 됩니다. 가뜩이나 인도는 국내의 마오주의자들을 반정부세력으로 규정하여 진압하는 마당인데 네팔에서의 마오주의당 정부의 구성을 좋아할 리 없겠지요. 그런 한계에 직면해서도 지도부가 변질되지 않고 당의 순결성을 지켜나가야 하는데 기회주의자들과 결탁하여 변질이 되면서 혼란을 겪는 것이라 생각합니다.

그렇다고 해서 '국제 마르크스주의 경향(International Marxist Tendecvy)' 그룹의 주장처럼 일국에서의 변혁만으로 사회주의 정권을 유지하는 것이 가능하지 않다는 주장에 동의하지는 않습니다. 네팔의 상황은 사회주의를 자체적으로 수행할 수 있는 물질적 토대가 미미하기 때문에 그렇지 정치적인 면에서는 가능하다고 생각합니다.

만약에 네팔통합공산당(마오주의당)이 정치적 의지를 가지고 지속적으로 사회주의 건설을 지향하며 자신의 정치적 힘으로 물질적 토대를 구축한다면, 그래서 인도로부터의 경제적 자립을 이룩한다면 군사적 압력도 이겨낼 수 있는 힘이 생길 것이라고 생각합니다. 그런데 그 과정이 너무나 복잡하고 네팔 주민들의 교육수준이 낮고 전체 인민을 묶어 세우기가 쉽지 않기 때문에 지도부에서 기회주의자들이 발생하는 거죠. 이런 상황에서는 강한 규율이 필요하다고 생각합니다.

최 동지와 편지를 나누면서 과거에는 피상적으로 생각했던 사회주의 국가에 대해 좀 더 구체적으로 생각하게 됩니다. '일국사회주의' 논쟁도 그런 예의 하나입니다. 솔직히 사회주의 국가들에 대해 이론적으로 깊이 연구하지는 못했습니다. 다만 여러 국가들을 다니다 보니 현장에서 느꼈던 직감과 통찰력은 있는 것 같습니다. 북한, 중국, 베트남 그리고 주정부 수준이지만 인도의 께랄라, 서벵갈의 경험을 지켜볼 수 있었습니다. 캄보디아도 두 차례 다녀왔습니다. 우리에게 킬링필드로 잘 알려진 칼포프의 모험주의적인 극좌노선을 보면서 자본주의가 극우로 변질되면 파시즘으로 돌변하고 사회주의가 극좌모험주의로 변질되면 전체주의 독재국가가 된다는 점을 캄보디아에서 깊이 이해할 수 있었습니다.

그런데 우리가 파시즘과 히틀러의 등장을 단순히 나치당의 출현이라는 하나의 사건으로 설명할 수 없고 1, 2차 세계대전, 특히 제1차 세계대전 이후 독일의 정치, 경제 상황을 이해해야 어떻게, 왜 히틀러가 그렇게 짧은 기간에 나치당을 중심으로 성장할 수 있는지 이해할 수 있듯이 캄보디아의 비극이 단지 극악무도한 칼포프의 독재의 결과가 아니라 그런 사회, 경제, 정치적 배경을 이해할 필요가 있다고 생각합니다.

더군다나 캄보디아에 직접적인 영향을 주고 있는 베트남과 캄보디아의 관계를 보면 우리가 알고 있는 이면에는 훨씬 복잡하고 다양한 내용이 있다는 점입니다. 개별국가의 역사적 발전 경로와 사회, 정치, 경제, 문화 등 수많은 변인이 존재할 텐데 명목상 균질한 수준의 사회주의 국가가 전 세계적으로 동시적으로 존재할 수준의 객관적 조건이 성숙되어야만 혁명이 성공할 수 있다는 것은 '이상'이자 이론입니다.

현실과 이론은 많이 다를 수 있다는 점을 말하고 싶군요. 저는 이론에 현실을 맞추려 하지 말고 구체적인 현실을 토대로 이론을 추론해내고 그 이론을 가지고 다시 현실을 재구성하면서 예측할 수 있는가? 그러면서 그 이론이 가지고 있는 신뢰성(과학성)을 계속 높여가는 작업을 반복적으로 해야 한다고 생각합니다.

그런 차원에서 '다른 방식의 접근'을 고민하는 최상철 동지와 저는 비슷한 관점을 가지고 있는 것 같습니다. 문영찬 동지의 '제국주의 단일체제'에 대해서는 저도 대체로 공감은 합니다. 그런데 현실사회주의에 대해 어떻게 볼 것인가 하는 점에 따라서 이 문제는 조금 다르게 말씀 드릴 수 있습니다. 시간이 좀 더 흐르면 역사(歷史)가 진실을 보여줄 거라 생각합니다.

『마오주의자와의 전쟁: 그들은 누구이고 무엇을 원하는가?(war against the Maoists : Butwho are they and what do tyey want?)』번역글을 보내드립니다. 저 역시 발번역을 했습니다. 문장과 오탈자를 다듬어주시면 고맙겠습니다.

향린교회 조헌정 목사님과 민주화실천가족운동협의회 조순덕 상임의장님, 평화와통일을여는사람들 경기남부 공동대표이신 장창원 목사님이 설날을 맞이하여 안부편지를 보내주셨습니다.

무엇보다 반가운 일은 전 인도학회장이셨던 경상대학교 백좌흠 법학과 교수님의 편지입니다. 저를 많이 걱정하시면서 '새로운 예지적 삶'을 말씀하시네요. 좋은 학자가 되길 기대를 많이 하셨지요.

저에 대한 무한한 신뢰를 보내주시는 최상철 동지께 정말 감사해요. "작은 움직임이라 할지라도 정세와 맞물리면 높은 파장을 일으킬 수 있을 것입니다"라는 말이 와 닿습니다. 제가 할 수 있는 일이라면 무엇이든지 하고 싶습니다. "그냥 멈추어 잠들어 있기에는 동지께서 하실 수 있는 일이 너무나도 많습니다"라는 말을 들으니 더욱더 분발해야겠습니다.

벌써 새벽 1시네요. 제 이야기만 하다 보니 편지에 대한 답변을 충분히 못 했습니다. 다음 편지에 세계 정세에 대한 화두를 계속 이어가겠습니다.

연구소 이사를 축하드립니다. 음악도 들을 수 있는 곳이었으면 좋겠습니다. 제 음반을 드리고 싶거든요.

임채희 동지께서 좋아하시는 시를 소개해주셔서 감사합니다. 피를 흘리는 아픔을 이겨내야만 하는 제게 우주라는 '희망'을 갖게 하는군요. 임채희 동지께서도 아픔을 함께 나누시려는 것 같아요. 그래서 제 가슴에 무엇인가 뭉클함을 주네요.

안녕히 계세요.

# 저와 같은 가슴 아픈 일이
# 반복되지 않기 위해

2011년 3월 6일,
하성웅 전도사님께

지난달에 '고난함께'에서 저의 아픔과 고난을 함께 해주시고 저의 양
심과 신념을 지지하고 지켜주고 싶다는 편지를 받았습니다.

가슴이 설레었습니다. 그리고 편지를 기다렸습니다. 오랜 기다림 끝
에 하성웅 전도사님의 편지를 받았습니다. 편지에 짙게 묻어 있는 진실
된 마음이 깊은 감동과 울림을 줍니다.

하 선생님을 전도사님이라고 해야 옳은지, 어떻게 존칭을 올려야 되
는지 조금 고민이네요. 신학을 공부하신다는 말씀에 참으로 어려운 공
부를 하시는 분이라고 생각합니다. 앞으로 하 선생님의 도움으로 저도
신학 공부를 하고 싶습니다. '참 예수의 길'에 대해 성경책도 읽고 싶군
요. 고등학교 때 이문열 씨의 『추락하는 것은 날개가 있다』와 헤르만
헤세의 『데미안』을 읽고 성직자의 길에 대해 잠시 고민했던 적이 있었
습니다. 엘살바르도의 로메로 주교에 관한 영화와 예수회 신부님의 복
음 전파의 감동을 전하는 〈미션〉도 생각나는군요.

또 다른 관점에서 십자군 전쟁과 중세시대의 '마녀사냥' 등 기독교
역사에서 부정적인 측면도 있었지요.

예수님께서 민중 선동죄로 정치범처럼 십자가에 못 박혀 돌아가신

분이란 점에서 예수님의 삶은 저에게 많은 영향을 주었습니다. 그렇다고 하여 제가 체계적으로 성경책을 깊이 읽어보지는 못했습니다. 그래서 하 선생님을 만나서 기쁘고 영광입니다.

저에 대한 오해와 불신의 벽이 높습니다. 그렇지만 저에 대해 "더 옳은 길을 걷고자 하는 교수님의 양심을 저는 마음을 다해 지지하고 싶습니다"며 말씀해주셔서 감사드려요. 제가 과연 그만한 자격이 되는지 스스로 더 많이 고민을 합니다. 오히려 하 선생님과 함께 '더 옳은 길'을 걸어가야겠다고 다짐을 합니다.

간단히 저의 인사를 드리고자 합니다. 저는 1991년도에 인도 델리대학(Delhi University) 정치학과에 입학하여 1995년도에 졸업했습니다.

한국에 귀국하여 경희대학교에서 인도정치로 석사, 박사 학위를 받았습니다. 그러면서 학사장교(정훈장교)로 복무했고 결혼도 하여 초등학교 4학년인 딸과 2학년인 아들을 두었습니다. 슬픈 일이지만 제가 '간첩' 혐의로 8년의 징역형을 받자 그동안 아무것도 모르던 아내는 커다란 충격과 실망을 했고 얼마 전에 헤어졌습니다. 언론에 알려진 사실대로 저는 1993년과 1994년에 이북에 다녀왔습니다. 학문적 호기심과 분단조국에 대한 문제의식을 갖고 다녀오게 되었습니다. 이후 결혼과 군복무를 하면서 잊고 지냈는데 2000년 6·15 남북 정상회담을 계기로 남과 북의 교류가 활발해졌고 우연한 기회에 편지를 받아 해외에서 북쪽 사람을 만나게 되었습니다. 저는 진정성을 갖고 만났지만 그 과정에서 제가 그들을 돕고 일부 돈을 받은 사실 때문에 실정법(국보법)을 위반하게 되었습니다.

저는 사실을 숨기거나 은폐하지 않고 저의 행동에 대해 고백했습니다. 그래야 제 자신이 떳떳하고 투명해질 수 있을 거라 믿었거든요.

사실 제가 무슨 나쁜 의도가 있다든지, 국가기밀을 탐지해서 이북을 이롭게 하려 했다면 솔직히 말씀드리지 못하겠지만 그렇지 않다는 스스로의 확신이 있었기 때문에 진심을 다해 조사받았습니다. 그동안 국가보안법 때문에 말도 못 하고 가슴에 묻어두고 지낸 일을 생각하니 마음은 홀가분했답니다. 그런데 밖에서는 저의 부정적인 것만 크게 부각이 돼서 가슴이 아프네요. 해외에서 객관적 시각으로 보면 분단의 모순과 아픔을 구체적으로 인식하게 됩니다. 정치학자로서 그러한 문제의식을 갖고 실천적 고민을 하고자 했는데 실정법 위반이라는 형식적인 틀 때문에 감옥에서 지내고 있습니다. 제 이야기를 길게 말씀드리는 이유는 제 행동의 정당성을 주장하려는 것보다는 앞으로 저와 같은 가슴 아픈 일이 반복되지 않기 위해 제 사건을 투명하게 공개하고 공유하면서 문제의식을 가져보자는 것이에요.

직접 징역을 살아보니 가슴 아픈 일이 많고 가족들과 주변 분들의 고통도 큽니다. 또한 남과 북의 불신이 깊어져서 대립과 갈등의 긴장감이 높아져 많은 분들이 불안해합니다. 제 사건을 통해 분단의 아픔과 모순을 성찰적으로 되돌아보는 계기가 되었으면 좋겠습니다. 좁은 길을 걷는다는 것이 힘든 거라는데 가슴이 '찡'하니 아파오네요. 하성웅 전도사님도 좁은 길을 가시는 분이기 때문에 힘든 거라는 것을 아실 것입니다. 그런 면에서 저와 하 선생님은 공감할 수 있는 부분이 있겠습니다. 그러함에도 제가 좌절하지 않고 용기 내어 묵묵히 제 길을 갈 수 있는 힘은 바로 하 선생님 같은 분들의 지지와 연대의 힘입니다. 고맙고 감사의 마음을 드립니다.

이시우 선생님께서 "세상의 아픔 가운데 우리가 설 때 우리는 바로 세상의 중심에 서 있는 것입니다"라고 말씀하셨더군요. 마음에 와 닿습니다. 하성웅 전도사님도 저의 아픔의 중심에 함께하시고 그 짐을 나누어 지시고자 하시기 때문에 전도사님도 세상의 중심에 서 있으십니다. '참 예수의 길'이란 세상의 아픔 가운데 서는 길이라는 것을 알게 되었습니다. 그런데 세상의 부와 권세가 있는 사람들은 세상의 아픔을 회피하고 오히려 힘없는 약자들에게 고통을 전가시키는 것 같습니다. 참으로 안타까운 일입니다.

아픔을 알기 위해선, 그 아픔을 직접 겪어보아야 하기에 두렵고 무서운 일이죠. 저도 나약하고 겁 많은 사람이기에 무섭고 두려운 것은 마찬가지입니다. 어쩌면 저의 의지보다는 나도 모르는 누군가의 떠밀림, 그게 신의 떠밀림이든, 역사의 떠밀림이든 우리 역사의 중심에 와버렸습니다. 그러면서 차츰 진리에 눈을 뜨게 되는군요.

방황과 좌절, 그리고 절망적인 고통 속에서 몸부림치면서 조금씩 진리의 목소리를 듣게 되었습니다. 그 이치는 간단합니다. 너무나 큰 아픔과 고통을 당하면 인간의 힘으로는 이겨낼 수가 없습니다. 감당하기 어려운 고통 때문에 내면의 집착과 욕망 그리고 거짓과 위선을 버려야 합니다. 그렇지 않으면 도저히 견디기 힘듭니다. 불교에서는 '무(無)' 또는 '공(空)'이라고 하지요? 이렇게 자신의 모든 것을 비웠을 때 고요함이 찾아옵니다. 그 단계에 이르면 하느님의 말씀이 맥락으로 전해집니다.

저는 그래서 성경을 부정하지 않습니다. 감옥에 와서 성경의 깊이를 조금은 이해하게 되었지요. 구약성경을 보면 하느님께서는 끊임없는 시련과 고통을 주셨습니다. 예수님께서는 고통받고 힘없는 약자들 편에서 계셨습니다. 성경을 바라보는 저의 기본적인 시각이지요. 불교도 마찬가지입니다. 제가 인도에서 공부할 때 불교의 성지를 순례했습니다. 제가 느낀 바로는 불교는 종교가 아니라 깨달음의 철학입니다. 불평등한 카스트 제도를 거부하고 인간은 평등하다는 근본적 성찰을 통한 깨달음, 즉 우주론적 세계관에 기반한 자아의 인식이라고 할 수 있죠. 석가모니도 당시의 시대정치적 상황에서는 혁명가라고도 볼 수 있습니다.

이와 같은 종교적 세계관이 저에게 영향을 주었습니다. "이 땅의 평화와 정의를 위해 그 용기와 결단을 내리신 교수님께 감사하다"는 말씀에 제가 부끄럽습니다. 오히려 저의 소영웅주의적인 행동으로 남과 북의 불신을 격화시키지는 않았는가 깊이 반성하고 있습니다. 그래서 이제부터는 제 자신을 투명하게 드러내고 공개하여 비판 받을 일은 겸허히 수용하고 왜곡된 진실은 바로잡으면서 진정 이 땅에 '평화'와 '정의'가 강물처럼 흐르는 세상이 되는 데 아주 작은 기여를 하면 좋겠습니다.

하성웅 전도사님 한 가지 여쭙고 싶은 게 있습니다. 저와 하성웅 전도사님과의 서신교류를 공개하실 수 있을까요? 하성웅 전도사님께서는 어떻게 생각하실지 모르겠지만 저와 하성웅 전도사님과의 대화는 어쩌면 우리 시대의 가장 아픈 곳에서 나누는 대화라고 생각합니다. 세상의 아픔을 함께 나누고 지지와 연대의 힘이 모아지면 그 아픔을 훨씬 빨리 치유할 수 있지 않겠는가 생각해봅니다.

처음 제 편지에 제 이야기를 너무 많이 해서 당혹스러웠다면 용서해주세요. 하 선생님의 진심 어린 편지를 받고 하성웅 전도사님과 더욱 깊이 공감하고 나누고 싶은 마음에 편지가 길어졌습니다. 힘들고 가시밭길을 걷는 하성웅 전도사님을 만나서 저 역시 영광입니다. 앞으로도 자주 서신을 교류하며 세상의 아픔에 대해 함께 고민하고 대화를 나누고 싶습니다. 제가 하성웅 전도사님을 만나서 오히려 큰 도움을 얻을 것 같습니다.

김신애 사무국장님께 감사의 인사를 드리며 '고난함께' 가족 모든 분께 반가운 인사를 나누고 싶습니다. 혹시 소식지를 발간하시면 받아보고 싶습니다. '고난함께'에는 어떤 분들이 계시는지 궁금하네요.

오늘은 여기서 작별인사를 드립니다. 자주 편지 드리겠습니다. 안녕히 계세요.

# 철옹성에 싸인
# 중산층의 이기심

2011년 3월 13일,
김혁 선배님께


선배님. 잘 지내시지요?

봄이 왔네요. 겨울에는 따뜻한 봄이 어서 빨리 왔으면 하고 기다렸지요. 발목도 나았고 이제는 운동을 열심히 해야겠습니다.

양심수후원회의 새로운 사무국장인 이민숙 선생님께 편지가 왔습니다. 저에 대해 궁금해하시네요. 후원회하고 자주 소식을 나눌 생각이에요. 범민련 남측본부에서 발행하는《민족의 진로》월간지를 받았습니다. 평통사에서도 소식지를 보내주었고 고난함께(고난받은 이들과 함께하는 모임)에서도 소식지를 보내주셨어요. 민가협에서《민주가족》을 보냈어요. 3월에는 소식지가 풍성하네요. 따뜻한 봄 날씨처럼 저에 대한 지지와 관심이 커지고 있다고 느껴져요? 그리고 보니 금속노조에서 보낸 신문《금속노동자》,《레프트리》, 노건투의《노동자세상》, 해방실천연대(준)의《해방》, 노사과연의《정세와 노동》도 받았어요.

선배님! 감옥에서 1년 6개월이 저에게 많은 변화를 주었습니다.

감옥에 와서 노동자에 대한 인식을 갖게 되었습니다. 그전에는 별로 관심이 없었죠. 선배님의 영향도 컸습니다. 그러면서 저의 내면 깊숙이 갖고 있는 분단에 대한 문제의식을 노동운동과 어떻게 연관시켜 풀어볼까 하는 새로운 고민거리도 생겼습니다.

선배님!

요즘 들어 가슴 깊이 응어리가 지면서 분노가 일어나고 있습니다. 그동안에는 잘 몰랐고 인식을 못 했는데 가만히 보니 8년이라는 징역은 어마어마한 거라는 것을 알게 되었습니다. 내가 그렇게 무거운 죄를 졌는가. 북측 사람을 만나고 협조했다고 간첩으로 몰아서 가정이 해체당하고 모든 것을 빼앗길 정도로 중대한 범죄인가…. 속은 기분입니다. 참 허탈하고 우리 사회가 이 정도 수준인가. 참 허무하네요. 참고 인내하고 수용한다는 것이 너무나 힘들고 분통이 터져요.

오늘 여동생이 면회를 왔는데 냉정하게 이야기하더라고요.

"오빠가 뭐 대단한 사람인 줄 아나 본데 밖에서는 눈 하나 깜짝 안 해. 오빠가 누군 줄도 모르고 관심도 없다고. 각자가 먹고살기 힘든데 세상이 어찌 되든지 아무도 관심이 없다고. 오빠만 혼자 답답할 뿐이야."

그동안 밖의 가족들은 철저히 고립을 받아가며 냉소적으로 변화되었어요. 우리 집안 분위기가 이기적으로 변한 것 같아요. 그래서 마음이 아파요. 가족 간에 우애도 깊고 신뢰가 깊었는데 조각조각 깨졌구나. 그런 느낌이네요. 이런 상황에서 제가 가족들을 위로하고 '희망'을 갖게 독려하고 잘 지내는 모습을 보이려고 안간힘을 쓰고 있는데도 실질적으로 보여줄 게 없으니까 밖에서는 '공허'한 말로만 받아들이고 있어요.

동생들을 보면서 우리 사회의 중산층이 얼마나 이기적이고 철옹성에 싸였는지 알게 되네요. 진정한 아픔과 고통을 느껴봐야 그 설움을 알겠지요? 또한 그것을 지키기 위해 얼마나 몸부림쳐야 되는지도 알게 되네요.

일본의 대지진과 지진해일을 보면서 모든 것을 한순간에 휩쓸어가는 자연의 힘 앞에 인간은 아무것도 아니구나! 참으로 보잘것없는 인간인데도 자기 자신은 절대로 불행이 오지 않는다고 믿고 자기 이익만 챙기는 사람들이 대부분이죠. 저도 아픔을 겪어보고 나서야 꿈에서 깨어나게 되는 것입니다.

세상에 대해 너무 모르고 살았던 것 같습니다. 힘으로 깡그리 뭉개버리고 지배하는 냉혹한 현실을 보지 못하고 살았습니다. 설마 그럴 리가 있겠어….

여동생을 보면서 그런 것을 보았습니다. 제가 진실을 이야기해도 감옥에 있는 사람이 하는 이야기니까 현실성도 없고 별 의미 없는 이야기라고 가볍게 여기는 태도를 보니 우리 사회의 경박함과 가벼움이 어느 정도인지 느끼겠습니다. 이런 가족들을 어떻게 설득하고 공감대를 이룰지 막막합니다.

감옥 안에 있으니까 모든 인간관계와 사회적 현상의 본질들이 적나라하게 드러나서 당혹스럽고 그걸 인정하기가 참 힘드네요. 밖에 있으면 인간적인 '정'이라든지 여러 층의 완충지대가 있어서 여지가 있는데, 감옥 안에서는 모든 것이 노골적으로 드러나기 때문에 날카로운 칼 날 위를 걸어가는 기분입니다.

밖의 가족들과 대화를 나누고 신뢰를 쌓아야 되겠는데 제 입장이 원칙적이고 근본적인 것을 알면서도 냉소적으로 바라보는 것 같아서 조금 힘드네요.

선배님! 너무 답답하네요. 제가 사회주의를 주장하는 것도 아닌데

좌파적인 매체에 저의 심경을 편지글로 표현했다는 것만으로도 불이익을 당할까 봐 극도로 긴장하며 걱정하는 가족들을 보면서 이해도 가지만 얼마나 우리의 사고가 알게 모르게 순응하며 체제에 길들여져 있는지 소스라치게 놀라게 됩니다. 아니면 제가 급진적으로 바뀐 건가요? 나는 진심을 갖고 최선의 노력을 하고 있는데 꼭 저의 바람과 기대대로 되지는 않습니다. 그게 감옥에 있어서 그런 것일까요? 밖에 있으면 이렇게까지 가족 간에 불신의 벽이 생기지는 않았을 거라 생각됩니다.

선배님! 안양 생활은 어떠신지요? 선배님께서 빨리 출소하셔야 저도 빨리 출소할 수 있지 않겠습니까? 저도 빨리 출소하기 위해 대중적인 관심과 지지의 힘을 모으고 싶은데 가족들은 오히려 정파적으로 치우치기 때문에 걱정을 하고 있으니… 민가협 등의 도움으로 대중적인 방향으로 살아 갈 수 있도록 고민을 해야겠습니다.

이제는 정말 고독한 길을 혼가 가야 하는가 봅니다. 신념을 지키고 싶습니다. 안녕히 계세요.

# 국제 정세의
# 새로운 역동성을 느끼며

2011년 3월 21일,
김 선배님께


3월 13일에 쓰신 편지를 18일(금요일)에 받았습니다. 제 편지글뿐만이 아니라 번역 글과 최상철 동지와 편지글까지 꼼꼼히 읽고 챙겨주시는 선배님의 자상함에 고마운 말씀을 드립니다.

제가 사회에서 생활할 때는 제 나름대로 자신감도 있었고 판단력도 있었습니다. 감옥이라는 곳이 저를 무한히 무너뜨리더군요. 나의 생각과 의지와는 전혀 다르게 상황이 진행되고 저는 그 결과를 무조건 받아들이고 따라가야 하는 처지에 놓이면서 스스로의 자존감과 정체성을 잃어버리는 절체절명의 상황에 놓였습니다. 그런 절박함이 저를 강하게 자극했고 전쟁터에서 전투하는 정신적 긴장감과 위기의식을 가지고 지금까지 왔습니다.

선배님 편지를 읽고 제가 그렇게 많이 변했나 라는 반문을 합니다. 감옥에 와서 '죽음' 하나만 빼곤 인간으로서 경험할 수 있는 감정을 겪었습니다. 그 아픔은 이루 말할 수 없었지요? 지금도 여전히 가슴이 시리지만 여기서 주저앉을 수 없기에 자꾸 스스로를 일으켜 세우는 것입니다. 편지를 쓰면서도 단어 하나, 문장 하나에 저의 의지와 신념을 실어 담아냄으로써 내면의 상처와 아픔을 치유할 수 있었습니다. 이제부터는 정말로 저 자신을 깊이 들여다봐야겠다는 자각이 생기고 있습니다.

선배님께서 그동안 저의 모습을 어떻게 보셨는지 모르겠지만 가만히 제 자신을 보니 놀란 토끼 가슴에 이리 뛰고 저리 뛰고 발버둥치는 모습이지 않았나…. 물론 내면의 힘을 키우고 정신무장은 했지만 깊이는 없었습니다. 그 이유는 스스로에 대한 깊은 성찰보다는 외부환경에 대한 반발감과 반응이었던 것 같아요. 나는 이렇게 열심히 노력하는데 왜 가족들과 밖에서는 이해하지 못할까….

그리고 문득 깨달았습니다. 내가 철부지였구나. 나는 여전히 무엇이 옳은 일이고 가치 있는 것인가 이야기했지만 정작 밖에서는 나에게 주어진 현실. 압도적인 힘으로 강제하는 감옥이라는 현실을 직시하라는 거였습니다. 저는 그 현실을 받아들이기 싫은 거였지요? 왜냐하면 나는 다르니까, 아니 달라야 하니까. 그러다 보니 겉에서 맴돌았던 것 같습니다.

학자의 입장에서는 무엇이 옳고 진실인지 밝히는 것. 탐구하는 것이 중요하지만 일반 사람들에게는 주어진 현실이 중요하고 거기에 따라가는 것이 최선의 삶이자 올바른 삶이라는 것을 인정하지 못했습니다. 상대를 인정하지 않고 나를 인정해달라고 했던 것입니다.

스스로의 정체성을 지키고 자존감을 세우기 위해 학자라는 울타리로 스스로를 가두어놓고 벽을 세우다 보니 가족들과의 관계가 멀게 느껴졌던 것 같습니다. 이제는 그 틀을 과감히 깨부수고 새로운 사람이 되어야겠다고 생각합니다.

여전히 불투명하지만 모든 것을 새롭게 해야 살아남을 수 있다는 생각은 강합니다. 그렇다고 한다면 내가 집중해야 될 문제는 무엇인가?

그것을 찾아내는 것이 무엇보다 중요하다는 인식을 하게 됩니다. 쓰라린 패배를 딛고 일어설 수 있는 힘. 그것을 찾아내고 발견하는 것이 저의 절박한 과제로 다가옵니다.

선배님의 편지를 읽고 저에 대해 긍정적으로 이해해주셔서 다행입니다. '괄목상대'라는 말씀은 과한 말씀입니다. 오히려 앞으로가 걱정입니다. 더욱 깊고 심대하게 이해하고 진리를 일으켜 세워야 하는데 과연 내가 해낼 수 있을까 하는 책임의식을 느끼고 있습니다.

이 점에 대해서는 선배님께 앞으로 더 많은 조언과 후원을 부탁드리고 싶습니다.

인도에 대한 이해에 작은 도움이 되어서 다행입니다. 번역하면서 별 의미가 없지 않겠는가 생각했는데 그게 아니구나 하는 생각을 갖습니다. 어제 인도 마오주의에 관한 번역글을 하나 더 번역해서 보냈습니다. 이미 선배님께서는 네팔의 마오이스트들에 대해 알고 계셨군요. 이주노동자 문제에 그런 과정이 있었군요.

선배님께서 네팔 마오주의자들에 대해 관심 있으시군요. 최근의 네팔 정세에 대해 말씀드리겠습니다.

지난달인 2월 3일 네팔에서 수상을 선출하는 선거가 있었습니다. 네팔은 제1당은 통합네팔공산당(마오주의), 제2당은 네팔회의당, 제3당은 네팔공산당(마르크스-레닌연합)으로 정당이 구성되어 있습니다.

네팔 회의당은 우파정당이고 네팔 공산당(마르크스-레닌연합)은 중도정당인데 당내는 우파와 좌파로 나뉘어져 있습니다. 외세의(특히 인도) 견제가 워낙 심하다 보니 제1당인 통합네팔공산당(마오주의)은 수상 선거에 나가지 않고 전략적으로 제3당인 네팔공산당(마르크스-레닌연합)의

좌파 지도자를 수상이 되도록 지원했습니다. 그 대신 인민해방군과 네팔군이 통합하면서 국방부장관을 통합네팔공산당(마오주의)에서 갖기로 했습니다.

이에 대해 인도를 중심으로 서구(특히 미국) 국가에서 난리가 났습니다. 네팔 공산당(마르크스-레닌연합)의 우파 정파를 내세워 강력히 반발하고 있습니다. 네팔은 새로운 헌법을 만들기 위해 제헌회의가 구성되어 있는데 긴박한 정세에서 국방부장관을 누가 갖느냐는 대단히 중요합니다.

이때 통합 네팔공산당(마오주의)의 탄력적인 전술이 돋보입니다. 수상 자리는 내 주고 무장력을 갖겠다는 것은 고도의 정치적 판단으로 보입니다. 극단주의와 모험주의를 피해가면서 정국을 이끌어가려는 지혜가 독창적입니다. 네팔의 정세 변화를 눈여겨봐야겠습니다.

포스코가 인도에 추진 중인 일괄제철소 산업은 드디어 연방정부의 조건부 승인을 받았습니다. 5년을 끌어온 사업인데 본격적으로 사업이 추진될 것으로 보입니다. 이와 함께 우리 대기업의 인도 진출이 본격적으로 시작될 것으로 예상됩니다. 어쩌면 마힌드라 그룹의 쌍용차 인수와 포스코의 인도 사업이 두 정부 사이에서의 깊은 교감 하에 진행되지 않을까 하는 추측을 하게 합니다.

요즘 긴박하게 돌아가는 국제정세를 보면 그동안 보지 못했던 새로운 역동성이 나타나고 있습니다. 그만큼 불안정하면서도 어느 방향으로 갈지 가늠하기가 어렵습니다.

한 가지 아쉬운 점은 남북관계를 안정시키고 중국과의 유대관계를 유지시키면서 우리 기업들이 인도에 진출하면 우리는 인도에게 큰소리칠 수 있고 대접도 받을 텐데 지금 상황에서 인도의 진출은 우리가 '을'

이 되고 인도가 '갑'이 되는 상황으로 반전될 것입니다. 또한 한국과 인도의 관계 발전을 달가워하지 않는 중국으로부터 더 심한 견제를 받겠지요?

국제정세와 외교는 냉정하게 봐야 하는데 여전히 '반공이념'에 머물고 있는 우리의 대북정책은 급변하는 국제정세에 능동적으로 대응하기에는 낡은 것으로 보입니다. 미국은 '전략적 유연성' 개념으로 주한미군을 운용할 텐데 그렇게 되면 우리나라는 매우 심각한 안보 딜레마에 놓일 거고 주한미군에 대한 의존도가 더욱 늘어나겠지요? 그게 현실입니다.

선배님! 저는 노동자들이 세상의 주인 되려면 세상을 움직이고 지배할 수 있는 실질적인 힘과 지도할 수 있는 능력을 갖추어야 한다고 봅니다. 마르크스의 이론 하나 가지고, 즉 역사의 필연이라는 당위성만 가지고는 한계가 있는 거지요. 감옥에 있다 보니 능력과 실력이 절실히 필요하다는 것을 많이 느끼고 있습니다.

또 편지 드리겠습니다.

# 민가협 어머니들의
# 염원이 이루어지길

2011년 3월 22일,
조순덕 의장님 안녕하세요?

정성스럽게 만들어서 보내주신 《민주가족》 3월호 잘 받았습니다. 소식지에 실린 글 하나하나가 너무나 절실하고 절박한 문제들이어서 참 많은 생각과 고민을 하게 했습니다.

「이명박 정부, 3년을 돌아보며…」라는 글에서 "제발 민심을 헤아리는 대통령이 되길 바란다"는 의장님의 간곡한 호소에 제 심경을 보는 것 같습니다. 의장님께서 말씀하신 것들 가운데 남과 북의 긴장에 대해 언급하신 것은 제 가슴을 무척 아프게 합니다. 혹시 제 사건이 남과 북의 대립을 격화시키지는 않았나 하는 무거운 역사적 책임의식 때문에 잠을 설칩니다. 대립과 긴장은 불신(不信)을 만들고 미움과 증오심을 갖게 합니다. 이는 우리 모두의 고통으로 되돌아옵니다. 우리가 경험한 역사적 교훈이지 않습니까!

이런 관점에서 남과 북의 긴장은 걱정스럽고 가슴 아픈 일입니다.

영국은 인도를 200년 동안 지배했습니다. 어떻게 작은 섬나라인 영국이 오랜 기간 동안 인도를 지배했을까? 그 비밀은 군사적 힘도 있지만 더 본질적인 것은 인도의 분열이었습니다. 영국은 힌두와 무슬림들을 이간질 시켜서 인도인 스스로를 반목과 불신에 빠뜨렸습니다.

'분리와 지배(divide and rule)'는 식민지 지배의 기본정책이었습니다. 식민지의 낡은 유산을 극복하지 못한 인도인들은 인도, 파키스탄, 방글라데시, 스리랑카로 쪼개졌고 종교 간의 대립은 오늘날까지 인도 사회와 정치에 뿌리 깊은 갈등의 근원으로 작용하고 있습니다. 제가 인도에서 배운 값진 교훈입니다.

의장님! 저는 민가협 어머님들과 뜻 있는 분들의 배려와 지지의 힘을 받고 많은 용기를 갖게 되었습니다. 그래서 정말 큰 용기를 내어 이제 초등학교 4학년에 올라가는 큰 딸아이에게 사실을 말해주었습니다. 헤어져서 얼굴을 못 본 지 두 해가 되어갑니다. 직접 만나서 손이라도 잡고 이야기를 들려주고 싶지만 그렇게는 못하고 전화로 이야기 나누었습니다.

"아빠, 왜 집에 안 와?"

"아빠가 인도에서 공부할 때 북쪽 사람을 만나서 사이좋게 지내자고 이야기를 했단다."

"사이좋게 지내자고 했는데… 왜 집에 안 와?"

"그런데 북쪽 사람을 만나려면 허락을 받아야 하는데… 엄마에게도 말 안 하고 아무에게도 말하지 않아서 아빠를 나쁜 사람이라고 생각한단다. 그래서 아빠는 지금 감옥이라는 곳에 있고 어른들은 아빠를 간첩이라고 부른단다."

"간첩이 무슨 뜻이야?"

"…"

목이 메이고 가슴이 떨려서 말을 잇지 못했습니다. 초등학교에 입학해서 글을 읽고 세상에 대해 호기심이 많을 텐데 아빠로서 세상에 대해 제대로 가르쳐주지도 못하고 헤어졌습니다. 그런 어린아이에게 너무나 큰 아픔과 고통을 주었습니다.

분단의 상처가 너무나 깊고 큽니다. "국가보안법 철폐하고 민주주의와 통일을 완성하는 그날까지 조순덕 회장과 우리 민가협 후배들이 열심히 싸워주고 있으니 양심수 없는 세상은 반드시 올 것이다"라는 서경순 전 상임의장님의 말씀에 제 마음을 굳게 다잡습니다. 서경순 전 의장님께서 말씀하신 그날이 빨리 와서 아이들과 가족들 그리고 우리 민족의 상처가 빨리 치유되었으면 좋겠습니다. 그런 염원을 담아 목요집회에 제 마음의 촛불을 하나 보내드립니다.

안녕히 계세요.

# 문제의 본질을
# 어떻게 재구성하고 해석해내는가

2011년 4월 4일,
김혁 선배님께

선배님의 편지 받았습니다.

3월 30일에 보내주신 편지를 오늘(4월 5일) 받았습니다. 선배님의 깊은 고뇌와 삶의 고갱이를 저에게 솔직히 말씀해주시는 편지에 하루 종일(오후 내내) 아무것도 안 하고 사색을 했습니다. 오늘 받은 편지는 그동안 받았던 편지와는 사뭇 느낌이나 무게감이 다릅니다. 제가 잘 알지도 못하면서 선배님께 공연한 이야기를 했나 싶어서 조금은 걱정이네요. 저의 답답한 심정을 말씀드리고 실마리를 찾고자 했습니다. 노동운동의 정체성을 고민하시는 선배님의 깊은 고뇌를 보면서 제가 너무 쉽게 이야기를 하는구나 하고 스스로 반성하고 있습니다.

제가 감옥에 와서 뼈저리게 느낀 것이 바로 이데올로기였습니다. 구체적으로는 반공이데올로기입니다. 일단 '친북', '간첩', '이적행위'로 딱지를 붙여놓는 순간 당사자는 불구자가 됩니다. 실재하는 무자비한 사회적 폭력 앞에서 개인은 너무나 나약한 존재라는 것을 알겠습니다. 이것을 이겨내기 위해서는 스스로에 대한 믿음과 자존감을 키우는 방법밖에 없었습니다.

그러한 몸부림과 정체성에 대한 고민을 지금도 하고 있습니다. 제 생각은 이렇습니다. 사회주의와 자본주의라는 진영 간의 대립구도라는 맥락에서 소련이라는 현실 사회주의가 붕괴되었다고 해서 사회주의가 패배했다고는 생각하지 않습니다. 왜냐하면 자본주의가 가지고 있는 근본적인 모순이 현실 사회주의가 붕괴되었다고 해결되지는 않기 때문입니다.

"다수의 피억압 대중들이 건설하는 사회주의로 갈 수밖에 없는 것은 당연한 진리"라는 말씀에 전적으로 동의합니다. 소수가 강압적인 힘으로 다수를 지배하는 것은 옳은 일이 아니라는 것에 확신을 갖고 있습니다. 문제는 소수의 지배를 다수에 의한 지배로 전환하기 위해 계급독재를 해야 한다는 소련의 사례에서 쓰라린 패배감을 겪었다는 점입니다. 결국 생산수단의 국유화만 가지고는 한계가 있다는 점입니다. 그렇다고 마르크스나 레닌의 이론과 학설에 오류가 있었다고 보지는 않습니다.

선배님의 말씀처럼 '역사에 의해 규정된 한계'라고 생각합니다. 그 문제의 본질을 어떻게 재구성하고 해석해내는가가 중요하다고 봅니다. 우선 저부터 엄청난 한계와 오류에 빠져 있었습니다. 예를 들면 김대중, 노무현 정부의 대북 정책에 전폭적인 지지를 했고 정책적 실행에 자발적으로 앞장을 섰습니다. 그리고 감옥에 와서는 현재의 보수정권에 대해서만 타박을 했습니다. 그런데 선배님과 대화를 나누면서 비정규직 문제를 인식하게 되었고 결국 노동정책 전반에 대한 저의 생각에 심각한 오류와 한계들을 인식하게 되었습니다.

노동운동 진영도 크게 개량파와 정통파로 나뉘면서 엄청난 정파들로 미분화되면서 나약해지지 않았는가 하고 생각합니다. 저의 생각이지만 노동자들이 1000만이라고 했는데 그들의 지지를 받지 못하는 대북화해 정책이 과연 성공할 수 있었겠는가 하고 본다면 단지 이명박 정부의 대북정책의 기조 변화가 문제가 아니라 더욱 본질적이고 근원적인 한계와 모순을 보아야 한다는 결론에 이르고 있습니다.

이런 쓰라린 아픔을 겪으면서 반성하고 또 반성하고 있습니다. 그런데 제가 철저하지 못했던 이유는 결혼을 하고 자녀가 있고 생계를 생각하지 않을 수 없고 그러면서 '편의주의'적인 주관적 오류에 빠진 것이죠. 인간이면 가족을 지키고 안정을 유지하려는 게 본능 아니겠습니까? 그런 지점에서 제동이 걸리고 스스로 통제당할 수밖에 없는 것이 아닐까 반문해봅니다.

제가 감히 선배님께 노동자들이 지배계급이 되려면 지도할 수 있는 능력과 실력을 갖추어야 한다는 말은 그런 것을 염두에 두고 대중들에게 명확한 전망을 제시하고 지도할 수 있는 토대를 갖춘다면 전폭적인 지지와 동의를 받지 않을까라는 견해를 조심스럽게 말씀드린 것입니다. 제가 감히 어떻게 선배님 수준에서 토론하고 대화를 할 수 있겠습니까? 저는 현장상황 경험도 전혀 없고 오히려 선배님께 배우는 점이 많습니다. 다만 인도의 사례를 통해 조금이라도 도움이 되었으면 하는 바람입니다.

더욱 분발하겠습니다. 선배님 안녕히 계세요.

# 자기 자신과의 투쟁을
# 더욱 견고하게

2011년 4월 7일,
최상철 동지 안녕하세요

최 동지의 반가운 편지 잘 받았습니다. 독방에서 혼자 지내기 때문에
편지는 저의 유일한 소통 수단입니다. 최 동지의 편지를 받을 때에는
가슴이 설레이기까지 합니다. 밖에서의 소식은 저로 하여금 존재감을
갖게 하여 커다란 힘을 갖습니다.

《노동사회과학》 제4호가 곧 나온다니 축하드리고 기쁩니다. 과학적
이론을 무기로 혼란과 암흑의 시기를 정면으로 돌파해가는 연구소의
의지가 굳은 결의를 느낍니다.

부족한 번역문을 최 동지가 직접 원문과 대조하시면서 교정한 후 소
개해주신다니 고맙습니다. 번역을 할 때 어려운 부분이 정확한 용어
의 사용입니다. 늘 그런 부분이 걱정입니다. 국어 실력이 중요하고 기초
가 튼튼해야겠는데 저의 한계를 많이 느낍니다. 예를 들면 '당파주의
(factionalism)'를 파벌주의로 번역했는데 최 동지의 이야기를 듣고 보니
잘못된 표현이었구나, 깊이 생각했습니다. 한 편지에서도 '북한'과 '이
북'이라는 표현을 가지고 잠시 대화를 나누었는데 이번에도 파벌주의
에 대해 수정해야겠습니다.

왜 이런 문제점이 발생하는가 곰곰이 생각해보니 여전히 학문이 깊

지 못하고 표피적인 영어식 표현에 의존해서 지식을 습득하는 경향이 있기 때문인 것 같아요. 그동안에는 산더미 같은 자료와 쏟아지는 지식들을 쫓아가기에 급급했던 것 같습니다.

처음부터 차근차근 다시 이론적 토대를 쌓고 내면을 깊이 꿰뚫어 볼 수 있는 분석력과 판단력을 세워야겠습니다. 그런 의미에서 고전을 읽어야겠다는 생각을 갖고 있었는데, 최 동지가 저의 약한 곳을 정확히 짚어주시는군요? 이심전심(以心傳心)이라는 것이 이럴 때 하는 말인가 봅니다. 『자본론』을 읽어볼 계획입니다. 강신준 교수님이 번역하신 『자본론』을 구입만 해놓고 읽지를 못했습니다. 차분하게 읽으면서 잘 이해가 안 가는 점에 대해서는 최 동지의 도움을 받고 싶네요. 저의 책을 연구소에 기증하겠다는 의사를 가족들에게 이야기했습니다. 다만 남동생이 생업에 바쁘다 보니 책을 연구소에 전달하는 일에 대해 부담스러워합니다. 책의 양이 많다 보니 쉽지 않은 것 같습니다. 또한 가족들이 연구소에 대해 정서적 거리감도 있습니다.

그렇지만 저의 의견을 존중하겠다는 동생에게 고마운 마음을 갖고 있습니다. 처음 이런 일을 당했을 때에는 장기징역에 대한 압박감으로 가족들의 아픔을 깊이 헤아리지 못했습니다. 요즘에서야 제 스스로 마음을 챙길 수 있겠고, 그러면서 가족들의 상실감과 현실적인 고민을 이해하고 있습니다. 요모조모 대화를 나누면서 가족들의 걱정을 덜어주어야겠습니다. 채만수 소장님께서 직접 책장을 짜시겠다니 저도 기대가 됩니다. 책들이 호강을 하게 생겼습니다.

최 동지가 책을 전달받기 위한 방법을 의논하기 위해 저희 가족들을 만나셔야 할 것 같습니다. 도와주셨으면 고맙겠습니다. 그동안 최 동지께서 중요한 문제들을 제기했는데 제가 충분한 답변을 드리지 못해서 죄송스럽게 생각합니다. 문영찬 동지의 '제국주의 단일체제'론에 대한 이야기를 나누면서 흐지부지 되었고 감옥에서의 힘겨운 '전쟁' 같은 상황을 어떻게 '구체적이고 조직적 형태'로 돌파해 나갈 것인가 하는 아주 현실적인 문제 제기, 그리고 지난번 편지에서 CPI(ML) 강령에 대한 댓글과 인도의 사회 구성체의 성격 논쟁에 대해 답변을 못 드렸습니다.

솔직히 말씀드리면 이 세 가지 문제는 앞으로 저의 학문적 경향의 방향성을 결정하는 것이기 때문에 현재 저의 상황에서 쉽게 말씀드리지 못함을 이해해주시길 바랍니다. 어쩌면 앞으로 최 동지와 그리고 연구소 동지들, 더 크게는 저에 대해 지지해주시고 공감해주시는 분들과 함께 개척하고 고민해야 할 과제라고 생각합니다. 현재의 생각은 어떠한 비판과 비난을 감수하더라도 투명하게 나를 드러내고 공개해서 검증받고 오류들을 수정, 발전시켜가는 것입니다.

이런 어려운 과정에서 저의 부족한 부분을 최 동지가 보완해주셔서 무척 고맙습니다. 그러나 다른 한편으로는 연구소의 중요한 일을 책임지시는 최 동지께서는 저를 위해 많은 노력을 하고 계시는데 이는 연구소에 부담을 주어 죄송할 뿐입니다. 이런 점을 매일 잊지 않으며 분발하고자 애쓰고 있습니다. "무엇이 올바른 노선인지 실천적으로 증명하기 위해서는 끊임없이 싸워야 (한다)"는 말씀에 동의합니다. 저는 이 점에서 심각한 오류가 있었습니다. 주관적 편의주의에 빠져서 스스로 갇혀버렸지요? 아직도 그 후유증이 잠재해 있고 쓰라린 아픔을 참아가며 수정해 나가고 있는 중입니다.

그런 면에서 최 동지는 원칙주의신 것 같습니다. '국민'을 민중이나 인민으로 대하신다는 '고집불통'이라고 소개하실 때는 간단히 생각했습니다. 최 동지께서 직접 쓰신 「어느 지문날인 거부자의 하루」(정세와 노동, 2010년 7~8월 제59호)의 글을 읽고 나서는 소신이 강하시다는 것을 알았습니다.

일상생활에서 사소한 원칙조차 타협하지 않고 지켜나가는 최 동지를 보고 감옥생활에서 '자기 자신과의 투쟁'을 더욱 간고하게 해야겠습니다. 저는 지금도 잊지 못하는 일이 1993년 홍콩에서 베이징행 비행기를 탈 때입니다. 비가 많이 왔습니다. 가야되나 말아야 되나 밤새 홍콩거리를 서성거렸지요? 영화 〈중경삼림〉의 분위기가 그때 홍콩 분위기였지요? 카메라를 고정시키지 않고 손으로 직접 들고 촬영했는데 흔들리는 저의 마음과 홍콩의 쓸쓸함이 제 심경과 영화의 분위기가 똑같아서 그 영화를 보면 그때 일이 생생히 떠오릅니다. 당시 홍콩은 1995년 중국으로의 반환을 앞두고 무척 어수선했습니다. 사회주의 진영의 몰락으로 어수선했던 소련과 인도와는 달리 환희에 넘친 도시가 명목상 사회주의 국가인 중국으로 반환된다는 이유로, 부자들이 자본을 유출하면서 홍콩의 분위기는 어수선했습니다.

그렇게 사상과 이념이 혼재되어 불안해할 때, 영화는 캘리포니아에서 다시 만나자는 청춘남녀의 약속을 이야기합니다. 진짜 캘리포니아에서 만나자는 줄 아는 가난한 소녀는 캘리포니아에 가기 위해 비행 승무원이 됩니다. 소년은 원래 만나기로 했던 캘리포니아라는 이름의 햄버거 가게에서 일을 합니다. 서로가 잊지 못하지만 만날 수 없는 구조입니다. 그러함에도 그들의 순수한 마음이 변하지 않았기 때문에 그들은 다시 만날 수 있었습니다. 저에게 홍콩은 그렇게 다가옵니다. 순수하고 맑은 마음으로 '진실'을 믿고 알고 싶었습니다. 홍콩에서 고심 끝에 비행기 이륙 30분 전에 베이징행 비행기를 탔고 평양까지 가게 되었습니다.

그러고 보니 지금 밖에 비가 내리고 있네요. 최 동지는 일본 만화영화의 거장 미야자키 하야오(갑자기 생각하니 이름이 정확한지 모르겠군요) 감독의 〈바람계곡의 나우시카〉를 보셨는지요? 나우시카는 착한 공주인데 어렸을 때 인간들이 괴물이라고 적대하는 거대 곤충의 진실을 알고 있었어요. 인간을 공격하는 거대 곤충이 사실은 인류가 파괴시킨 오염된 대지를 정화시키는 착한 존재였습니다. 문제는 인간들이 거대곤충을 괴물로 낙인찍고 괴롭히니까 거대곤충들이 인간을 공격하는 것이지요? 나우시카는 바람을 타고 인간을 공격하려는 거대곤충들에게 자기목숨을 희생하며 진실을 이야기합니다. 그것이 거대곤충들을 진정시키고 공격을 멈추자 인간들은 그때서야 나우시카의 말이 진실이었음을 깨닫게 됩니다.

분단모순을 온몸으로 체험한 저에게는 나우시카와 똑같은 감정이 있습니다. 제가 감옥에 오기 전에 큰 딸아이와 아들녀석과 〈바람계곡의 나우시카〉를 여러 번 함께 보았습니다. 그때는 아이들에게 왜 아빠가 이 작품을 소중히 여기며 함께 보는지 깊은 속이야기까지는 못했습니다. 이제는 솔직하게 말해주어야겠습니다.

최 동지께서는 극구 지문날인을 거부하시는 배경에는 역사적으로 우리를 지배했던 일본군국주의자들에 의한 재일조선인과 한국인들에 대한 차별과 국가권력의 부당성이 자리 잡고 있는 것 같습니다. 무력에 의한 힘으로 다른 나라를 지배하고 수탈하는 국가 권력에 대한 근본적인 모순과 이에 대한 고민 아니겠습니까? 저 역시 우리가 식민지배를 당하고 분단과 전쟁까지 치르고 현재까지 왜 갈등과 긴장하고 미워해야 하는가? 학자로서 그 답을 찾을 수 없을까? 하는 문제의식을 갖고 멀리 인도까지 가게 되었고 이북까지 갔다 온 것입니다.

어쩌면 저와 최 동지 사이에는 근원적으로 같은 문제의식을 갖고 있는 것 같습니다. 그래서 동질감도 생기는 것 같습니다. 감옥 밖에서 저를 지켜보는 사람들은 아니 배웠다는 사람이 이상과 현실을 구분하지도 못하고 고작 만화영화 수준에서 '평화'를 이야기 하냐며 유치하고 한심하다고 말할 수도 있겠지요? 그런 일로 장기징역을 살아야 되고 '간첩'이라고 낙인찍히고 결과적으로 아이들에게 피해를 주고 고통을 주었다고 비난할 수도 있겠지요?

그러나 저는 아이들에게 우리의 현실이 사실은 만화영화와 맥락적으로 보면 크게 다르지 않다. 그러니까 현실에서는 어려움이 있지만 이상과 꿈을 갖고 그것을 실현하고자 노력해야 한다. 그런 과정에서 인간의 위대함, 사람의 아름다움 그리고 삶의 소중한 가치를 얻을 수 있다는 것을 꼭 이야기해주고 싶었고 실천하고 싶었습니다. 그것은 돈을 주고 살 수 없는 사람의 참 가치임을 아이들에게, 미래의 새세상을 만들어갈 아이들에게 말해주고 싶었습니다. 그게 학자로서의 숭고한 임무이자 숙명이었던 것입니다.

1994년 지미 카터 전 대통령과 나의 방북길을 회고하면서 그의 방북길에 평화가 깃들기를….

# 폭력과 지배의
# 제국주의를 넘어

2011년 5월 19일,
조순덕 의장님 안녕하세요?

조순덕 의장님 안녕하세요?

어제 뜻밖의 책과 의장님의 편지 받고 무척 기뻤습니다. 매주 목요집회를 이끄시고, 크고 작은 행사로 바쁘신데 저에게 책과 편지까지 보내주셔서 고맙습니다. 지난번에 양홍관 선생님이 쓰신 『생명, 꽃피어나는 소식』 책도 감명 깊게 읽었는데 이번에 보내주신 '민들레는 장미를 부러워하지 않는다'는 의장님께서 '읽고 또 읽은 책'이기 때문에 더없이 소중하게 잘 읽어보겠습니다. 이 책을 쓰신 황대권 선생님이 구미유학생 간첩사건으로 13년이나 옥고를 치르셔서 제게 더욱 관심과 긴장감을 줍니다.

직접 뵙지는 않았지만 제3세계 정치학을 공부하셨다는 점에서 저와 비슷한 상황이셨을 것 같습니다. 학자적 입장에서 그것도 해외에서 보면 이북도 제3세계 나라의 하나입니다. 제3세계 국가들은 태생적으로 식민지를 겪었기 때문에 제국주의 문제를 연구하게 되고 그런 과정에서 분단모순과 구조를 객관적으로 볼 수 있는 시야가 생깁니다. 우리는 국가보안법 때문에 북쪽을 적대시하지만 연구자의 시각에서는 그저 하나의 연구 대상에 불과한 국가입니다.

국내에서는 '이적 집단'으로 규정(국가보안법에서)하지만 그건 국내의 정치사정에 의한 것이지 학문적 관점에서는 달리 해석될 수 있답니다. 그런 것을 실정법이 인정을 안 해주니까 불온한 사람이 되고 간첩이 되는 현실이 무척 서글픕니다. 책의 글들이 깊은 사색과 통찰을 바탕 한 것이라 그 뜻과 의미가 매우 깊습니다. 13년이라는 긴 인고의 시간을 통해 얻은 값진 글들입니다.

　'잔디와 제국주의'라는 글에서는 제가 미처 생각하지 못했던 문제의식을 갖게 합니다. 제국주의 특성인 폭력과 지배를 잔디밭에서 찾아내시는 통찰력에 고개를 끄덕이며 공감했습니다. 우리가 일상생활 속에서 의식하든 의식하지 않든 제국주의적 특성에 오염되어 살고 있음을 알게 합니다. 잔디밭을 만들려고 '원래 그 자리에 있던 다양한 생물종들을 모조리 제거하는 폭력'과 그것을 유지하기 위한 '억압'이라는데 동의합니다. 경제성장이라는 망상에 빠져 다른 가치, 즉 사람의 가치와 존엄들은 모조리 제거되고 억압되는 오늘날의 모습과 별반 다르지 않다고 생각합니다.

　이 책을 읽고 다시금 신념과 의지를 되세웁니다. 제가 국가보안법으로 징역을 살고 있지만 이 법으로 장기간 징역을 살 거라는 것을 꿈에도 예상하지 못했습니다. 정치학자로서 형식적 민주주의가 실현되었다고 믿고 매우 강한 체제 수호적인 생각이었습니다. 감옥에 와서 그런 환상이 깨졌습니다. 지금은 먹먹하니 가슴앓이를 하고 있지만 차츰씩 정신을 차리고 상처들을 치유하기 위해서라도 스스로를 객관적으로 돌아보고 있습니다. 이 과정에서 대한민국의 정치체제에 대한 근본적인 성찰을 하고 있습니다.

인도적 시각(제3세계)에서 우리 체제를 이해하려는 시도입니다. 용두사미로 끝나지 않도록 부지런히 실력을 쌓아가야겠습니다. 의장님을 통해 또한 민주주의를 위해 희생을 마다하지 않으셨던 애국열사들의 삶을 통해 그동안 나약하고 위축되었던 소심함들을 떨쳐버리고 일어나 가야겠습니다. 그게 우리 아이들과 미래 세대들을 위하는 떳떳한 길이라고 확신 합니다. 아이들과 헤어진 지 2년이 다 되어갑니다. 조금이라도 빨리 아이들을 만나보았으면 좋겠습니다. 그때 아이들에게 당당하고 자랑스러운 아빠가 되도록 오늘도 최선의 노력을 다하려고 합니다. 가족들 생각에 마음이 아팠는데 의장님의 위로 편지 받고 마음이 가벼워졌습니다.

그래! 나는 혼자가 아니야. 감사 드려요. 의장님, 사랑합니다.

# 평화의 가치를
# 사색하고 성찰하며

2011년 5월 19일,
하성웅 전도사님 안녕하세요?

전도사님의 편지 받고 깊은 감동을 받았습니다. 교회 활동을 하시고 책을 읽고 운동을 하시면서 자기 수양을 쌓으시는 전도사님의 순수하고 순결한 영혼의 향기가 저에게까지 전해지네요. 목회자의 길은 험난하고 고난스러운 길일 텐데 그리스도의 사랑으로 그 길을 가시려는 전도사님께 존경과 신뢰의 마음을 전합니다.

전도사님과 편지를 나누며 소통을 할 수 있어서 기쁘고 감사할 뿐입니다. 독방에서 혼자 지내는 저에게 안타까운 염려와 도움을 주고 싶다는 말씀에 정말 커다란 위로와 용기가 생깁니다. 독방에 갇히는 것보다 더 힘든 일은 사회적으로 이적 행위자로 '낙인'찍히어 냉대와 무시 속에 점점 세상과 멀어져가는 일입니다. 그런 점에서 정신적으로 많이 힘들었고 요즘도 문득 사무쳐오는 아이들과 가족들에 대한 그리움이 가슴 한 켠에서 송곳처럼 느껴지는 아픔이 밀려옵니다. 그럴 때는 잠시 아무것도 안 하고 조용히 참선 자세로 마음을 진정시킵니다. 제가 느끼는 상처보다 더 크게 가족들이 상처받을 거라는 것을 생각하면 답답해집니다. 그런 일들을 극복하는 것이 어렵군요.

그땐 책에 집중을 하여 다른 생각을 잊으려 합니다. 처음에는 의지와 달리 생각을 쉽게 바꾸지 못했는데 지금은 어느 정도 조절하고 있습니다. 그런 나의 변화를 보면서 나도 많이 단련되어가는구나 생각하게 되지요.

하 전도사님과의 편지 소통은 저의 존재감을 확인할 수 있고 직접적인 만남은 아닐지라도 서로 공감하고 마음을 나눌 수 있는 분이 계시다는 점에서 저에게 무척 소중한 것입니다. 이미 하 전도사님께서는 저에게 많은 도움을 주고 계시답니다. 절망 끝에서 희망을 찾는 힘이 '부활'이라고 하신 말씀에 공감을 합니다. 예, 저 역시 끝없는 지옥의 나락으로 떨어지는 절망을 느꼈습니다. 그것은 죽음보다 더한 절망이었습니다. 세상이 야속하다고 생각했습니다. 숙명처럼 찾아온 고통을 벗어나려고 몸부림치면 칠수록 몸과 정신이 황폐해집니다. 그렇게 몇 개월을 지내면서 차츰 내면을 들여다보는 힘이 생기더군요. 어린아이가 몸에 피가 나오는 것에 겁먹고 우는 것과 같은 상황에서 가만히 상처를 지켜보는 청년이 되었던 것입니다. 그러면서 정신적으로 성숙되었습니다.

아! 그런 거구나. 상처가 당시에는 참을 수 없을 만큼 아프지만 시간이 흐르면 아물듯이 '절망'이라는 것이 언제까지 그대로 존재하는 것이 아니라 내면을 강하게 하고 또 다른 삶의 맥락을 고민하고 성찰하게끔 하여 더 큰 사람으로 만들고 그러면서 '희망'을 갖게 한다는 것을 차츰씩 깨닫게 되었습니다. 그런 게 저를 지탱해주고 '희망'과 낙관적 삶을 살아가게 하고 있습니다.

전도사님께서도 저와 비슷한 경험과 믿음을 갖고 계시기 때문에 '절망'에서 '희망'을 말씀하실 수 있다고 봅니다. 그래서 부활의 의미를 "희망"이라고 말씀하신 전도사님의 말씀이 더욱 각별해지네요. 저는 하느님을 즉 절대적인 신을 믿지는 않습니다. 부정하는 의미가 아니라 아직 확신 있게 신의 존재를 이야기할 입장은 못 된다는 것입니다. 그러나 '사람이 하나님의 형상으로 지음 받은 존재', 그러니까 "우리 안에 신성이 있다"라는 말씀을 이해합니다.

　두려움이 아닌 사랑을 전하시는 하 전도사님의 진정성을 믿습니다.

　저 역시 두려움, 폭력, 전쟁의 공포를 치유하고 회복시키려는 의지를 갖고 학자적 소명의식을 갖고 애를 썼지만 현실적 한계와 오류에 봉착했습니다. 감옥에서 깊이 성찰하고 어려움을 이겨내어 그런 희망을 전도사님과 함께 이야기하고 싶습니다. 저와 전도사님과는 사랑과 평화라는 공동의 이상과 가치를 갖고 있다는 측면에서 동지라는 생각을 갖게 합니다. 전도사님께서 스스로 '부족하다'며 저에게 '평화의 상과, 희망을 비전을 제시'해 달라는 말씀에 부끄럽고 멋쩍어집니다. 오히려 제가 하 전도사님께 배울 점이 많겠지요? 이는 앞으로 저와 하 전도사님이 함께 진지하게 고민해야 될 문제라고 봅니다. 비록 부족한 지식이지만 하 전도사님께 조금이나마 도움이 된다면 아낌없이 저의 지식과 경험을 나누고 공유하겠습니다. 그러면서 서로를 더 깊이 알고 이해하는 과정이 될 것을 믿고 있습니다.

　평화는 우리 공동체 모두의 소중한 가치입니다. 평화는 매우 포괄적인 가치이기 때문에 '평화'를 어떻게 인식하는가에 따라서 서로 다른 입장들이 갈등하고 충돌하고 있습니다. 가치관에 따라서 평화에 대한 논점이 다릅니다. 더군다나 지금 현재 남북관계와 동북아 정세가 불안정하고 그런 정세 하에서 국가보안법 위반으로 수인(囚人)의 처지에 놓인 제가 '평화'에 대해 이야기하는 것이 불필요한 정치적 오해를 불러

오고 오히려 진정성을 훼손시킬 수 있기 때문에 매우 조심스러운 입장입니다. 이런 저의 한계를 전제로 하 전도사님께 저의 짧은 생각을 말씀드리겠습니다.

한반도의 평화를 위해서는 남북 간의 긴장이 완화되어야 합니다. 남북관계가 긴장되는 보다 근원적 원인에는 우리의 보수적인 대북정책, 즉 경직된 북에 대한 시각이라고 생각합니다. 그러면서 세계 금융위기(경제공황)에 따른 미국과 중국의 갈등과 대립이 뒷배경으로 작용하는 것 같습니다. 표면적으로는 금강산 관광객 피살, 천안함 사건, 연평도 포격 같은 북이 긴장을 격화시키는 측면도 크게 작용하지만 역사적인 맥락과 큰 흐름에서 보면 좀 달리 볼 수가 있는 것입니다.

표면적인 현상을 보고 판단할지는 논쟁이 될 수 있지만 근본적인 원인과 해결책을 모색하기 위해서는 멀리 보고 전체적인 흐름과 맥락을 볼 필요가 있다고 생각합니다. 이는 성경을 이해할 때도 마찬가지 아니겠습니까? 은유와 비유에 의해 묘사된 현장(텍스트)이 아니라 맥락(context)을 통해 성경을 더 깊이 이해할 수 있지 않겠습니까?

이런 관점에서 우리가 '평화'를 이야기할 때에는 형식적이고 표면적인 가치와 결과보다 과정과 내용을 중시하면서 '평화의 가치'를 깊이 사색하고 성찰하는 계기로 평화담론을 접근하는 것이 좋겠다는 생각입니다. 저도 전도사님의 생각이 다를 수 있고 그러면서 서로 대화도 나누면서 발전할 것으로 기대합니다. 저의 짧은 소견으로 말씀드렸습니다. 부족한 점이 있다면 이해 부탁드리며, 전도사님의 생각은 어떠신지 듣고 싶습니다.

지난 편지에 '평화'라는 무거운 주제를 말씀하셔서 저 역시 그걸 가지고 고민해보느라 답장이 늦었습니다. 앞으로는 저의 소소한 일상생활이야기, 인도에서 공부하면서 느꼈던 인상 등등 편안한 대화를 이어가 보고 싶습니다. 하 전도사님께서도 평화와 사랑이 충만하시기를 기도합니다. 안녕히 계세요.

# 인도 근현대사에서
# 지배의 본질을 깨쳐야

2011년 5월 31일,
김혁 선배님께

반가운 소식 하나 전해드립니다.

노동사회과학연구소의 최상철 동지의 편지에 의하면 저를 지지하는 모임을 준비하기 위한 초보적인 움직임이 있었다고 합니다. 성격과 방향에 대해서는 아직 구체적이지 않습니다. 먼저 사건에 대한 이해와 재검토를 시작하려는 것 같습니다.

편지를 쓰는데 방금 양심수 후원회 이민숙 국장님과 선배님의 편지가 도착했습니다. 이민숙 국장님 편지에 오산에서 준비모임이 있었고 곧 노사과연에서 2차 모임이 예정이라네요. 구노회의 이광열 국장님이 적극적이시며 이민숙 국장님도 참여하시겠답니다. 오늘 노사과연에 공소장, 항소 이유서와 제 사건 자료들을 보냈습니다.

저는 전투에서 패배했지만 전쟁에서 승리하기 위해서는 제 사건을 공론화시켜야 된다고 생각합니다. 일반 시민들이 공감하고 납득이 갈 수 있도록 접근하고 싶습니다. 왜 이런 비극적 일이 벌어진 것일까? 이와 같은 비극적 구조에 놓인 분단의 현실을 인식하는 것은 의미 있는 일이라고 생각됩니다. 징역생활을 낙천적으로 살아가는 것. 그것을 그대로 드러내보여서 공감대를 쌓는다면 좋겠습니다.

선배님! 감옥에서 배운 점은 자신의 권리를 찾기 위해서는 스스로 노력하고 싸워서 쟁취하는 거란 점입니다. 그냥 공짜로 얻는 것은 아무것도 없을뿐더러 공짜로 얻는다 해도 그걸 오랫동안 지키지 못한다는 점입니다. 처음에는 아무 일도 못 할 것 같았는데 포기하지 않으니까 조금씩 밖에서도 호응을 보이는 것 같습니다. 물론 헌신적인 동지 분들의 동지애가 절대적으로 작용하고 있습니다.

얼마 전 국보법위반으로 3년 형을 살고 출소하신 윤기진 씨가 옥중서신과 출판물을 '이적표현물'이라고 보고 기소되어 재판을 받고 있다는 소식을 접했습니다. 착잡합니다. 저 역시 자기검열을 하곤 합니다. 사상의 자유까지도 침해당하고 민주주의가 후퇴하고 있다는 것을 보여주는 사례라고 봅니다. 이쯤이면 공안정국이라고 봐야 하지 않을까요?

저는 개혁주의자였는데, 감옥에 와서 점점 급진주의자로 바뀌는 것 같습니다. 정치상황이 저를 극단적으로 몰아세우고 있습니다. 그러니까 자꾸 근본적인 원인과 해결책을 강구하게 되고 파보면 팔수록 급진적인 개혁으로 기울어집니다. 감옥이 저를 버리고 있습니다.

이번 편지 재미있었습니다. 이귀남 법무부장관 이야기를 듣고 저 역시 뒤집어졌습니다. 자기 사무실에 책 3권도 많다는 표현은 솔직한 자기 고백이면서 참 씁쓸했습니다. 그래도 장관이 직접 재소자들과 면담을 했다는 것은 반가운 소식입니다. 장관 교체를 앞두고 전시행정과 치적 쌓기용이지만 시도 자체는 긍정적이라고 봅니다.

뉴스 시청은 당연한 요구입니다. 특히 낮 12시 뉴스는 너무나 편향적인 것으로 문제가 많습니다. 뉴스 진행자의 독선적 평가나 가치들이 (보수적 시각) 가감 없이 드러나고 있지요? 잘 지적하셨습니다.

제 생각을 하시면서 서적 30권 제한에 대해 문제 제기를 하셨다니 선배님의 깊은 배려에 존경심과 감사의 인사드립니다. 실무자들이 검토하면 금방 해결이 될 일일 텐데….

남금희 주임님이 공안 업무에서 바뀌셨군요. 소설책은 기회가 되면 보내주세요. 선배님께서 재미있게 읽으시고 문장도 좋다고 해서 관심이 생기네요. 인도 독립운동사 번역에 기대와 관심 가져주셔서 오히려 부담이 커집니다.

저로 인해 인도에 관심이 생기셨다니 더욱 책임감이 막중합니다. 초역이라 많이 부족하겠지만 최선을 다하겠습니다. 인도의 식민지화 과정과 독립과정은 우리에게 시사하는 바가 큽니다. 1600년 무역 상인으로 인도에 왔을 때는 유럽의 선진 문물을 전해주는 사절단과도 같았습니다. 인도의 봉건지배세력은 영국인들을 환영했습니다. 그러나 영국인들은 아주 교묘히 인도를 지배했습니다. 1756년 벵갈의 프라시 전투에서 무굴 봉건 군대를 패배시켰습니다. 이후 무력으로 인도 내륙까지 서서히 정복했습니다. 그러면서 새로운 행정체계를 도입시키죠. 사적 토지소유제도에 근거한 새로운 법체계를 세웁니다. 1756년 인도 봉건 지배세력이 봉기를 일으키는데 '세포이 항쟁'이라고 알려졌습니다.

영국 부르주아지들은 무자비하게 진압하고 아예 인도를 영국령 인도로 만들어 영국 왕이 직접 통치를 시작합니다. 이때 영국에서 산업혁명이 일어나는데 영국의 값싼 공업제품들이 인도로 물밀듯이 들어와 인도의 전통적 수공업이 파괴되고 몰락이 시작됩니다. 영국은 인도에 철도를 건설하여 인도의 자원들을 쉽게 약탈해가면서 오히려 인도를 근대화시킨다고 선전하면서 철로 건설에 대한 투자금의 이자 형태로 인도의 재산을 빼앗아갑니다. 오늘날 외국 자본이 배당금의 형태로 막대한 이익을 빼앗아가는 것과 비슷한 모습입니다.

1차, 2차 세계대전을 겪으면서 약탈의 강도는 세졌고 인도는 대기근, 가난과 굶주림으로 생지옥이 됩니다. 그렇지만 소수의 대지주와 영국 제국주의의 하수인들은 잘 먹고 잘 살았습니다. 소작농들과 노동자들이 용감히 투쟁을 했지만 독립 이후 주도권을 민족부르주아지들에게 빼앗겨서 완벽한 토지개혁을 하는 데 실패했습니다. 그렇지만 사회주의적인 정치적 환경이 강해서 부르주아지들은 일정한 개혁정책을 하는 것처럼 시늉을 보였습니다. 1991년 사회주의권의 붕괴 이후 독점자본주의적인 경향을 대놓고 보이는 것입니다.

이와 같은 흐름이 인도의 근현대사의 기본입니다. 인도의 사례는 제국주의 지배가 결국 어떻게 파국으로 가고 이에 대해 우리는 (제3세계) 어떻게 대응 할지에 대한 진지한 성찰을 요구합니다. 식민지 국가 내부를 카스트, 지역 간 차이, 종교로 분열시키고 이간질하여 혼란에 빠지고 경쟁을 부추겨 스스로 파멸하거나 세력을 약화시켜 쉽게 지배할 수 있는 환경을 (조건) 유지시키려 하지요? 최종적으로 통제가 안 될 때는 무력으로 제압하기도 합니다. 달콤한 유혹으로 속삭이며 친근하게 접근하지만 그 본색은 잔인하고 비열하고 탐욕 덩어리입니다. 시간이 지나면 본색이 드러납니다. 영국은 그 본색을 드러내기까지 200년이 걸렸습니다.

1800~1900년 사이에 유럽에서는 치열한 전쟁과 혁명이 벌어지고 아시아 국가들을 놓고 유럽 국가들끼리 쟁탈을 위한 경쟁이 벌어지는 상황에서 조선 봉건 지배세력들은 무능했고 양반이라는 기득권 유지

145

에만 급급하여 (국제 정세는) 세계가 어찌 돌아가는지 눈뜬장님들이었습니다.

제가 보기에는 지금도 뭐 크게 다르지 않은 것 같습니다. 왜냐하면 국제정세의 본질과 흐름을 전혀 이해하지 못하기 때문입니다. 우리의 시각과 관점에서 보아야 하는데 전혀 그렇지 못하고 있습니다.

노동자계급의 관점에서 현재 우리의 모습을 분석해야 과학적이고 객관적으로 이해할 수 있다고 봅니다. 이와 같은 점들을 고민하면서 번역을 시작합니다. 선배님의 조언과 비판 그리고 따뜻한 관심을 기대드립니다.

기본적인 건강 유지와 시력 관리에 더욱 신경 쓰고 챙기겠습니다. 걱정해주셔서 고맙습니다.

선배님도 건강 잘 돌보세요. 선배님과 편지를 나누는 일이 저에게는 소중한 생활이 되었습니다. 편지를 쓰는 지금 마치 함께 지내면서 대화하는 것 같아 즐겁습니다.

다음 편지에는 더 밝은 소식을 드리도록 더 열심히 지내려 합니다. 도서 제한 30권을 문제 제기해주시는 가슴 따뜻한 선배님의 체온을 느끼며 여기서 인사드립니다. 안녕히 계세요.

# 배고픈 이에게
# 먹을 것을 줄 때는 조건 없이

2011년 6월 15일,
나의 동지 최상철 님에게

구매 신청한 과일로 참외가 왔습니다. 노란 참외를 보니 신기하고 반갑군요. 이곳에서는 모든 것이 제한되고 통제되기 때문에 과일도 마음대로 먹을 수 없습니다. 주로 사과나 배 그리고 귤, 오렌지 정도의 과일을 맛볼 수 있습니다. 이렇게 아주 가끔씩 계절 과일을 먹게 되면 무척 맛이 좋아요. 도구가 없으니 그냥 물에 씻어서 우적우적 먹습니다. 처음에는 껍질까지 먹는 게 부담이었습니다. 지금은 그냥 잘 먹습니다. 이곳에서는 음식에 대한 소중함과 고마움을 많이 생각합니다.

가끔씩 배식 과정에서 밥을 더 달라고 실랑이가 벌어지곤 합니다. 아주 드문 일이지만 배식의 양을 가지고 언성을 높이고 행동이 예민한 이유는 생존과 직결되는 본능적인 반응 때문입니다. 먹을 거라곤 배식뿐인 감옥에서는 그 량의 미묘한 차이에 무척 예민해집니다. 이런 경험으로 볼 때 특히 힘들고 어려운 상황에 있는 사람에게는 아주 사소한 것일지라도 먹거리를 가지고 놀려서는 절대로 안 됩니다. 주눅 들고 위축되어 있는데 밥 주는 사람의 기분에 따라 들쭉날쭉 밥을 많이 주었다가 적게 주면 밥을 받는 사람은 무시당하는 기분이 들고 깊은 상처를 받습니다.

남북정상회담을 위해 남과 북의 당국자들이 지난 5월에 비밀회동을 했습니다. 그 사실을 북측이 폭로하면서 사실상 남북관계가 단절된 상황을 신문기사를 보고 알게 되었습니다. 비공식적으로 이명박 대통령께 북측에서 진심으로 정상회담을 하고 싶다는 말을 전했던 제 입장에서는 대단히 안타까운 상황으로 받아들였습니다.

저의 주관적인 생각으로는 남북관계가 이렇게 어렵게 된 이유 중의 하나가 바로 먹는 문제, 즉 식량지원 문제라고 생각합니다. 2007년 2차 남북정상회담에서는 옥수수 5만 톤을 지원하기로 합의했었습니다. 다만 대통령 선거가 임박했기 때문에 정치적 오해를 피하기 위해 다음 정부에서 주기로 서로 양해를 했었습니다. 2008년 5월경쯤 수유리에 있는 통일연구소에서 통일부의 전문위원 가운데 교수들 중심의 회의에 갔었습니다. 이때 통일부의 홍양호 차관에게 옥수수 5만 톤 지원에 대한 질문을 드렸지요? 홍 차관에게 제가 "선 핵포기 후 식량지원이라는 전략 때문에 옥수수 5만 톤의 지원을 미루는 것 아닌가라는 의구심이 든다"고 이야기를 드렸더니, 홍 차관은 "중국에서 옥수수를 구입하는 데 시간이 걸리고 북측에서 적극적으로 받아가려고 하지 않기 때문"이라고 답을 하더군요. 그러나 그 당시의 정세와 정부 입장을 보았을 때 홍 차관의 설명이 설득력 있게 다가오지 않았습니다.

저의 생각은 비록 앞의 정부에서 합의한 것일지라도 일단 주기로 합의한 옥수수 5만 톤은 아무 조건 없이 주고, 그 이후 정부의 대북정책의 원칙과 정책목표를 북측에 설득했다면 지금처럼 남북관계가 나빠지지는 않았겠는가 하는 생각입니다.

배고픈 사람에게 먹을 것을 주겠다고 해놓고 이런저런 이유로 압박만 하면 상대편이 상을 엎어버리고 등을 돌리지요? 그게 사람의 본심 아니겠습니까? 그런 점에서 남북관계가 왜 이런 지경까지 이르렀는지 깊이 생각해보아야겠지요? 바로 현재와 같이 남북관계가 악화될까 봐 저는 2008년 8월 미국 휴스턴에서 (민주평통 차세대컨퍼런스) 일단 주기로 한 옥수수 5만 톤은 주고 대화를 통해 새롭게 바뀐 정부의 대북정책을 설득하고 그래도 안 되면 압박을 하는게 좋지 않겠는가 하는 취지의 생각을 말했는데 전후 맥락은 살피지 않고 저를 정부 정책을 비판하려는 불안한 사람으로 기록된 수사보고서를 읽고 많이 실망했답니다.

감옥에서 생활해보니 어렵고 힘든 사람의 마음을 이해하게 됩니다. 어렵고 부족한 상황에서는 물질적 도움보다는 따뜻하고 진심 어린 말 한마디에 크게 감동받고 마음이 움직입니다. 반면 부유한 이에게는 아주 작고 사소한 것이지만 없는 사람은 그것 때문에 낙담하고 실의에 빠집니다. 사람 사이의 관계나 국가들 상호 간의 관계도 비슷하지 않겠습니까?

지난주에는 고려대학교의 한국사회연구회라는 동아리에서 활동하는 새내기 대학생들의 편지를 받았습니다. 대동제 기간에 후원주점을 (구속노동자후원회를 위한) 열었는데 비가 와서 수입이 많지 않았는데도 1만원이라는 영치금을 보내주었습니다. 저는 그 돈을 받고 가슴이 '찡' 하게 아렸습니다. 돈으로 살 수 없는 무한한 가치를 느끼면서 코끝을 실룩였답니다. 바로 이런 것에서 진심을 느끼지 않겠습니까?

저는 이 편지를 받고 '그래, 이런 아름다운 새 세대의 청년들을 위해 내가 가지고 있는 재능과 열정을 쏟아서 참세상을 만드는데 조금이라도 기여해야지'라고 생각했습니다. 어서 빨리 개념 찬 선생으로 대학

강단에 다시 서서 학생들을 만나보고 싶은 마음 간절합니다.

경상대 백좌흠 교수님께서 저를 지지하고 연대하려는 모임이 준비중이라는 소식에 기뻐하십니다. 직접 참여하는 것은 어렵지만 계속 관심을 갖고 도울 수 있는 일을 찾아보신답니다. 6월 11일에는 인도학회가 경상대에서 열리는데 그때 저에 대한 도움을 회원들에게 요청하시겠다고 말씀하셨습니다. 인도 연구자로서 길을 계속 가라고 신신당부를 하십니다. 『A history of Indian Freedom Struggle』 번역도 기대하신다니 더욱 꼼꼼하게 번역해야겠습니다.

지난 4월 30일에는 한국인도사회학회의 창립학술대회가 부산외대에서 있었답니다. 제가 있었으면 한몫을 했을 텐데 하며 아쉬워하시는 백 교수님의 편지에 허전함과 쓸쓸함이 느껴지네요.

한국인도사회학회 창립을 주도하시는 이광수 교수님은 스스로가 마르크스주의자라고 공공연히 이야기하시는 소장학자입니다. 최 동지께서도 한국인도사회학회를 관심갖고 지켜봐주세요. 번역일도 제법 자리가 잡히고 있습니다. 최 동지와 노동사회과학연구소의 동지들의 전폭적인 지지와 지원들이 저를 힘있게 추동하여 아름다운 변화들을 만들고 있습니다.

사상과 양심의 자유가 곧 펼쳐질 거란 믿음과 신념을 갖고 오늘도 힘찬 함성으로 투쟁!

# 모두 한결같은
# 부모님의 마음을 기리며

2011년 6월 27일,
조순덕 상임의장님께

안녕하세요?

양심수들과 민주화를 위해 늘 앞장서서 애쓰시는 의장님께 반가운 소식 하나 전해드립니다.

직접 제가 말씀드리기가 쑥스럽지만, 이해해주실 거라 믿습니다. 노동사회과학연구소, 구속노동자후원회, 민가협 양심수후원회, 평화와 통일을 사랑하는 사람들 오산모임의 제안으로 '(가칭) 양심수 이병진의 석방을 바라는 모임'이 만들어졌습니다. 저로 인해 상실감과 실망하시는 분도 계실 테고, 정치적인 압박과 보수적인 여론의 부담이 있을 텐데도 그 어려움을 감수하고서 석방을 바라는 모임을 추진하시는 분들께 깊은 고마움과 감사함을 갖고 있습니다. 이 모든 것이 민주화를 위해 희생하신 선배님들과 그 고통을 함께 짊어지신 그의 가족 분들의 업적과 성과 때문에 가능한 일입니다. 그래서 의장님께 이 소식을 전합니다.

'고난과 함께하는 사람들'의 김신애 목사님께서도 석방을 바라는 모임에 참여하신다고 알려주셨습니다. 이런 흐름이 저 개인의 관심에 머물지 말고, 국가보안법으로 억압받고 고통 받는 모든 양심수들과 가족

분들에 대한 관심으로 이어져서, 변화를 바라는 모든 분들께 작은 희망이 되었으면 좋겠습니다. 어머니님께서는 제가 살아 있다는 것만으로도 기쁘답니다. 기다림의 고통은 길고 깊지만, 돌아온다는 확신을 갖고 제 옷가지들과 책들을 보고 위안을 삼고 계십니다. 모든 부모님들의 마음이야 한결같으시겠지요?

부모와 가족들, 형제, 자매들과 생이별을 하고 감옥에서 지내는 아픔을 통해 많은 것을 배웁니다. 민주화 운동에 희생되어 그분들을 먼저 떠나보내고 이별의 아픔을 가슴에 묻고 지내시는 가족 분들의 깊고 큰 상처에 대한 생각에 눈시울이 뜨거워집니다.

그런 고통을 잘 알기에 요즘 들어서 국가보안법으로 구속되고 조사 받으시는 분들과 그 가족들의 불안한 마음과 아픔이 제 일같이 느껴집니다. 부쩍 늘어나는 국가보안법 사건 때문에 더 이상 희생자가 생기지 않았으면 좋겠습니다. 저 역시 빨리 가족과 학교로 돌아가 아이들이 커가는 모습도 보고, 학자로서 연구하고 제자들을 가르치고 싶습니다. 그런 세상을 꼭 만들어야 합니다.

의장님! 저는 우리 아이들 세대에게는 평화롭고 자유로운 세상을 만들어주고 싶습니다. 분단의 모순으로 전쟁 위험에 불안해하고 경제적으로 차별 받아 고통스러운 세상을 바꿔서 자유롭고 평화롭게 함께 사는 세상을 꿈꾸고 있습니다. 민주주의가 질적으로 발전하면 가능한 현실입니다. 그런 꿈과 이상을 갖고 노력하려는데 '간첩'이라는 꼬리표가 붙어서 대단히 속이 상합니다. 감옥에 와서는 제가 왜 이런 상황에 놓이게 되었을까를 곰곰이 생각합니다. 개인적인 오류와 실수도 있겠지만, 사회의 구조적 모순과 역사적으로 제약 받는 한계도 있다고 생각합니다. 결국 '국가보안법'에 대해 생각의 벽이 탁 막힙니다. 제가 가지고 있는 정치학적 지식을 더욱 성숙시켜서 모두 함께 공감할 수 있게끔 발전시켜서 '국가보안법' 없이 더불어 함께 사는 세상을 만드는 데 도움이 되고 싶습니다.

그런 의미에서 감옥은 저를 단련시키고 준비시키는 투쟁의 현장입니다. 비가 오나 눈이 오나 한 번도 거르지 않고 양심수들의 석방을 위해 목요일마다 집회를 여시는 숭고한 뜻을 깊이 새기며 저도 더욱 힘내겠습니다.

날씨가 더워집니다. 뜨거운 여름 날씨에서 여는 집회 때문에 몸이 상하지 않으시도록 건강에 조심하십시오.

또 편지 올리겠습니다. 안녕히 계세요.

# 감옥 안에서의
# 지지와 연대

2011년 7월 11일,
장창원 목사님께


오늘 한겨레신문에 부산의 한진중공업 정리해고를 반대하는 지지와 연대의 희망버스 관련 기사를 읽었습니다. 김진숙 님을 만나려는 시민 행진을 경찰이 차벽으로 막고 시민행진을 경찰이 차벽으로 막고 체루액을 쏘며 폭력을 가했습니다. 자발적인 시민들의 지지와 연대를 경찰력으로 잠시 누를 수는 있겠지만 생계에 몰려 절박하게 몸부림치는 민중들의 힘은 막을 수 없을 것입니다.

평화누리 통일누리 6월 호에 실린 강정마을 소식을 유심히 읽었습니다. 생명과 평화를 지키려는 힘겨운 싸움에 지지와 연대의 마음을 보태고 싶습니다. 구속 노동자 소식지를 통해 석방모임을 위해 애쓰시는 분들의 소식을 들었습니다. 밖에서 더 힘 낼 수 있게끔 저 역시 더욱 분발하겠습니다. 목사님께 저의 근황을 알려드려 석방모임이 생기 넘치도록 노력하겠습니다. 석방 모임이 생기면서 저 역시 자신감이 살아납니다. 개인의 사소한 감정은 가슴에 묻고 이제부터는 민족의 대의와 억압받고 소외된 사람들의 아픔을 조금이라도 덜어낼 수만 있다면 그 길로 갈 것입니다. 그게 제가 감옥에 온 이유라고 생각합니다. 이 시대의 지식인으로서 짊어진 십자가를 더 이상 두려워하지 않겠습니다.

목사님께서 기도해주시고 많은 분들이 조금씩 마음을 모아주십니다. "진실의 힘이 이런거구나!" 배우고 있습니다. 가족들도 걱정되고 불안감이 커서 잠시 혼란스러운 상황이지만 차츰씩 제 뜻을 이해하리라 믿고 있습니다. 여동생과는 자세히 대화를 나누고 있습니다. 가족들도 고민하면서 함께할 거예요. 목사님! 어서 빨리 평화로운 세상이 왔으면 좋겠어요. 그날까지 열심히 싸웁시다.

사랑합니다. 목사님.

# 진실의 힘은
# 고난과 핍박의 현장에 있다

2011년 7월 11일,
사랑하는 하성웅 전도사님께

전도사님의 편지에 대한 저의 마음이 '사랑'이라는 표현 말고 달리 마땅한 어휘가 없습니다.

제가 하 전도사님과 함께 농활을 하는 것 처럼 생생하게 느껴집니다. 교동도에 가 보지는 못했지만 최전방에서 군복무를 했기 때문에 군사분계선과 전방의 상황을 잘 이해합니다.

얼마 전 해병대에서 총기 난사 사건이 발생했고, 오늘 또 병사가 자살했습니다. 여객기를 북한 적기로 오인한 해병대의 상태가 어떤지 안타깝습니다. 저는 정훈장교로서 장병들의 정신교육과 지휘관을 보좌하는 참모의 역할을 했습니다. 애석하게 숨진 젊은이들이 안타깝군요. 남북의 긴장이 군 내부의 규율을 비정상적으로 자극하여 이런 비극적 사고가 발생한 것입니다. 많은 분들이 남과 북이 휴전 상태라는 것을 쉽게 잊고 지냅니다.

그러나 우리는 전 세계적으로 얼마나 팽팽한 긴장 속에 놓여 있는지 모릅니다. 사실 우리가 이룩한 경제적 성공도 어찌 보면 포탄 몇 발이 왔다 갔다 하면 쉽게 무너집니다. 그래서 평화가 절실하고 분단체제를 평화체제로 바꾸어야 하는 것입니다. 그런데 남과 북은 각각의 객체로 존재하는 것이 아니라 동북아시아 지역이라는 국가들 사이의 역학관계 그리고 그와 맞물려 있는 세계의 역학관계가 복잡하게 맞물려 있습니다.

따라서 남과 북이 각각의 객체로서 독자적으로 전쟁을 할 수 있는 구조가 아닙니다. 우리나라의 경우, 전시상태에서는 미군이 군사작전권을 통제하지요. 중국도 전쟁이 일어나면 자동개입을 하겠다고 하니까 결국 남과 북의 전쟁은 미국과 중국의 전쟁이 되고 일본과 러시아도 강 건너 불보듯 할 수 없는 조건입니다.

이렇게 되면 죽기 아니면 살기 식의 총력전이 되는 거고 상상조차 할 수 없는 인명피해와 참혹한 재난을 당할 것입니다. 무엇이 현명하고 지혜로운 것인지는 누구나 분명히 알고 있습니다. 그렇지만 이게 쉬운 일이 아닙니다. 이해관계가 있고 개인의 이기심이 욕망으로 커지면서 공동체의 존립 기반이 파괴되는 것입니다. 구약성서에도 이에 대한 하느님의 경고와 꾸짖음이 계시지만 불쌍한 인간들은 모든 것을 잃고 나서야 하느님의 진실을 깨닫습니다. 예수님은 그런 인간들을 위해 가장 고통스럽고 가장 처절하게 십자가에 못 박혀 돌아가시면서 기득권 세력에게는 "독사의 자식들아"라고 독설을 퍼부으시지만 가난하고 핍박받는 민중들에게는 무한한 '사랑'을 주시고 실천하셨습니다.

그 당시 상황과 지금의 상황이 크게 다르지 않다고 생각합니다. 그런 예수님의 삶을 따르려는 허 전도사님께서 이 땅의 평화를 열망하고 기도하는 것은 예수님의 사랑이며 그 진실된 모습에서 하느님의 존재에도 믿음이 생깁니다.

저는 하느님의 존재에 대해 확신하지는 않습니다. 그러나 그분에 대해 확신하고 진실된 삶을 위해 자신의 이익을 희생하고 나누어 주시는 분들에 대해 존경하고 바로 그분의 모습에서 하느님의 존재를 느낍니다. 실제 평양에 가서 그분들을 만나보면 매우 평범하고 수수한 모습에 놀랍니다. 뿔이 달리거나 호전적인 사람들이 아니지요. 그렇지만 이 사람들에게는 자신들의 체제를 지키려는 의지가 강합니다.

이 사람들은 오랜 기간 봉쇄당했고, 따라서 물질적으로 풍요로운 시장경제의 장점을 경험하지 못했으니까요. 자신들이 겪어보지 않은 사상과 제도를 쉽게 받아들이는 사람은 드물지요.

이런 사람들을 힘으로 몰아세워서 개발시키려는 것은 잘못입니다. 오히려 반발심과 갈등만 키울 뿐이죠.

한국교회의 선교사들이 인도에서 선교하는 방법을 보고 많이 실망했습니다. 인도에서 서울의 대형교회 소속의 선교사님과 같은 동네에 살았습니다. 아이들에게 선물을 주어 교회에 나오게 하는데 저 아이들이 정말 예수님을 이해할 수 있을까 하는 반문이 들었습니다. 제가 보기에는 아이들이 교회에 오는 것은 선물 때문이라고 생각했지요.

그 선교사님께 제 생각을 말씀드렸더니 처음에는 선물 때문에 오지만 자꾸 교회에 나오면 언젠가는 예수님을 믿을 거라고 말씀하셨습니다. 그러나 옆에서 지켜본 저의 생각은 좀 달랐습니다. 그분은 아이들의 숫자에 예민하셨고 늘 사진을 찍어서 서울로 보냈습니다.

생계를(선물도 사야되고) 위해서는 그렇게 해야 특별헌금이 많이 걷히고 사역비도 두둑하다고 하셨지요.

결국에는 스스로 지치셔서 포기하고 돌아가셨습니다. 하 전도사님처럼 어린이들 속으로 들어가 함께 땀흘리고 아이들을 사랑으로 느끼며 사역하는 것이 아니라 돈의 힘을 이용하여 사역을 하다 보니 문제가 된 것이지요. 시골 교회에서 홀로 힘든 사역을 하시겠지만 많은 것을 얻고 오시리라 믿습니다.

제게도 나누어 주실 거죠? 저는 감옥에 오기 전에는 가정이 있었고 대학에서 학생들을 가르치는 선생이었지만 감옥에 들어오는 순간 그것도 '간첩'이라는 죄명을 달고서는 돌변하는 사람들을 많이 보았습니다. 내 이름을 팔아 선거 전략에 이용하는 정치인들도 있었고 혹시라도 피해받을까 봐 외면하는 사람들을 보면서 인간에 대해 깊은 회의감에 빠졌지요.

이제는 무엇이 진실이고 거짓인가를 조금은 가려보는 눈이 생겼습니다. 자신이 핍박받고 고난에 놓일지라도 기꺼이 고난을 함께하려는 용기와 그 뜨거운 사랑, 바로 그게 진실의 힘입니다.

그리고 진실의 힘은 고난과 핍박의 현장에 있다는 것을 깨닫습니다. 거짓된 세상에서 진실을 찾겠다는 것은 자기기만이자 모순입니다. 그런데 하 전도사님께서는 사회적 시선에 관계하지 않고 저에게 생명의 이야기를 보내주셨습니다.

믿음과 신뢰였습니다. 하 전도사님께서는 이미 치열한 고뇌의 삶을 살고 계신 분입니다.

외롭고 힘든 길을 가고 계신 분입니다. 저 역시 주저하고 안락함에 빠져서 허황된 꿈 속에 산 적이 있습니다. 그러나 그 달콤함은 오히려 쓰라린 상처가 되더군요.

절대적인 선과 악은 없습니다. 가시고자 하는 방향(미래적 자아)만 바뀌지 않는다면 지금 하 전도사님의 상황을 스스로 옭아매시지 않고 받아들이시는 게 어떨까요? 설령 그게 전진을 못 하게 하더라도 하 전도사님을 가로막는 그 힘이 하 전도사님을 강하게 추동하는 힘으로 작용할테니까요?

저의 경험이 그렇습니다. 제가 느끼는 자괴감은 오죽하겠습니까? 10년 이상을 함께 살아온 아내가 이북에 다녀온 사실을 숨겼다며 실망하고 실의에 빠져 떠나는 뒷모습을 보았습니다.

한 가정의 가장으로서 너무나 무책임한 저 자신이 밉습니다. 진정한 소통을 바라는 전도사님의 진심을 그대로 느낍니다. 교회 내에서의 평화 담론에 대한 전도사님의 고뇌를 이해합니다. 저 역시 제도권 안에서의 정치학적 지식과 토대에 기반하여 학생들을 가르쳤는데 그 체계를 흔드는 국가보안법 위반자로 징역을 살고 있기 때문에 이상과 현실 사이의 긴장과 고민이 많습니다.

정치학자로서 이 문제를 지속적으로 밀고 갈 생각입니다. 하 전도사님과도 깊이 토론하겠습니다. 제가 감히 교회 내의 일들에 대해 말씀드릴 입장이 아니지만, 전도사님께 저의 개인적인 생각을 말씀드리면 지금과 같은 역사적 상황에서는 교회가 적극적으로 '평화담론'을 제기해야 된다고 봅니다.

평화담론을 정치적으로 몰아서 정치와 종교의 분리라는 가치를 훼손하는 것이라고 하지만, 이미 그런 주장에는 정치적 입장이 반영되어 있는 것입니다. 종교에 정치적인 성격이 없어야 된다는 것은 자기 모순입니다. 사람들이 조직된 사회에서는 필연적으로 정치적 속성이 존재합니다. 자연스러운 일입니다. 실제로 정치에 영향을 미치면서 은폐하는 교회의 이중성이 대중들을 혼란에 빠뜨리기 때문에 더 큰 문제입니다. 오히려 참된 교회의 가치로 정치를 견인하고 견제하고 비판하는 것이 교회의 사명이라고 생각합니다.

교회가 지향해야 할 보편성을 '세상의 균형을 위해 약한자들의 편에 서는 것'이라는 말씀에 전적으로 동의합니다. 교회는 이미 많은 것을 갖고 있습니다. 이미 사회적으로 커다란 기득권을 갖고 있으면서 누구 편도 들지 않는다는 것은 기득권을 지키겠다는 자기 고백에 불과할 뿐입니다.

성직자의 길을 걷는 전도사님께 제 의견이 너무 거칠었다면 용서해주세요. 교회를 폄하하려는 것이 아니라 너무나 긴박하고 절실한 '평화'에 대한 요구라고 이해해주세요. 서로의 총을 내려놓고 이 땅에 평화가 찾아오면 하 전도사님이 북녘의 작은 교회에서 아이들과 함께 사역을 하며 예배 드리고 기도 드리는 날이 올 거라 생각합니다.

서로 반가워하고 고마워하는 사이가 되겠지요. 참된 복음이란 교인 숫자가 늘어나는 것이 아니라 예수님의 사랑을 믿는 사람들이 서로 믿고 의지하면서 서로 가슴 따뜻하게 사랑하는 것이 아니겠습니까? 그런 상상만으로 기분이 좋아집니다. 그런 세상을 위해 기도하고 더욱 힘을 내겠습니다.

# 서럽고 핍박당하는
# 모든 어머니의 눈물을 닦아 드렸으면

2011년 7월 17일,
김혁 선배님께

날씨가 더워지고 있습니다. 선배님께서는 건강히 잘 계시지요? 선배님과 1년이 넘게 많은 대화를 나누면서 스스로 돌아보고 일어서는 용기를 얻었습니다. 제도권에 갇혀 있었던 그 한계들로 인해 갈팡질팡했었던 제 모습들이 떠오릅니다.

지난주에는 『헌법학 원론』을 읽었습니다. 깜짝 놀랐습니다. 우리나라 헌법이 나의 관점에서는 모순이 많아 보입니다. 헌법 3조의 영토 조항에는 '한반도' 전체를 영토로 명시하고 있습니다. 4조에는 평화통일을 위해 노력한다고 합니다. 국가보안법도 영토 조항에서 헌법적 근거를 갖고 북한을 반국가단체로 규정하고 있습니다. 반국가단체와 평화적 통일을 지향한다는 게 논리적으로 맞는 말인지 혼돈스러울 뿐입니다. 전시작전권도 휴전에 관한 협정도 국민들의 주권에 심각한 영향을 주고 있음에도 이에 대한 규범이 헌법에는 찾아볼 수가 없었습니다.

그러고 보니 우리 사회는 혼란과 혼돈 자체입니다. 서구의 가치와 제도(미국식)들을 역사적 맥락을 살피지도 않고 마구잡이로 들여와 제도화시키다 보니 그 제도를 실행하는 사람들의 의식과 제도가 제 각각이고 뒤죽박죽 섞여 있습니다. 그러다 보니 주체성도 없이 대중언론매체의 호사스러운 여론몰이에 노예들처럼 끌려다니고 있습니다. 최고규범인 헌법의 토대가 이렇게 취약한데 우리 사회의 법규범 체계가 얼마나 혼란스러울까요? 많이 실망했습니다.

여동생과 부모님이 다녀가셨습니다. 석방모임에 대해 걱정하시면서 관심있게 지켜보십니다. 국가와 개인과의 관계에서 개인이 약자이기 때문에 그에 따르는 피해나 불이익에 대한 걱정이 크십니다. 그런 노예적인 사고를 바꾸셨으면 좋겠지만 역사적으로 우리들의 현실이 민중들과 서민들은 늘 당하고 억압받았지 않았습니까. 그와같은 현실적인 걱정을 하시는 것 같습니다. 이미 전쟁은 시작 아닙니까.

저는 하루하루가 전쟁터에 서 있는 상황입니다. 총 대신 책과 펜을 들고 전투를 하고 있습니다. 제가 변하는 게 아니라 제 정신을 찾아가고 있는 거지요? 내 머릿속에 박혀 있던 식민지 근성의 뿌리를 감옥에서 캐내고 있습니다. 다 빼앗긴 마당에 더 지키고자 할 것도 없습니다. 선배님 말씀처럼 마음맞는 사람들끼리 석방모임이 단단해 유대관계로 되었으면 좋겠습니다. 석방모임의 명칭을 '통일인사 이병진의 석방을 바라는 모임'으로 하려고 한답니다. 저도 동의를 했지만 부끄럽습니다. 통일운동에 노력하라는 임무를 주는 것이라고 생각합니다. 석방모임에서 제 변론을 맡았던 변호사님을 만나려고 한답니다. 사건의 내용을 파악하고 토론회를 개최하려는 준비도 한답니다.

자세한 내용은 저도 잘 모릅니다. 밖에서도 논의 단계에 머물고 있기 때문에 저에게 아직 구체적인 사업 내용들에 대해서는 이야기하지 않는 것 같습니다. 속도는 더디지만 차근차근 발전하고 있다고 봅니다. 저 또한 준비하고 있습니다. 토요일에 어머님이 오셔서 많이 울고 가셨습니다. 제가 당당하게 제 길을 가겠다고 하는 의미를 잘 알고 계시기 때문입니다. 어머님께서는 살아 생전에 제가 나왔으면 하고 간절히 바라십니다. 모든 양심수들의 바람 아니겠습니까. 진보세력이 더 힘을 모아 서럽고 핍박당하는 모든 어머니들의 눈물을 닦아드렸으면 좋겠습니다. 저도 기꺼이 그 길을 위해 가려고 합니다.

# 수용자들의 처우에 대한
# 실증적인 조사 연구를 기대하며

2011년 9월 4일,
이광열 동지께

안녕하세요?

　비록 대화는 나누지 못했지만 얼굴만이라도 뵈니 반가웠습니다. 전국의 양심수 동지들의 옥바라지를 위해 헌신하시는 이광열 동지께 존경과 감사의 인사를 드립니다. 늘 변함없이 구속된 동지들을 위해 앞장서시기 때문에 저와 감옥에 있는 동지들이 큰 용기를 얻고 잘 지내고 있습니다. 오늘 나누지 못한 대화의 아쉬움을 편지로 전합니다. 올해는 교정본부에서 양심수 면회 공동 사업에 비협조적이라고 들었습니다. 화성에서는 면회도 못하고 싸우시기만 하셨다니 그 노고가 짐작이 되고도 남습니다.

　국가보안법 위반자와 시국관련 구속자들이 늘어나면서 양심수 및 인권단체들의 연대와 지지의 힘이 커지는 것에 부담을 느끼는가 봅니다. 검찰총장이 공안몰이에 앞장서고 대책회의까지 하는 것을 보면 그만큼 자신감이 없다는 말 아니겠습니까.

　이광열 동지! 그동안 저는 제 사건에 대해 많이 괴로워했습니다. 정신적 충격이 너무나 커서 어디서부터 헤쳐나가야 되는지를 몰랐습니다. 그런데 징역을 살아보니 남한의 현실이 어떠한지 느끼고 있습니다.

하나하나 새롭게 다시 배워야겠다고 결심했습니다. 지난달에는 헌법을 공부하면서 제3조 영토 조항의 모순을 인식했습니다. 그러면서 평화 통일을 지향한다는 것이 너무나 앞뒤가 맞지 않았습니다. 국가보안법 의 해악이야 이루 말할 수 없습니다. 이런 억압적 장치들을 풀어야 한 다고 봅니다. 감옥을 생각하면 너무나 암담합니다. 일반적으로 감옥에 대해서는 부정적 인식이 있다 보니 관심조차 두려하지 않습니다.

공안 관련 사범들이 그나마 목소리를 내야 겨우 신경을 쓰는 정도지 요? 감옥 인권에 관한 근본적인 인식의 변화가 필요합니다. 저는 인도 의 차별받는 하층 카스트들의 인권과 정치 세력화에 관심을 두고 연구 했습니다. 정작 제가 잡혀 와서 징역을 살아보니 내가 헛살았구나 하고 깊이 반성하고 있습니다. 앞으로는 인도 관련 연구뿐만이 아니라 교정 행정과 인권적 차원에서 교정 시설 전반에 대해 틈틈이 체계적인 연구 를 병행하겠습니다. 직접 목격하고 경험하고 있기 때문에 실증적 조사 와 연구가 가능하다고 생각합니다. 저는 제 상황 자체를 하나의 거대한 연구 프로젝트를 수행하고 있다고 봅니다. 12월에 책을 내시겠다고 했 지요? 기념으로 논문을 하나 쓰겠습니다. 이광열 동지께서 자료 도움 만 주신다면 곧 집필을 시작하겠습니다. 저는 정치학자이기 때문에 법 률가의 시각이 아닌 정치학자의 시각에서 접근하려고 합니다.

두 가지의 문제의식을 가지고 있습니다.

첫째, 교도소에 수감 중인 수용자의 자유와 권리의 제한은 형의 집 행과 도망에 관련된 것입니다. 따라서 수용자의 지위와 처우는 몇몇 기 본권에 한정되어야 하는데 현실은 모든 면에서 총체적인 기본권 박탈 과 폭력적 상황에 직면해 있습니다. 이를 제도적으로 바꾸기 위해서는 근본적으로 형의 집행 및 수용자의 처우에 관한 법률, 시행령, 시행 규칙을 모두 바꾸어야 합니다. 저는 이 법들을 공부하면서 무척 놀랐습니다. 정치학자들에게(최장집 교수 등 형식적 민주주의만을 고집하는 분들에게) 이 법 조문을 들이대고 우리나라 민주주의의 수준과 내용을 토론하면 창피해서 말도 못 할 거예요. 법률가들이야 그렇다 치더라도 민주주의를 연구하는 정치학자들이 이런 것들에 대해 미처 신경 쓰지 못하고 고대 그리스 민주주의가 어떻네, 이러쿵저러쿵 떠들어대는 것에 대해 부끄럽게 생각합니다.

국회 입법을 통해 법과 제도가 바뀌기까지는 지난한 공론화 과정이 필요하겠지만 체계적이고 일관된 논리로 비판하고 근본적인 인식의 전환을 위해 지속적인 문제 제기를 할 것입니다. 이와 함께 시민들의 인권 의식과 수용자들에 대한 법 감정을 바꾸는 일도 시급합니다. 이런 맥락에서 구속노동자후원회의 존재는 매우 소중합니다.

둘째, 이 편지를 드리는 이유입니다만 수용자들의 처우가 어떠한지 실증적인 조사 연구가 필요합니다. 교정당국은 재소자들을 교화하고 재사회화 교육을 할 의무와 책임이 있습니다. 과련 그런 노력을 하고 있는지에 대해서는 무척 회의적입니다. 그래서 간접적으로 그 실태를 분석해보고 싶습니다. 2000년부터 현재까지 전국의 교정 시설 수용자에 대한 보호 장비 사용 실태 자료를 보고 싶습니다. 행형법 제187조에는 보호장비 사용을 기록하도록 하고 있습니다. 보호장비 사용 실태를 분석하면 수용자들의 처우에 대해 간접적으로 분석할 수 있습니다. 제 전공이 교정학은 아니지만 실증적인 접근은 할 수 있습니다.

그리고 행형법 시행규칙 제172조부터 179조까지 보호장비(수갑, 머리 보호장비, 발목 보호대, 보호의자, 보호침대, 보호복, 포승) 사용 방법에 대한 규정이 있는 이 부분에 관한 관련 자료들을 부탁드립니다. (관련 논문, 신문 기사, 기타 사례 등) 정보 공개 요구를 제가 직접 할지에 대해서는 이광열 동지의 의견을 듣고 하겠습니다. 이것은 시작에 불과합니다. 재소자들의 인권을 침해하는 일이 너무나 광범위하고 구조적이어서 어디서부터 짚고 넘어가야 될지 머리가 아플 지경입니다. 당장에 서적 소유 30권 제한, 방충망 설치에 따른 일조권과 공간적 강박감 조성, 녹화 뉴스 방송에 따른 알 권리 제한 등등 질서 유지와 도망 방지라는 명목으로 침해받는 일들이 태반입니다.

저 같은 경우는 공안 사범으로 분류해 놓고 이에 대한 구체적인 교화 프로그램을 받지도 않았습니다. 교정과 교화 보다는 도망 방지에 방점이 찍혀 있기 때문이라고 생각합니다. 최근 국회에서는 북한 인권법을 만들려고 하고 있습니다. 우리의 교정 시설과 재소자들의 인권 실태를 고려했을 때 그 진정성에 의문이 생깁니다. 정치인들의 인권 의식이 높다는 것은 좋은 일입니다. 그런 높은 인권 의식으로 행형법을 조금이라도 아니 한 번만이라도 자세히 읽어보아도 개정해야 될 부분이 보일 것입니다.

재소자들이 출소 이후에 경제적으로 자립하거나 정신적으로 자존감을 갖도록 하는 재사회화 교육이 전혀 이루어지고 있지 못한 상태에서 무작정 출소하면 가족 또는 사회단체의 도움 없이는 범죄에 노출될 것을 쉽게 예측할 수 있음에도 아무런 예방책이 없이 개인의 책임으로만 돌리고 있습니다. 이런 구조에서는 재범율이 높아지는 것은 당연합니다. 늘어나는 범죄율을 예방한다고 경찰력을 늘리지만 우리가 경험적으로 느끼듯이 늘어난 경찰력은 시민들의 집회나 시위 진압을 효과적으로 진압하는 데 유용할 뿐 실제 범죄 예방에는 그다지 효과적이지 않습니다. 늘어나는 경찰력만큼 오히려 시민권이 침해 받거나 더 위축될 뿐입니다. 대부분의 생활 범죄는 사설 경비업체에 의존하고 있는 게 현실 아닙니까?

근본적으로 범죄를 예방하기 위해서는 교정 기관이 제 구실을 해야 합니다. 지금처럼 사람 잡아다가 도망 못하도록 감시하고 처벌에만 급급하다면 필연적으로 재범율이 늘어날 수밖에 없고 이에 따르는 사회의 기회 비용과 갈등은 어마어마 하게 늘어날 것입니다.

다시 한 번 깨닫지만 노동자와 서민을 위한 정치학 교과서를 빨리 써야겠습니다. 형식적인 대의 민주주의 이론으로 지배 계급의 지배를 정당화시키는 정치학이 아니라 우리의 실생활에 직접적으로 와 닿고 스스로 정세를 분석 판단하고 주체적인 자기의 정치적 결정을 할 수 있게끔 정치 이론들을 재구성 할 필요가 있습니다. 더욱더 그런 욕구가 강해지고 있습니다. 감옥에서 지내는 외로움과 괴로움이 큽니다. 그러나 감옥이 저에게 많은 것을 가르쳐주고 단순히 책의 지식을 통해서는 깨닫지 못하는 고난과 핍박 속에서도 결코 꺾을 수 없는 '진리'와 "진실"의 가슴과 눈으로 세상을 보게 합니다. 저에게는 축복이자 정치학자로서는 영광스러운 기회입니다. 이제는 두렵거나 숨지 않습니다. 감옥에서 더 큰 공부를 하라는 시대의 명령을 운명으로 받아 들이고 동지들과 함께 영광스러운 길을 떠납니다.

- 참 진리와 사람 사는 아름다운 세상을 꿈꾸며

**덧붙여서**

이광열 동지에게

교정본부에 정보공개 요구를 통해 얻을 수 있는 자료가 많으면 많을수록 좋습니다. 예를 들면 재범율 추이 자료, 교정·교화 관련한 프로그램 운영 등 2000년부터 현재까지 추이를 볼 수 있는 자료들이면 좋겠습니다. 특히 인권운동사랑방 쪽에 부탁하여서 저와 소통을 하게끔 도와주시면 고맙겠습니다. 제가 모르는 부분이 많아서 도움을 받아가면서 인권 관련 공부를 하고 싶습니다. 하나씩 배워가겠습니다. 또 편지 드리겠습니다.

# 바지까지 벗기는
# 무참한 폭행

2011년 9월 25일,
이광열 동지께

안녕하세요?

 가슴 쓰라린 추억을 겨우 넘깁니다. 악몽 같은 9월이 지나고 있습니다. 정신적으로 참 힘들었습니다. 9월 9일이 구속된 날입니다. 그때의 일을 떠올리며 악몽에 시달렸습니다. 추석은 더욱 상처를 후벼 파내더군요. 그렇지만 석방모임이 생기고 이강실 목사님과 전주 고백교회 심훈 집사님이 와주셔서 잘 이겨냈습니다. 한상렬 목사님과 장민호 선생님과 서신을 교류하게 되었습니다. 여동생도 2개월 만에 면회를 왔습니다. 망설이고 있지만 조금씩 저를 이해하고 있습니다.

 사촌 형 내외분들도 다녀가셨네요. (대전에서) 어머니께서 적극적이십니다. 석방모임에서 어머께 연락을 드리면 좋아하실 거예요. 오산에 함께 지내시다 지금은 대전으로 내려가셨습니다. 대전에는 아버지와 어머니께서 살고 계십니다. 심기일전하여 제 주변을 살펴보고자 합니다. 그동안 밖에만 신경 쓰다 보니 정작 이곳 감옥 에서의 생활에 대해 고민이 부족했습니다. 그냥 참고 인내하고 지내면 되는 줄 알았는데 오히려 상황이 악화되어 갑니다. 지금부터는 하나씩 아주 사소한 것부터 챙겨야겠습니다.

첫째, 정보공개 신청 담당자와의 면담을 요구했습니다. 필요한 절차와 제가 궁금한 정보공개를 직접 해볼 생각입니다. 둘째, 소장 면담을 신청했습니다. 현재 짝숫날에만 하는 운동을 매일 하도록 요구해야겠습니다. 육체적·정신적으로 많이 약해졌습니다. 셋째, 보안과장 면담인데 인권위에 진정을 할 생각입니다. 지난 9월 3일 가족 만남 이후 알몸 검색을 강제로 당했습니다. 소파 위에 올라가서 바지를 벗으라고 했지요. 처음에는 공개된 장소에서 벗으라고 해서 도저히 못 하겠다고 했더니 사무실로 데리고 가서 벗기더군요. 잊으려 했지만 도저히 잊을 수가 없습니다. 일반 죄수들과 똑같이 막대하고 수치심을 갖게 합니다. 당일에는 자살까지 생각 할 정도로 수치심 때문에 잠을 못 잤습니다. 얼마 전 대전교도소에서 중국인 성추행 사건을 보고 그때 일이 떠올라서 괴롭습니다. 이광열 동지도 소파에 올라가서 빤히 쳐다보는 앞에서 바지를 강제로 벗으면 제가 얼마나 참담했는지 이해하실 것입니다.

마지막으로, 의무과장 면담입니다. 형식적인 진료조차 3주째 못 받고 있습니다. 참고 참다 더는 안 되겠기에 말씀을 드립니다. 추석 면회 공동행사를 힘으로 억누르는 교정본부와 법무부 그리고 이명박 정권의 본성을 보았습니다. 정권의 성격과 교정본부는 거리가 있을 거라고 믿고 싶고 함께하고자 했는데 바지까지 벗기는 무참한 폭행에 더는 두고 볼 수가 없네요. 면담의 진행 상황에 대해서는 구체적이고 실시간으로 편지로 보내드리겠습니다. 전주 고백교회의 심훈 집사님께서 면회와 주셨으면 좋겠습니다. 오늘 편지 내용은 부모님께도 알려드렸습니다. 함께 공유하시면 좋겠습니다. 또 편지 드리겠습니다.

# 정파별 갈등 문제를
# 극복해야

2011년 10월 16일,
김혁 선배님께

안녕하셨습니까?

석방대책모임에서 면회를 올 예정이라는 반가운 소식 듣고 마음을 정리하고 있습니다. 지난 사례를 보면 소에서 면회 일정을 미리 알려주지 않아서 준비 없이 갑자기 면회가 진행되었습니다. 그래서 깊은 이야기를 나누지 못했습니다. 제가 안양에 있을 때는 대책모임을 상상조차 못 했지요. 이제 작은 토대가 만들어지고 사업을 진행하려고 한다니 가슴 벅찬 일입니다. 그러나 헤쳐가야 할 고난과 제약들이 만만치 않습니다. 감옥에 온 후 새롭게 만나는 동지들과 뜻을 나누고 교감을 쌓아가는 일이 쉽지만은 않습니다. 김 선배님께서 그런 빈자리를 채워주셔서 마음이 든든하지 않을까 생각합니다.

이번 만남에서는 석방대책모임의 방향성에 대한 이야기를 듣고 싶습니다. 초기에 우왕좌왕했던 저의 한계를 많이 반성하고 있습니다. 저 스스로부터 단단한 입지점을 만들어가야 할 때입니다. 이런 저의 결단과 결심을 깊이 공유할 수 있는 기회가 되었으면 좋겠습니다.

가족들의 입장도 변화가 있습니다. 대책모임이 흔들림 없이 전진하자 가족들의 입장에도 변화가 생기는 것입니다. 가족들은 사건의 파장과 충격으로 자신감을 잃고 있었는데 대책모임으로 정서적 안정을 찾는 것 같습니다. 그러나 현실적인 중압감으로 대책모임의 참석을 망설이고 있습니다. 그렇지만 고민을 하고 계십니다.

사업들이 진행되고 구체적인 현안들을 가지고 만나면서 신뢰를 쌓아나갈 수 있는 계기를 찾는다면 가족들도 함께할 수 있을 것입니다. 매주 가족들에게 편지를 보내면서 상황을 설명하고 저의 입장을 밝히면서 설득도 합니다. 그렇게 계속해나갈 생각입니다.

대책모임에서는 저의 아버지와 어머니께서 돌아가셨을 때 시나리오를 예상하고 계획을 세웠으면 좋겠습니다. 이 계획을 준비하면서 가족들과 관계를 만들어 보고 싶습니다. 아버지께서는 70세이고 어머니께서는 뇌혈관 질환으로 거동이 불편합니다. 징역을 사는 동안 부모님께서 돌아 가실 수 있다는 마음의 준비를 늘 하고 있습니다.

장례 과정에 제가 직접 관여 하지는 못하겠지만 석방모임에서 그 문제에 관심을 보이면 믿음과 신뢰가 만들어 질 거라고 생각 합니다. 저역시 교도소에 있는 동안 부모님의 임종을 어떻게 준비하고 대처해야할지 경험도 없고 정보도 없습니다. 미리 준비해두면 당황하지 않을 수있다고 생각합니다. 부모님의 임종을 보고 싶은게 저의 바람입니다. 두번째는 저와 아이들과의 관계 회복입니다. 저로서는 괴롭고 제일 힘든일입니다. 여동생과 부모님도 이 문제로 힘들어합니다. 대책모임과 가족 사이의 관계가 깊어지면 아이들 관계 회복에 대해 고민을 하고 싶습니다. 당분간은 상황을 지켜보고 있습니다.

아이들 엄마는 제가 '속였다고' 격앙돼 있기 때문에 시간이 필요합니다. 저도 이 문제로 고민을 많이 했습니다. 대책모임이 공고해지고 사회적 여론도 바뀌면서 풀어나갈 여지가 생길 때 제 속마음을 선배님께 말씀드리겠습니다. 두 가지 말씀을 드리면서 무척 조심스럽고 부담 스러운 기분입니다. 선배님께서도 수인의 심정을 이해하시리라 생각해서 드린 말씀이니까 사사로운 개인적 이야기를 하여 기분이 나빠지셨다면 용서해주세요. 선배님께서 출소하신 후 장창원 목사님 최상철 동지를 만나셔서 교감을 나누시고 대책모임에까지 신경 써주시는 고마움을 어찌 표현할 바를 모르겠습니다. 인간적인 신뢰감과 더불어 사회의 변혁과 진보세력에 저는 어떻게 기여 할 수 있을까 하는 무거운 책임감도 함께 갖고 있습니다.

김진숙 동지의 영웅적 투쟁이 시민을 움직이고 희망버스를 움직였듯이 나의 투쟁과 싸움이 민족의 통일 평화 그리고 피지배계급이 주인되는 세상을 만드는데 조금이라도 기여 하는게 중요합니다. 저의 의식과 사상이 정체 되거나 후퇴하지 않게끔 대책모임과의 유기적 관계를 발전하고 싶습니다. 저의 생각, 의지, 신념들이 시회의 변혁에 상호작용을 일으켜 함께 가도록 도와 줄 바람막이가 필요 합니다. 이번에 전주에 오시면 고백교회의 심훈 집사님을 만나보셨으면 좋겠습니다. 저를 적극 지지하고 도와주신다고 하시는데 어떻게 사업을 풀어가시려는지 선배님께서 직접 의견을 듣고 서로 도움을 주고 받으면 좋겠습니다.

노동운동 활동가 중에 주체사상과 이북을 독재체제라 비판하면서 자민통 계열을 비판하고 반대로 자민통 계열은 '패거리 운동가'들처럼 비과학적으로 정세를 인식하고 노동운동가들과 갈등관계에 있습니다. 조현오 경찰청장도 NL파 PD파로 나누어 서로 정파별로 갈등하고 있다고 지적하더군요. 이문제를 극복해야 한다고 생각합니다. 저는 선배님의 영향으로 노동운동에 대한 이해가 깊어졌습니다. 노사과연의 도움으로 이론적으로 새롭게 배워가고 있습니다. 대책모임에서 약간의 생각 차이 때문에 오해가 있을 수 있지만 극복 할 수 있다고 봅니다. 선배님께서 중심을 잡아 주실거라 믿습니다. 심훈 집사님께서도 통일운동을 하셨지만 노동운동의 중요성을 충분히 고민 하시기 때문에 선배님과 제 생각처럼 많은 부분에서 공감대를 얻으실 거라고 봅니다.

그리고 마지막 고민은 대책모임이 기존의 참가단체들의 역량에 기대해서 가는 것이 아니라 대책모임을 매개로 대책모임에 참가하는 단체들 사이에 원할한 소통과 신뢰의 기회를 주고 그 힘이 개별 단체들에게 새롭고 역동적인 정세 인식을 이끌어내어 활력을 갖게 하는 기능을 해야 할 것이라고 생각합니다. 그 지점이 국가 보안법철폐라고 생각합니다. 노동운동 진영도 조합주의와 실리주의 병폐를 넘어 정치세력화의 길로 가기 위해 전국적 범위에서의 연대와 정치투쟁을 강화할 필요가 있다고 봅니다. 통일운동 진영도 노동자들의 도움과 지지 없이는 분단모순을 극복하는데 한계가 있다는 점을 분명히 인식하여야 합니다.

쌍용차 투쟁을 직접 이끄셨던 선배님의 쓰라린 패배 경험과 이북에 직접 다녀오고 제도권 틀 내에서 정당성과 명분만 가지고 민족의 평화통일을 기대했던 한계와 모순을 철저히 분석하여 시대의 요구에 맞는 새로운 방향을 제시 할 수 있으리라고 생각합니다. 원대한 꿈을 갖고 선배님과 함께 가겠습니다. 이번 만남에서 선배님과 허심탄회한 이야기를 나누고 싶습니다. 안녕히 계세요, 선배님.

# 가을 편지와
# 노란색 은행잎

2011년 10월 17일,
양지담 학생 안녕하세요?

가을 노란 은행잎 편지 잘 받았어요.

지담이의 편지를 받고 너무 기쁘고 행복했습니다. 저는 대학교에서 언니, 오빠들을 가르치던 선생님입니다. 부처님이 태어나신 인도에서 공부도 했지요. 여러 나라들을 여행하면서 많은 국가들이 행복하게 사는데 우리는 남과 북이 서로 총을 겨누고 싸우는 모습에 가슴이 아팠습니다. 북쪽의 동포들은 왜 우리에게 총을 겨누고 괴롭히는지 미웠습니다. 그래서 직접 북녘땅에 가서 사이 좋게 지내자고 이야기했습니다.

그런데 선생님이 직접 북녘의 동포들을 만나보니 그들은 좋은 동무들이었습니다. 오히려 미국이라는 큰 나라의 괴롭힘에 무척 어려운 삶을 살고 있었습니다. 미국의 친구들에게 그 사실을 알리고 서로 모두 사이좋게 지내자고 이야기했지만 선생님 말을 들으려 하지 않았어요. 오히려 말하지 않고 북녘의 동무들을 만났다고 화를 냅니다. 저를 나쁜 사람으로 보고 감옥에까지 보냈습니다. 선생님은 자신의 잇속만 챙기느라 진실을 외면하는 어른들에게 깊은 상처를 받았어요. 그런데 지담 학생이 선생님을 이해하고 걱정해주어서 너무나 기쁘고 가슴이 너무너무 '쿵쿵'거려요. 정의롭고 옳은 일을 지담이의 편지 보고 참 대견하고 세상을 넓게 보는 깊은 식견에 놀랐습니다. 선생님도 지담이를 지원이처럼 딸이라고 생각하고 우리의 딸과 아들들이 평화로운 세상에서 자유롭게 북녘의 동무들을 만나 사이 좋게 지내면서 멋진 세상을 살아갈 수 있게끔 평화와 민족의 통일운동을 더욱 열심히 해야겠구나 굳게 마음을 먹습니다.

선생님도 지담이를 밖에서 빨리 보고 싶어요, 가을 편지와 노란색 은행잎 정말 고맙고 감사해요. 늘 밝고 건강하게 잘 지내세요.

지담이의 이쁜 마음 잊지 않겠습니다. 사랑합니다!

# 욕망의 과잉을 깨닫게 해준
# 소박한 수형 생활

2011년 10월 30일,
하성웅 전도사님께

안녕하세요?

저의 건강을 염려해주신 덕분에 잘 지내고 있습니다. '고난함께' 모임
의 따뜻한 마음이 차가운 감옥에 따사로운 햇볕처럼 밀려오기 때문에
그 온기가 이곳을 따뜻하게 만들어 줍니다. 하성웅 전도사님의 진솔한
편지를 읽으면서 마치 지금 제 자신의 고뇌와 갈등을 보는 것 같았습
니다.

편지를 여러번 읽으면서 깊은 생각을 했습니다. 편지를 읽는 제가 이
렇게 깊이 생각하는데 이 편지를 쓰신 하성웅 전도사님께서는 얼마나
많은 시간을 고뇌와 사투를 벌리시며 글을 쓰셨는지를 생각해보았습
니다. 그 절박함이 그대로 느껴지는 편지입니다. 저도 20대 초반에 목
숨을 걸고 절박하게 고민한 때가 있었습니다.

1993년 홍콩에서 베이징행 비행기를 타고 다시 베이징에서 평양으
로 들어가는 순간이었지요. 미지에 세계에 대한 호기심, 미래에 닥칠
불안감으로 두려움에 떨었습니다. 홍콩국제공항에서 베이징행 비행기
를 탈지, 또는 말아야 할지 고민을 하다가 '진실'에 대한 믿음, 내가 직
접 확인해보고 싶은 탐구심으로 베이징행 비행기를 탔습니다.

평양에서의 경험은 전혀 다른 낯선 세계에 대한 호기심과 기대감도 컸지만 제일 큰 충격은 반공이념에 갇힌 교육의 결과이지만 제가 믿고 있었던 사실이 거짓이었다는 혼란입니다. 왜 그러한 일들이 벌어졌는가에 대해 학자점 관점에서 연구하고 분석하여 이해하려는 노력들이 저의 학문 연구에 중요한 동기를 부여했지요.

20년 가까이 그런 문제에 골몰하여 어느 정도 스스로 판단력이 생기는 듯하자 별안간 감옥에 갇히면서 학자로서의 기여나 업적을 쌓지도 못하고 좌절감을 갖게 되었답니다.

감옥은 저에게 새로운 도전이었습니다. 지금도 감옥에 갇혀 있지만 그 도전과 팽팽한 긴장은 또 다른 싸움입니다. 감옥은 인간으로서의 삶과 죽음의 의미 그리고 생존같은 그런 고민거리를 던져 주었습니다. 하성웅 전도사님께서 고민하시는 신학적 고민과 미래에 대한 고민은 제가 어떤 삶과 길로 가야 하는지를 고민했던 20대의 고민이며 가족문제 목회적 문제는 지금 감옥에서 현실적으로 고민하는 저의 문제와 일치합니다. 제가 20대부터 40대에 이르기까지 그리고 지금 감옥에서까지 하는 고민들을 한꺼번에 고민하는 하성웅 전도사님의 고뇌와 고통을 짐작하고도 남을 것 같습니다.

하성웅 전도사님께서 신학적 고민을 하고 계시는 이야기를 들으면서 목회자의 길을 간다는 것이 얼마나 힘들고 어려운가를 새삼 알겠습니다. 학문의 길과는 또다른 차원의 길이군요. 저는 하성웅 전도사님을 믿습니다.

톨스토이의 '이반일리치의 죽음' 이야기를 들으면서 제 경험이 떠오릅니다. 이반일리치처럼 죽음을 기다리는 사람 상황에 내몰렸을 때….

그래요. 후회하지 않는 삶이란 참 어려운 일입니다. 저 역시 후회하지 않는 삶을 살았다고 자부했는데 감옥에서 지내면서 아쉽고 가슴 아픔 눈물을 짓곤 하지요. 그런 가운데 '희망'을 길어 올리려고 열심히 노력합니다.

종교가 '죽음'이라는 인간의 숙명 앞에서 삶을 성찰하는 역할을 해야 한다는 말씀에 동의합니다. 그런데 종교가 그런 역할을 하는지에 대해서는 의문이 들고 반문이 생기는 것은 저의 주관적인 생각일까요? 밀린다 왕문경의 '형성력'을 관계의 과정으로 이해하시는 하 전도사님의 통찰력이 예리하시군요. 덕분에 형성력의 의미를 깊이 이해하게 되었습니다.

정치도 이와 다르지 않습니다. 사람과 사람과의 관계를 고민하는 것이 정치학의 문제의식이니까요. 사람들은 우리 존재의 관계성을 개달고 이해한다면 함부로 자연을 훼손하거나 이기심의 욕망의 덫에 빠지지 않겠지요. 자본주의 사회에서는 사람들을 개별화시키고 관계들을 단절시키는 속성을 태생적으로 갖고 있기 때문에 문제가 심각하지요.

제가 보기에는 상업방송과 언론의 해악은 극에 달해 있습니다. 대표적인 예능프로그램인 〈1박2일〉을 예를 들면 복불복이라는 관념을 세뇌시키고 있습니다. 나만 아니면 괜찮다는 이데올로기를 주입시키는 것 입니다. TV 드라마에서는 갈등하고 싸우는 내용이 태반입니다. 그런 쓰레기 더미에서 사는데 맑은 정신을 갖기란 쉽지 않을 것 같습니다.

징역에서 보니 우리의 삶을 지탱해주는 하루 3끼는 아주 소박하더군요. 이런 음식들을 먹으면서도 살 수 있는데…. 우리의 삶은 너무 사치고 과잉된 것들이었음을 자각하게 합니다. 궁핍한 생활에서 지내다 보니 처음에는 불편했는데 감사함을 가르쳐주었습니다.

　욕심과 욕망을 벗어던져야 합니다. 요즘 밖의 모습을 보면, 특히 기성 세대들을 생각하면 욕망과 욕심에 가득 차 있습니다. 그런 것들을 교회에서 가르쳐주고 깨우쳐줄 필요가 있습니다. 하성웅 전도사님과 대화를 나누면서 왜 진작에 제자들과 깊은 대화를 나누지 못 했을까 후회하기도 합니다. 하성웅 전도사님께 많은 것을 배우고 있습니다.

　좋은 친구처럼 고민을 나누고 위로도 해주고 서로가 후회하지 않는 삶을 위해 조언해주는 관계가 되길 소망합니다. 진심을 담은 편지 정말 고맙습니다. 건강한 모습으로 다시 뵙겠습니다.

　안녕히 계세요.

# 지배계급의 환상을 걷어내고
# 지배의 본질을 보다

2011년 11월 2일,
정창화 동지께

제 편지를 여러 번 읽고 깊은 생각을 하셨다는 정창화 동지의 이야기
듣고 송구하면서도 미안한 마음이 들었습니다. 저에 대한 정 동지의 가
슴 뜨거운 사랑과 동지애를 받기만 하고 저는 별로 드리지 못한 것 같
아서입니다. 편지를 받을 때마다 정창화 동지의 깊은 배려심을 느낍니
다. 저와 정 동지의 정세인식과 세계관에서 많은 공통점을 발견하게 되
어서 기쁩니다. 서로에 대한 공감대가 넓어지는 기회가 되길 소망합니
다. 지난달에 최상철 동지와 석방추진모임에서 면회를 왔습니다. 최상
철 동지가 정창화 동지께서 까페에 가입해주셨다며 기뻐하는 모습보며
저도 무척 기뻤습니다. 불가능 할 것 같았는데 석방모임이 만들어지는
것을 경험하면서 밖에서 많은 분들이 애쓰시고 계시다는 것을 알게 됩
니다. 정창화 동지의 지지와 편지는 저를 크게 고무시킵니다.

　간단히 저에 대해 소개드리자면 대부분의 시간을 학교에서 보냈습
니다. 그래서 진보적 사회운동과 노동운동진영 내의 현상을 잘 알지는
못합니다. 정창화 동지의 이야기를 들으면서 소위 자주파 계열의 분들
이 몰계급성의 경향을 보이고 있다는 지적에 대해 안타까운 마음입니
다. 진보진영을 NL과 PD로 양분하는 경향이 있는데 저는 대단히 경계

해야 할 일이라고 봅니다. 진보진영의 분열을 노리는 고도의 '공작'이라고 생각합니다. 그래서 저는 아주 조심스럽게 이 문제를 접근하고 있습니다. 민족주의 계열에는 소시민, 소부르주아지들이 포함되었기 때문에 계급적 기반이 취약한 것은 맞습니다.

그러나 역사적으로 이남 사회에서 이들의 처지는 착취와 억압에 시달린 계층들입니다. 지배계급과 피지배계급의 관점에서 보면 노동자계급과 똑같은 역사적 임무를 부여 받고 있습니다. 지배 계급의 환상을 노동자계급의 과학적 세계관으로 까발린다면 인식의 차이를 극복할 뿐 아니라 굳건한 동지적 관계로 승화 발전될 것입니다. 정 동지께서 도태되고 낙오하는 동지들을 가르치고 깨닫게 해서 그들과 함께 한발씩 전진해 가셨으면 좋겠습니다. 배신자들과 기회주의자들에 대해서는 단호하게 응징해야겠지만, 무지와 몽매에 빠져 우왕좌왕하는 인민들에게는 광폭적으로 다가가야 한다고 생각합니다. 화물연대 진상조사결과가 흐지부지 되는군요.

너무 실망하지 마시고 지속적으로 문제제기를 하시면서 '신뢰'를 쌓는다면 정창화 동지의 진심을 이해해줄 거라고 생각합니다. 저도 부산 한진중공업 상황을 예의주시하며 지켜보고 있습니다. 국회의 권고와 합의조차 무시하는 듯한 한진중공업의 사주들을 보니 유산계급의 당돌함과 뻔뻔함에 고개가 절로 흔들어집니다. 노동자들의 정치세력화가 이루어지지 않았기 때문에 이런 차별과 착취, 멸시를 받고도 저항하지 못하는 것 아니겠습니까. '나만 정리해고 당하지 않는다면 괜찮아'라는 이기심 때문에 노동자들의 정치세력화가 지연되는 것입니다. 환상에서 빨리 깨어나야 할 때입니다.

레닌의 '유물론과 경험비판론'에서 "객관적 진리가 인간의 사유로부터 나올수 있는가의 문제는 이론의 문제가 아니라 실천의 문제이다"라는 지적에 깊이 공감합니다. 저는 북측의 이론가들과 '핵개발'에 대해 많은 논쟁을 했습니다. 저는 순진하게 미국의 '연착륙 정책'을 믿었습니다. 북쪽 사람들은 플래블로호 사건과 여러 역사적 사례들을 제시하며 미국의 기만성과 이중성을 지적했습니다. 그때 한분이 "실천 속에서 증명될 것이다"라는 말을 했습니다.

감옥에 와서 그 말의 의미를 깨우쳤지요. 제가 리비아 사태에 대해 동요하지 않는 이유는 이미 오래전에 이라크, 이란, 시리아, 리비아, 이집트에 대해 심각히 고민했기 때문입니다. 리비아가 핵을 포기했을 때 저는 옳은 결정이라고 판단했고 이북의 이론가는 망할 거라고 예측했답니다. 저는 틀렸고 북측의 이론가의 예측이 정확히 맞았습니다.

'실천 속에서 증명'된 것입니다. 감옥도 그런 면에서 실천의 기회를 제공합니다. 폭력에 의해 갇혀 있지만 바로 그 폭력의 본질이 지배계급의 환상을 걷어내어 지배의 본질을 적나라하게 뼈속 깊이 각인시켜 줍니다.

나의 정치학적 지식이 얼마나 허망했고 부르주아 지배계급을 정당화 시키려는 도구였는지 인정하지 않을수가 없군요. 미련 없이 정리하고 떠나보내고 있습니다. 다원주의의 환상에서 깨어난 것이지요. 그런데 좀 막막하기도 하군요. 어떻게 이론을 다시 세우고 새롭게 쌓아가야 하는가. 또한 사회적으로 '간첩' 딱지를 붙여 놓고 끊임없이 괴롭히고 훼방을 놓을 텐데…나에게 그런 것을 이겨 낼만한 능력이 있는가…. 그래도 내가 가야 할 길인데…. 이런저런 생각들을 하며 지내고 있었습니다. 정 동지의 편지 속에서 '실천'이라는 단어가 큰 울림으로 다가오면서 다시금 마음을 다잡습니다.

감옥에 있다 보면 생각만 많아지고 관념에 빠져 흐지부지한 사람이 되기 쉬운데 정 동지께서 다시 한 번 저를 반성하고 성찰하게 하시네요. 자칫 고립되기 쉬운 환경 속에서 나태하지 않게끔 정 동지의 관심과 도움을 부탁 드립니다. 제일호 동지의 「게바라의 눈물 - 신자유주의의 망령」 시(詩) 감사합니다. 인도의 계급운동에 관한 번역글을 읽고 어떤 분일까 궁금했는데 제일호 동지의 시를 보면서 많이 놀랍니다. 시인이면서 분석적 글을 번역하시는 재능과 열정이 제일호 동지에 대한 호기심을 더 크게 합니다.

정창화 동지를 통해 제일호 동지와 가까워져서 기쁘고 반가운 일입니다. 다음 편지에 또 찾아뵙겠습니다.

# 가족의 고난으로 전해지는
# 분단의 아픔과 고통

2011년 11월 9일,
조순덕 의장님께

안녕하세요?

　방금 전에 어머니와 전화 통화를 했습니다. 오늘 오전에 의장님과 전화 통화를 하셨다며 어머님이 기뻐하시는 것을 보니 저 역시 기분이 좋습니다. 경찰공무원이셨던 아버지와 어머니는 적대적인 사회 여론과 지금의 현실에 노심초사 하시며 위축되셨고 심리적으로 불안해하십니다. 상처를 가슴에 묻어두고 운둔자처럼 지냈는데 의장님과 전화 통화를 계기로 소통과 대화의 기회를 갖게 되었습니다. 아내와 헤어지면서 손자들과 관계도 단절되었고 아들은 감옥에 있는데 어디다 하소연도 못 하시고 고립된 노후를 보내시고 계십니다.

　여동생은 시댁과 아이들 양육으로 남동생은 이제 막 결혼해서 출산을 앞두고 가정을 꾸리느라 바쁘게 지내다 보니 부모님을 위로하고 상처를 치유하는데 어려움이 있었습니다. 동생들 역시 충격과 놀라움으로 혼란스러워하고 있기 때문에 안정을 회복하기까지 시간이 더 필요할지 모르겠습니다. 제 사건으로 인해 가족 전체와 주변의 친척, 동료 교수진, 사회의 지인들이 동요하고 정신적 충격이 큽니다. 그 파장이 쉽게 가라앉지 않습니다. 기존의 삶의 방식과 가치들을 뿌리채 흔드는 일이기 때문에 더 오랜 시간이 걸리는 것 같습니다. 이런 상황에서 의장님의 위로와 관심은 어머님과 가족들에게 큰 위안이 되고 있습니다. 고맙고 감사드립니다.

어머님은 높은 혈압으로 쓰러지셨답니다. 10년 이상을 거동이 불편하게 지내셨는데 상심이 크셔서 병이 악화되지는 않을까 늘 노심초사입니다. 그래도 속에 담아두셨던 이야기를 꺼내놓으시면 대화를 나눠주실 분들이 계신다면 좋아지실 거라 생각합니다.

이제 대화가 시작되었지만 더 자주 교류하고 대화를 진행하면 가족들도 서서히 부당하고 억압의 굴레를 스스로 벗어던지고 일어설 수 있을거라 믿고 있습니다. 가족들도 정의와 양심이 살아 있음을 깨닫고 그 길에 함께 갈 수 있을 것입니다. 우리 가족들도 개인주의에 갇힌 삶의 방식에만 익숙했고 사회와 역사에 대해서는 큰 고민을 하지 않았지만 우리 가족의 고난을 통해 분단의 아픔과 고통을 깊이 깨닫고 이해할 수 있을 거예요.

우리 가족들이 왕재산 사건의 가족들처럼 사회와 적극적으로 소통하고 나섰으면 하는 아쉬움이 있지만 차츰씩 그 참여 방식과 내용들을 고민하고 있을거예요. 제가 흔들림 없이 힘차게 걸어가면 가족들도 잘 이겨내리라 믿고 있습니다. 대전의 고향집에는 아버지와 어머니가 살고 계십니다. 외할아버지께서 살던 집이랍니다. 집 앞에는 금강과 이어지는 유등천이 흐릅니다. 어렸을 때 놀이터입니다. 여름에는 물장난에 물고기 잡으로 다녔고 겨울에는 썰매를 타며 놀았지요. 동네 뒤에는 보문산 공원과 동물원이 있지요. 아버지와 함께 앞산에 자주 다니면서 나물 캐고 고사리 꺾고 진달래꽃 따던 기억이 생생합니다.

의장님께서도 대전에 들르실 기회가 있으시면 대전 고향집을 꼭 들러주세요. 아버지, 어머니도 좋아하실 거예요. 요즘 아버지께서는 집 앞 텃밭에서 농사를 지으시며 마음을 달래고 계십니다. 북녘의 여러 동무들과 선생님들께서도 대전 고향집에 꼭 가보고 싶다고 했습니다. 통일이 되면 제일 먼저 대전에 고향집에 오겠다고 하시는 분도 있었지요. 저는 그 약속을 지키기 위해 대전의 고향집을 잘 지키려고 합니다. 대전의 고향집으로 의장님을 초대합니다.

의장님! 미국에 예속적인 반민족적인 수구지매 세력들의 준동이 고약합니다. 명분 없는 지배를 하려 하다 보니 별의별 억지와 추태를 보이고 있습니다. 그것도 모자라서 국가의 폭력으로 시민들을 겁박하고 있습니다. 제주 강정마을 해군기지 반대운동을 김정일의 하수인으로 매도하고 한미 FTA를 비판하는 글을 퍼나르기만해도 구속수사 하겠다고 협박합니다. 이제는 아예 드러내놓고 시민들을 억압하고 탄압하겠다고 하는군요. 얼마나 조급하고 자신이 없는지를 스스로 보이고 있습니다.

진실의 힘이란 참으로 위대하구나 새삼 느낍니다. 저도 더 분발하겠습니다. 의장님께서도 제 사건의 진실을 적극적으로 알리셔서 수구보수 세력들의 기만성과 반민족적 행위의 본질을 인식하는 계기로 만들어가길 바라겠습니다. 남과 북의 화해와 평화 그리고 민주주의로 향하는 역사의 거대한 흐름은 그 누구도 멈출 수 없습니다.

민가협 어머님들 존경하고 사랑합니다. 안녕히 계세요.

# 지역 민주 통일 운동을
# 응원하며

2011년 12월 27일,
심훈 님


손편지에서 생동생동한 감정을 느낍니다. 함께 보내주신 자료들도 잘 읽었습니다.

앞으로 전자서신은 담당 부서에서 실수 없이 잘 전해주겠다고 약속했습니다. 걱정하지 마시고 편안하게 전자서신을 이용하십시오. 일상생활이 바쁠 텐데 저에게 편지 보내는 일로 부담을 갖지 않으셨으면 좋겠습니다. 이강실 목사님과 심훈 님의 방문은 저에게 매우 깊은 의미를 줍니다. 제 사건이 보수언론에 의해 과장된 상황에서 저는 심리적으로 큰 고립감을 느꼈습니다. 심훈 님께서 따뜻한 마음을 주셔서 정서적으로 안정을 찾을 수 있었습니다. 고맙습니다.

감옥에 갇히면서 많은 분들과 이별을 했습니다. 안타까운 사실은 기존에 알고 지내던 사람들이 국정원에 밉보일까 봐 모른 체하고 등을 돌리더군요. 제도권에서 기득권을 유지하기 위해 어쩔 수 없는 처신이겠지만 기회주의자들의 씁쓸한 면을 보았습니다. 경쟁사회에서 자신의 이익을 지키기 위해 남의 고통에 모른 체하려는 우리 사회의 낯모습을 보았습니다. 그런 우리 사회에 정이 '툭' 떨어졌는데 심훈 님을 만나면서 우리 사회에는 신념과 양심을 지키는 분들도 계신다는 사실에 크게 고

무받았습니다. 심훈 님은 "고등학교까지만 나온 노동자"라고 겸손하게 소개하셨는데 저는 오히려 제 자신이 부끄럽고 심훈 님의 진정성에 존경심이 생깁니다. 제 주위에는 지식과 견문이 있고 사회적 지위도 있는 분들이 많지만 그들은 저에게 냉소적이고 관심조차 없습니다. 오히려 불똥이 튈까봐 전전긍긍합니다. 가식과 허세만 부리고 자기 이익챙기기에 급급한 그런 분들보다는 심훈 님은 더 고귀하고 존경받을 분입니다. 심훈 님의 말씀처럼 저와 나이도 같으니 친구처럼 편안하게 지냈으면 좋겠습니다. 제가 심훈 님 같은 분의 친구가 될 자격이 될지는 모르겠지만, 저를 이해해주실 거라 믿습니다. 한미 FTA반대 촛불집회 중에 지역일꾼 두 명을 강제연행하여 경찰들이 봉고차 안에서 폭행을 했다니 끔찍하고 분노가 일어납니다. 경찰들이 양아치들처럼 폭력을 휘둘러대는 폭력집단이 되었습니다. 폭력에 기반한 국가권력의 본질을 보여준 것입니다. 전북의 시민사회세력이 여러 가지 정치적 활동으로 민주주의에 활력을 갖게 한다니 반가운 일입니다. 전주 지역에서 통일운동의 저변이 넓게 퍼져 있다니 좋은 일입니다. 제가 전주에 있는 동안 지역의 훌륭한 분들이 전개하는 통일운동에 관심을 갖고 작은 보탬이 되도록 노력하겠습니다. 이석영 교수님께 감사의 인사를 드리고 싶은데 주소를 몰라서 편지를 보내지 못했습니다. 심훈 님이 이석영 교수님께 제 대신 안부인사를 전해주시기를 부탁드립니다. 저에게 연락처를 알려주시면 제가 직접 감사 편지를 드리겠습니다.

　저희 어머니께서 이강실 목사님께 면회 와주셔서 감사하다는 인사를 하려고 전화를 했는데 전화기가 꺼져 있어서 통화를 못 하신 것 같아요. 가족들에게 이 목사님, 한 목사님, 심훈 님에 대해 이야기했습니다. 고마우신 분들로 생각하십시오. 저는 아침 6시에 일어나서 11시쯤에 잠을 잡니다. 오후에 1시간 운동을 제외하면 하루 온종일 거실에 있습니다. 처음에는 좁은 거실에 갇혀 있는 일이 답답하고 힘들었는데 이제는 제법 익숙해졌습니다. 책을 읽고 글을 쓰거나 편지를 쓰며 시간을 보내지요. 제한된 조건이지만 인도 관련 연구와 번역을 하면서도 통일운동에 어떻게 기여할까 고민합니다. 심훈 님을 통해 전주지역의 통일운동과 진보적 활동가분들과 교류하고 공감대를 넓혀갔으면 좋겠습니다. 간접적이지만 전주지역의 진보적 역량과 고민을 이해하고 제 사건이 지역에서는 어떻게 해석되고 받아들여지는지 궁금하고 어느 지점에서 공감대를 형성할지 알고 싶군요. 그런 상호작용과정에서 의미 있는 일을 만들 수 있겠다고 생각합니다.

통일골든벨 소식을 관심 있게 보았습니다. 대학생들에게 뜻깊은 행사라고 봅니다. 요즘 대학생들은 역사의식과 사회성이 대단히 부족한데 자본의 노예가 되어 체제에 길들여지고 순응했을 때 앞으로 전개될 새로운 시대에 낙오자가 되고 도태될 것입니다. 분단에 대한 고민도 민족모순해결이라는 당위적 요구에 대한 문제만은 아닙니다. 미래를 책임지고 이끌어갈 세대들은 도대체 자신들의 삶을 규정하고 있는 외부환경과 구조는 어떻게 형성되었고 현재의 삶을 강제하는지 정확히 이해하고 파악해야 스스로 자존감을 갖는 주체적 인간이 될 것입니다. 돈벌이에 급급하여 기계적으로 기능만 익힌다고 삶의 내용이 채워질 수는 없습니다. 통일 문제만 꺼내면 친북이요 종북이요 하며 입에 거품물고 경기하는 자들이 있고 이념적으로 몰아세우는 세력, 즉 지배수구계급은 오로지 자신들의 기득권을 유지하고 지키기 위해 청년들의 역사의식과 사회참여를 막고 불온시하는 것입니다. 대학생이라면 지성인답게 그런 의도들을 간파하고 한계를 극복하기 위해 치열하게 싸워야 하는데 취업을 빌미로 스스로에게 발목이 잡혀 있습니다. 저는 제자들에게 항상 현실에 안주하지 말고 도전하라고 했는데 그걸 뛰어넘기란 쉬운일이 아니라고 항변을 해서 속이 상했지요. 그래도 젊은이들에게 도전하라고 이야기해주고 싶습니다.

  김정은시대를 시작하는 이북은 매우 담대하고 빠르게 변화할 것입니다. 군사강국, 정치대국으로서 동북아 정세를 주도하겠지요. 중국이 인정하고 러시아도 호응하고있으며 일본도 조심스럽게 중국의 의중을 타진하고 있습니다. 미국이야 자국의 이익에 훼손되지만 않는다면 굳이 총대메고 나서지 않겠다는 입장입니다. 이남의 경제력이 대단하다고 하지만 속빈 강정에 불과합니다. 이북의 정세변화에 따라 순간적으로 주식시장이 혼란에 빠지고 전기공급이 잠시 통제되자 전국이 난리고 제조업공장이 멈추어서버립니다. 농·축·수산업은 한미 FTA로 망할것이고 최첨단 지식기반산업은 지적재산권 또는 외국인 투자자들의 눈치와 간섭으로 기형적인 발전을 할 것입니다. 전주시의 아파트 분양가가 평당 700~800만 원을 육박합니다. 집을 장만하기 위해 은행융자없이는 불가능합니다. 은행이자는 올라가고 물가는 치솟습니다. 대책도 없고 대안도 없이 그저 하루살이처럼 밥먹고 살기도 빠듯합니다. 분단모순과 자본주의 모순이 융합되어 첨예한 갈등이 고조되고 있는데 아무것도 모른체 위기가 폭발하거나 또는 그 피해를 고스란히 당하기만 하면 얼마나 억울하고 가슴 답답한 일이겠습니까. 청년들은 냉철한 이성과 지성으로 현 정세를 정확히 읽고 새로운 시대에 새로운 삶을 개척하게끔 노력해야 합니다. 그래서 통일골든벨의 의미는 각별합니다.

지역의 뜻있는분들 덕분에 전북의 청년들이 보다 높이, 그리고 멀리 세상을 볼수 있기를 기대합니다. 저도 어제 최상철 동지로부터 선전유인물을 받았습니다. 더 밝혀져야 할 진실이 많지만 문제의식을 갖게끔 하는 내용에 공감을 합니다. 심훈 님도 관심 갖고 지역사회에서 홍보하고 직접 홍보물 작업도 해주신다니 감사합니다. 앞으로 심훈 님의 작업에 저도 적극 나서서 자료도 드리고 입장도 밝히면서 돕겠습니다. 이명박 정권의 대북 적대시 정책과 보수언론에 의해 제 사건이 과장되어 대중들의 불신과 오해가 깊습니다. 석방모임에서는 초보적으로 언론에 과대하게 부풀려진 제 사건의 진실을 밝히려고 하나 그 힘은 미미합니다. 심훈 님을 비롯하여 전주의 의로운 분들이 함께 해주셔서 큰 힘이 되고 있습니다. "이병진 님은 홀몸이 아닙니다. 역사의 주체이고 중심입니다"라는 말씀 듣고 저의 사명과 역사적으로 주어진 임무와 책임감을 다시금 일깨우고 자각합니다. 깊이 가슴에 새기고 간직하며 한길을 가겠습니다. 외롭지만 심훈 님과 함께 가는 길이기 때문에 외롭지 않습니다. 네, 어금니 꽉 깨물고 싸워야지요. 반드시 진리의 힘이 강하다는 것을 증명하겠습니다.

감동적인 편지를 받고 심경을 쓰다 보니 장황한 편지가 되었군요. 불편하셨다면 용서해주세요. 2012년을 힘있게 시작하며 새해 인사로 마무리 합니다. 새해를 축하합니다.

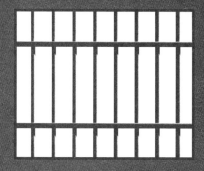

# 알몸검신과 서신검열

# 조급함과 위축을 경계하며
# 긴 싸움을 준비

2012년 1월 9일,
김혁 선배님께

1월 9일에 보낸 인터넷 서신을 오후에 받았습니다.

이런 일이 처음이에요. 보통 다음 날에 도착합니다. 기분이 좋아서 선배님께 편지를 보냅니다. 선배님과 편지 주고받다가 출소하셨을 때 불안하고 외롭더군요. 혼자 지내는 막막함도 있었고요. 이제는 극복하여 독립적인 생활을 할 수 있습니다. 막연하지만 징역 생활에 대한 두려움이 컸는데 잘 이겨내고 있습니다. 요즘 레닌이 지은『공산주의에서의 '좌익' 소아병』을 읽고 있습니다. 50년 이상을 고뇌와 희생, 탐구와 연구, 실천적인 시도, 좌절과 검증을 경험하면서 볼셰비키들이 혁명을 성공했다는 지적을 듣고 느낀 바 있습니다. 감옥에 오는 것도 처음에는 무섭고 두려운 일이지만 그런 고통을 이겨내고 단련되면서 혁명이 성장, 발전 하는구나 간고하게 투쟁하는 혁명가들의 정신을 책에서 전해지네요.

고작 2년 징역 살고 조급해하는 나를 성찰하게 합니다. 지난주에는 공안 담당 계장님과 대화를 가졌는데 새해부터는 적극적으로 정치적 견해를 밝히고 글을 쓰겠다고 이야기했더니 공안기관에서 주시할 텐데 괜찮겠느냐고 하더군요. 부담이 어찌 안 되겠습니까. 그렇지만 저의 진정성을 보이려면 이명박 정부가 끝나기 전에 해야지 이것저것 눈치보다 머뭇거리다가는 기회주의자가 될 거예요. 최소한 학자적 자존감을 세울 수 있게끔 실천적인 글쓰기를 하려고 해요. 최상철 동지와 밖의 동지들이 분투해주셔서 석방추진모임이 자리를 잡는 데 제가 어떻게 힘을 보탤지 고민하고 모색하고 있습니다.

제 사건을 공론화하여 국가보안법의 문제를 인식하는 게 중요하다고 봅니다. 국가보안법 폐지 여론이 형성되어야 정치적 압력을 느끼지 않겠습니까. 보내주신 프레시안 기사를 보고 부끄러웠습니다. 정작 국내의 일간지는 국가보안법 폐지에 별다른 관심이 없기 때문이지요. 그건 아마 국가보안법이 강제하는 자기 검열에 언론사 스스로 위축되기 때문입니다. 똑같은 내용인데도 외신 기사를 인용하면 그냥 넘어가는데 직접 뉴스를 생성하고 의제화 하면 국가보안법의 직접 대상이 되니까 이런 일이 벌어지는 것이라고 생각합니다.

어제 진보신당의 홍세화 대표님께 답장을 보냈습니다. 연하장에 대한 감사의 인사를 드렸습니다. 석방모임에서도 홍 대표님께 감사를 드리고 국가보안법 폐지를 정강에 반영 해달라고 하면 자연스럽게 연대의 힘을 모을 수 있다고 생각합니다. 참고하시면 좋겠습니다. 부산의 정창화 동지와 제일호 동지와는 신식민지 국가 독점 자본론에 관해 유익한 토론을 하고 있습니다. 소시민적 경향에 머물렀던 한계를 많이 극복 중입니다. 공부를 할수록 자유주의 정치학의 한계를 발견합니다.

한편으로는 씁쓸합니다. 정치학박사 학위를 받기까지 희생을 했는데 이제는 스스로 그것을 부정하고 비판하는 입장이기 때문이지요? 제도권에 편입되어 교수가 되어 편히 지내는 일과는 점점 멀어지고 있습니다. 하하하. 제 길 자체가 순탄치 않았습니다. 제 팔자가 그런가봅니다. 먼 훗날 김일성종합대학 정치경제학과 학생들과 깊은 토론을 해보고 싶습니다. 그런 날이 오기를 바랍니다. 요즘 이남의 통일운동 진영의 역량은 미미한 것 같습니다. 한겨레신문조차 양비론에 빠져 허우적거리고 있습니다. 자주적인 통일운동역량이 점점 약화되는 것은 미국에 기대어 기능주의적 편의주의에 빠졌기 때문입니다. 통일운동을 통해 역량을 키워나가야 하는데 현실정치에만 기웃거리며 정치권력에 도취되었는데 누가 지지를 보내겠습니까. 이런 것을 보면 근본적이고 기본적인 원칙이 중요하지요.

통일운동 진영도 이명박 정부의 대북 적대시 정책만 비판하지 말고 스스로 대안을 제시하고 새로운 정책과 전망을 제출하여야 합니다. 미국의 신 국방 정책에서 알 수 있듯이 6·15 공동선언과 10·4 정상선언은 실행하기 힘들어졌습니다. 자체 내의 역량을 키워 외세의 훼방을 극복 할 수준까지 정치의식을 높여야겠지요. 멀리 보면 노동자계급이 통일운동을 주도하면서 제반사회 세력들의 지지를 끌어내어 집중하는 것이 맞다고 봅니다. 그 힘은 노동자계급의 정치세력화를 공고히 하는 토대가 되겠지요? 제 경험을 통해 부르주아 지식인들도 노동자들을 지지하는 경향이 점점 높아질 것입니다. 그런데 정작 노동자계급은 조합주의에 머물고 있으니 안타까운 일입니다. 원칙과 실리 사이에서 너무나 갈팡질팡 하는 것 같습니다.

고양시에 사시는《노동자 정치신문》독자분이 편지를 보내셨어요. 변순영 이라는 분입니다. 답장을 쓰면서 석방추진모임에 참여해주셨으면 바라는데 제 뜻대로 될까요? 가족들, 친구, 후배들에게도 석방추진모임을 소개하는데 선뜻 가입을 못하더라고요. 참 서운하고 나에 대한 믿음이 그 정도 밖에 안 되나 화도 납니다.

개별적으로는 관심을 보이면서도 막상 드러내는 일에는 소심한 모습들에 실망하고 속상하지만 멀리보고 꾸준히 설득해야겠지요. 선배님 말씀처럼 원칙과 소신 있고 뜻 맞는 사람들이 굳게 단결하여 석방추진모임이 나아가길 바랍니다. 일일보고는 아니어도 최대한 자세히 저의 생활을 석방추진모임 동지들과 공유하려고 합니다. 그래야 어떤 일이 발생하면 신속히 대응할 수 있지요. 선배님들의 생각을 듣고 싶습니다. 그리고 옥중서신출간 사업이 성과가 있으면 가족들을 설득하여 인도 관련 책 기증 사업도 석방추진모임과 진행 할 생각입니다. 최상철 동지와 이미 약속도 했고요? 선배님 편지가 반갑습니다.

# 감옥이 나를 혁명가로
# 단련시키고 있습니다

2012년 1월 17일,
최상철 동지께

새해 첫 인사를 드립니다. 최상철 동지가 그립습니다. 새해를 맞아 함께 백두산 천지에 올라 신선한 공기를 마시고 싶군요. 그런 날이 오리라 믿고 있습니다. 그동안 편지가 뜸했지요. 3년째 감옥생활을 뒤돌아보고 인도에서 공부하던 시절부터 지금까지 나의 삶을 정리하는 시간을 보냈습니다. 전쟁의 강박관념 속에서 불안하게 지내면서도 국가보안법이라는 자기 검열에 갇혀 솔직한 말도 못하고 지냈습니다. 막상 국가보안법 위반으로 징역을 살게 되니 별일도 아닌 것을 뭐가 그리 무서워 기죽으며 살았을까 후회됩니다.

이제 더 이상 떨어질 지옥도 없고 빼앗길 것도 없으니 당당히 살자. 나의 자존감과 삶을 위해 적들의 폭력에 맞서 싸우자. 그런 결심으로 2012년부터는 과학적 사상과 이론으로 중무장하여 전쟁에서의 생존력을 키우려고 합니다. 최 동지의 「찬양고무가」 잘 들었습니다. 요즘은 말도 안 되는 이유로 국가보안법 위반으로 마구 잡아 가두기 때문에 최 동지의 「찬양고무가」를 웃음으로만 넘길 수 없군요.

지난주에 오산대학교 교수님들이 오셨습니다. "이 교수! 정말 북에서 보낸 간첩이야?" "학과장님은 그 말을 믿으세요? 언론에서 부풀리고 과장한 것입니다. 학교에서 학생들 가르치던 저를 교수님도 옆에서 지켜보셨잖아요? 그게 저의 진실입니다." "그렇지. 너무 믿기지가 않아. 이 문제는 꼭 극복되어야 해." 2년이 넘었는데도 충격과 혼란에 빠져 마음 고생을 많이 하고 있음을 금방 알아차렸습니다. 바로 찾아오지 못해 미안하다하시면서 여전히 믿어지지가 않는 듯 면회시간이 끝났는 데도 한참을 서 계시며 떠나지 못하셨습니다.

아마 저를 알고 계시는 대부분의 분들이 면회오신 교수님들의 생각 과 비슷하시겠지요? 저도 그런 분들께 설명드리고 이해를 구하고 싶은 데 우리 사회의 반북 이데올로기가 너무나 깊고 이명박 정권에서 더욱 악화되어서 저 또한 고민을 하고 있습니다. 있는 그대로 진실을 말씀드 리고 설명하면 언젠가는 진정성을 이해하실 거라 믿습니다. 제 사건을 이해하려면 1990년대부터 현재까지 남북관계 변화과정과 이명박 정부 들어서면서 대북정책이 적대적으로 바뀐 배경을 알아야 됩니다. 공소 장에 나온 단편적인 사건들의 나열은 국가정보원과 검찰의 시각을 반 영한 것에 불과합니다. 정말 공정한 재판이라면, 진실을 밝히려 한다면 국가정보원이 저의 상부선이라고 특정한 리진우씨가 진짜 공작원인지, 만약에 정말 맞다면 이북에게도 책임이 있습니다.

내가 리진우 씨와 만나서 나눈 대화들은 정세 토론이 대부분이었습 니다. 그런데 제가 한 가지 수사과정에서 오판한 것이 있습니다. 나는 수사기관을 신뢰했고 자세히 설명하고 이해시키려 했다는 점입니다. 국가정보원이 어떤 곳인지 이해가 부족했고 김대중-노무현 정부들어 변했을 거고 합리적인 사람들이라고 생각했습니다. 지금 생각하면 내 가 얼마나 어리석고 순진했는가 '바보'였구나 하는 자괴감에 빠져 있습니다. 나를 제보한 사람이 누구냐라고 물어보아도 가르쳐 주지도 않고 수사기록에 인도의 '익명인'으로 나와 있습니다.

그렇다면 이미 인도 유학시절부터 자세히 파악하고 관리했다고 추론할 수 있습니다. GPS 좌표는 차량용 내비게이션과 인도 농촌지역 현지 조사용으로 이용하던 것입니다. 그 가운데 수원 비행장과 예비군 훈련부대가 문제였는데 일상생활에서 위치 확인 하는 것이었습니다. 그것도 임의로 제출하여 자세히 설명했더니 국가정보원에서는 별 문제 삼지 않았는데 검찰조사에서 추가하여 언론에 크게 보도된 것입니다. 수사 검사는 제가 북측으로부터 돈을 받은 것을 가지고 '조선로동당 장학금'이라고 하더군요. 아마 제가 미국으로부터 장학금을 받았다면 문제가 안 되었을 거예요.

문제는 이북에서 받았다는 것인데. 북쪽 분들은 나의 인도 연구에 대해 진정성을 갖고 도와주었습니다. 같은 민족의 동포애로서 지지해 주고 외로운 길을 걷는 나를 이해했습니다. 마음의 상처와 자존심 때문에 돈 이야기는 하고 싶지 않지만 보수언론에는 엄청나게 받은 것으로 과장되어 있습니다. 공소장에도 나오지 않는 사실인데도 보수 언론들이 입에 거품 물고 거짓을 떠드는 일입니다. 국정원이나 검찰에서 그런 사실을 퍼뜨렸기 때문에 보수언론들이 확대하고 과장했다고 생각하고 있습니다.

3년 전 저는 무방비 상태에서 승냥이들의 먹잇감이 되어 살점이 갈기갈기 물어뜯기고 찢어졌습니다. 그 당시에는 그 광기에 죽음과 절망의 공포에 떨며 철철 피를 흘리며 독방에 갇혀 짐승 취급 받으며 목숨만 유지하는 상황이었죠. 그때 저는 우리 사회의 광기와 죽음의 공포를 보았습니다. 1993년 평양에서 사람들이 핵전쟁의 공포에 떨며 "굶어 죽으나 전쟁하다 죽으나 죽는 것은 매한가지다. 그렇다면 전쟁하다 죽겠다"라는 말을 들을 때는 우리 국가는 적대적이지 않은데 이북 동포들이 너무 과민반응하지 않는가 생각했습니다.

그러나 저를 묶어 놓고 핏발서린 시뻘건 눈으로 나의 살을 물어 뜯는 우리 사회의 광기 어린 폭력 앞에 절망과 공포에 떨었습니다. 그게 진실이고 우리 사회의 현실입니다. 누가 양의 탈을 쓴 늑대인지 똑똑히 목격했습니다. 민족의 운명을 지키기 위해 항일 무장투쟁을 하고 미제국주의 핵 전쟁에 맞서 목숨을 걸고 투쟁하는 이북 동포들과 친일과 친미 사대주의에 빠져 오직 자신과 그 친족들의 이익을 위해 민족의 이익과 자주성은 헌신짝 버리듯하고 미제국주의 앞잡이를 자임하는 수구지배보수 세력들 가운데 누가 역사(歷史) 앞에 정의(正義)로운 자들입니까?

솔직히 무엇이 진실인지 알면서도 교수가 되고 그 직을 유지하기 위해 '제도개혁'에 맴돌던 제 자신을 반성하고 있습니다. 양의 탈을 쓴 늑대들은 시뻘건 눈으로 침을 '질질' 흘리며 양들의 생명을 노리고 있습니다. 순진하게 형식적 대의 민주주의 환상에 속아 넘어가 목숨을 빼앗기고 사랑하는 가족들을 고통 속에 살게 할 수는 없습니다. 근본적인 변화와 혁명을 위해 힘을 모아야 합니다. 감옥이 나를 혁명가로 단련시키고 있습니다.

# 직원 편의주의에 희생된
# 재소자 인권

2012년 2월 20일,
김혁 선배님께

냉정하게 결단을 내리라는 선배님의 조언을 심사숙고했습니다. 처음부터 제가 강경하게 나갔다면 저를 우습게 보지 않고 전북일보에 그런 식으로 기사를 제공하지도 않았을 것입니다. 조용히 매듭짓자는 저의 선의를 그런 식으로 짓밟은데 대해서는 단호히 그리고 끝까지 대응할 것입니다. '알몸검신' 문제와 신문보도에 의한 명예훼손은 근본적으로 다른 문제입니다. 제 생각은 정정 보도를 하지 않는다면 명예훼손으로 고소를 할 생각입니다. 그렇게 되면 알몸검신 문제의 진실을 가리기 위해 그 사건을 전면적으로 들추게 될 수밖에 없습니다. 과연 정정 보도를 통해 차폐시설이 미비했다는 수준에서 끝낼지, 아니면 사건을 전면적으로 짤지는 전주교도소의 대응을 보고 결정하겠습니다.

그리고 석방모임에서도 제가 재판을 결심하면 변호사의 도움 등 도움을 받을 수 있는지 여쭙고 싶습니다. 물론 기본적인 작업은 제가 적극 나서겠지만 고소, 고발장을 제출하고 서류작업 등의 도움을 받고 싶습니다. 제가 직접 해도 되는데 교도소 측의 압박도 큽니다. 전주교도소에서 제게 가하는 최대치가 이송을 보내는 것인데 마음의 준비도 끝났습니다. 이제는 별로 아쉬울 것도 겁낼 일도 없습니다. 어차피 전쟁을 한다면 장렬하게 전사하는 게 좋습니다. 3년 징역 살면서 많이 뜸을 들였는데 이제는 시원시원하게 치고 나갈 때가 되었습니다.

제가 어떤 방향으로 치고 나가야 싸움에서 승리할지 깊이 분석해주세요. 최소한 진실 공방은 정확히 해야 되지 않겠습니까. 그리고 이미 언론에 공개되었기 때문에 알몸검신 진실 공방은 저와 소장이 합의했다고 적당히 덮을 문제가 아닙니다. 제가 먼저 신뢰를 깬 것도 아니고 전주교도소가 전북일보로 먼저 싸움을 걸었으니까 절대로 물러서지 않을 것입니다.

알몸검신의 쟁점, 차폐시설을 했는지, 불법인지 법률적 자문과 지원을 부탁드립니다. 당시 알몸검사 상황입니다. 전주교도소는 차폐된 공간이라고 주장하는데 실제는 교회 강단 옆 부속실에서 2개 팀이 동시에 진행했고 옷을 벗을 때만 잠시 강단 출입문 뒤의 책상 위에 올라가서 바지를 벗었습니다. 그림으로 그려보면 다음과 같습니다.

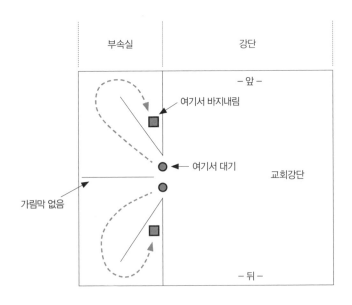

문제는 두 팀으로 진행되었는데도 가운데 가림막이 없어서 대기하는 상황에서 진행상황을 다 볼 수 있다는 것입니다. 강단 출입문이 방음문이라 일반 문보다 조금 크지만 모두 가려지지는 않거든요. 그러니까 문 뒤가 차폐시설이라는 것인데 얼마나 편의주의적 발상입니까? 문 뒤에서 가렸으니까 바지를 벗으라고 합니다. 그것도 책상 위에 올라가서 직원의 시야와 재소자의 성기를 엇비슷하게 맞추는 것인데 수치심을 안 느낄 수 있을까요. 더군다나 두 팀을 동시에 진행하다 보니 다른 재소자들도 그 상황을 보게 되니 서로 민망하지요. 전주교도소의 논리는 저는 다른 장소에 가서 했으니 불법적 요인이 없다는 것입니다. 그렇다면 나머지 60명이 당했으니 '고발'할 수 있습니다. 고발을 하면 당시 피해자들을 찾아 증인을 세워야 하는데 얼마나 호응해 줄지는 미지수입니다. 바로 그 점 때문에 재판을 신중히 하자고 했던 것입니다.

그러나 신문보도에 대한 명예훼손은 또 다른 쟁점이기 때문에 제가 직접 고소할 수 있습니다. 최대한 신뢰를 갖고 정정 보도 요구를 하고 그래도 안 되면 어쩔 수 없이 고소까지 생각하고 있습니다. 이 문제가 계속 여론화되면 될수록 교정당국이 수세에 몰릴 것입니다. 그동안 질서유지라는 명분으로 직원 편의주의에 빠져 재소자들의 인권을 무시하고 짓밟은 일들이 계속 드러날 것이기 때문입니다.

저의 정신적 상태와 입장은 단단합니다. 걱정하지 않으셔도 됩니다. 『옥중서신』 출판 계획이 구체화된다니 기쁩니다. 제가 별로 한 일도 없고 업적도 없어서 책을 낸다는 게 참 부끄러운 일이고 재정적으로도 어려운 일인데도 여러 동지들의 희생과 노력으로 그런 일이 가능한 것 같습니다. 이 책이 국가보안법 폐지 여론을 일으키는데 작은 기여라도 했으면 좋겠습니다.

지난주에 이광열 동지께도 말씀드렸지만 저와 선배님이 처음 생각했던 원칙인데 마음 맞는 사람들끼리 알차게 석방모임이 단단해졌으면 좋겠습니다.

그래서 저에게 개별적으로 어떤 요청이 와도 늘 석방모임의 입장과 단결에 도움이 되는지 생각하고 있습니다. 개별적인 사람들과 단체가 모이는 것이 아니라 그 안에서 독자적인 문화와 높은 차원의 전망 공유 및 정보(정세)를 교류하여 역으로 개별 단체와 개인들에게 의미를 준다면 석방모임이 단순히 저의 석방을 위해서가 아니라 국가 보안법을 매개로 고민하는 실천적 대안에 도움을 줄 거라 생각합니다.

제가 이곳저곳에 글을 보내고 편지로 대화하는 것에 그치지 않고 그 안에서도 의미 있는 교류가 있었으면 좋겠습니다. 그런 제 뜻을 이해하고 적극 나서주는 최상철 동지께 진심의 동지애를 갖고 있습니다. 백철현 동지도 뒤에서 저를 크게 도와주고 계십니다. 이런 믿음을 바탕으로 《자주민보》에도 글을 기고할까 합니다. 선배님의 생각을 듣고 싶어요.

《사월혁명회보》 4월호에 글을 기고했는데 홈페이지에 올라오지 않았답니다. 부탁해서 그 글을 석방모임에 올려주시면 고맙겠습니다. 오늘 《전북 평화와 인권》에 글을 보냅니다. 소식지에 글을 청탁하여 쓰게 되었습니다.

5월 19일 쌍차 집회가 있었는데 사고없이 무사히 마치셨습니까? 사람들이 그렇게 많이 죽어가는데도 변변한 집회 한 번 못하다니…. 근본적인 사회변혁의 주체들을 재구성하여 새로운 차원의 운동을 벌여야 할 것 같습니다. 통합진보당과 의회주의에 갇힌 야권통합은 더 이상

대안이 될 수 없음이 점점 선명히 드러나고 있습니다. 혼란스러운 가운데 과학적 세계관을 견지하는 새시대의 주체들에게는 희망과 기회가 분명합니다. 계속 전진하겠습니다.

# 형벌 제도에 그대로 반영된
# 자본주의 모순과 병폐

2012년 2월 25일,
김혁 선배님께

2월 22일자 인터넷 서신에서 저를 걱정해주시는 선배님의 마음을 느 낍니다. 젤라펜을 다시 판매하기로 했다는 소식에 기뻐하시는 것을 보 니 저도 크게 기쁩니다. 저 혼자만이 아니라 선배님과 함께 한 싸움입 니다. 총무과 구매계장은 제가 직접 교정본부 구매 담당자에게 문제를 제기하리라곤 생각을 안 한 것 같습니다. 실제로 알아볼 줄은 몰랐다 는군요. 저에게도 아주 좋은 경험입니다. 저는 이론적 지식만 갖고 있었 지 어떻게 싸워야 할지 몰랐거든요.

제가 직접 겪어보니까 대중들이 몰라서 당하는 것이 아니라 알면서 도 2중, 3중의 억압 장치로 묶여 있고 나섰다가는 덤텅이만 쓰니까 꺼 려하는거로구나 알게 됩니다. 너무나 순종적이고 길들여져 지내는 대중 들이 답답하지만 막상 내 자신이 나서기가 쉽지 않음을 깨닫게 됩니다. 이때 끝까지 포기하지않고 싸우겠다는 정신이 필요합니다. 어느 정도의 희생과 고통은 불가피한데 이 희생과 고통 때문에 행동을 꺼려하게 되 지요? 그런 희생과 고통을 감수하고 싸우겠다는 용기가 필요합니다.

감옥내의 인권침해에 당당히 맞서 싸워야 하고 공론화해야 한다는 말씀에 공감합니다. 감옥은 죄인들을 가두어놓은 곳이기 때문에 피해자들의 법감정을 고려하여 징벌적 성격을 유지하여야 된다는 강박감이 큽니다. 범죄의 모든 책임을 개인 잘못으로 치부하기 때문에 그런 것입니다. 성경책에서는 양을 제물로 바쳐 인간의 죄를 용서를 빌고 기도하는 행태나 개인에게만 범죄를 책임지우는 오늘날의 형벌제도나 본질은 그대로인 것 같아요. 박희태 국회의장 돈봉투 사건에서 알 수 있듯이 시킨 사람은 아무런 처벌도 받지 않고 돈봉투를 건네준 아랫사람만 구속되잖아요? 사회구조화된 범죄에 대해서는 속수무책입니다. 범죄를 일으키는 사회구조는 그대로인데 부품처럼 일부분에 개입된 개인만 처벌하니 범죄가 줄지않는 것입니다. 그런 구조적 모순에서 나오려면 재소자들 스스로 그런 사회구조에서 나오게끔 재교육시키고 교화를 하여야 하는데 그런 고민이 전혀 없는 것이 교정의 핵심 문제입니다.

교정공무원들 자체 의지도 없고 사회적 여론과 관심이 없으니 방치되는 것입니다. 억압받고 통제받는데 익숙하게끔 하여 도리어 폭력을 내재화합니다. 내면적·정신적 변화 없이 출소하면 정신력이 약하고 폭력성만 갖게 되어 사회적응도 못하고 범죄를 합니다. 그 피해는 고스란히 사회 전체에 돌아갑니다. 형벌제도의 치명적 오류이지요. 자본주의 모순과 병폐가 얽혀 있다고 봅니다. 저는 1차적으로 교정기관과 문제점을 공유하고 해결의 지점을 찾아서 대화를 하려고 합니다. 그런데 저의 선의를 그저 먹물든 사람의 이야기로 치부하는 경우가 있답니다. 일반 재소자들과의 위계적 관계에 길들여져 있어서 그런 것 같아요, 조직 문화 자체가 그런 것을 꺼려하기 때문에 소모적인 경우가 많답니다.

그렇지만 제가 포기하지 않는다면 얼마든지 변화를 이끌어낼 수 있겠다는 자신감을 얻게되어 기쁩니다. 계속해서 최대한 지원을 아끼지 않겠다는 말씀에 힘이 생기고 든든하네요. 고맙습니다. 출소 이후에도 선배님과 관계가 지속적으로 유지되고 깊어지고 있습니다. 선배님과의 관계를 통해 징역 생활을 먼 관점에서 바라보게 하여 깊이와 내용을 새롭게 해줍니다. 아주 작은 변화들을 경험하면서 기존의 소시민적 삶을 과감히 단절하여 새로운 길을 개척하고 있습니다. 그러나 여전히 실력이 부족합니다. 선배님 말씀처럼 위축되지 않고 더욱 적극적인 삶을 살아가려고 합니다.

'작은책' 연재는 저에게 활력을 줄 것 같아요. 진술한 저의 생각과 일상을 담아보겠습니다. 새벽 3시까지《노동자 정치신문》에 보낼 글을 마무리해서 보냈습니다. 서울 핵안보 정상회의를 반북, 반공 소동으로 관련지어 해설했습니다. 노정신은 선진노동자 활동가들이 보는 신문이라고 소개받았는데 제 글을 어떻게 이해하실지 궁금합니다. 오늘 한겨레신문에서 왕재산 사건 선고 기사 읽었습니다. 반국가 단체 구성은 무죄로 선고했더군요. 그런데도 중형이 선고되었습니다. 저와 편지를 주고받고 있는 이재성 님은 5년 징역형을 선고받았어요. 저는 재판에 아쉬움이 많습니다. 다시 수사받고 재판을 받는다면 수사기관에 협조하는 어리석은 일은 절대로 안할 것입니다.

경계심 없이 선의를 갖고 대했는데 큰 낭패만 당했지요. 아버지와의 관계도 불편해졌습니다. 경찰과 수사기관에 대해 불신을 갖는 제가 아버지를 좋게 볼 리가 없기 때문입니다. 인간적으로 이해는 하지만 거리감이 생긴 것은 사실이예요. 국가보안법은 우리 사회를 끊임없이 분열과 갈등으로 몰아넣는 악법입니다. 반드시 폐지시켜야 할 악법입니다. 제 사건이 공론화가 되어서 국가보안법 폐지 여론을 강화시켰으면 합니다. 저 역시 정치이론 연구를 더 열심히 하여 이론의 무기를 강화 발전시킬 것입니다. 자본가들은 영특합니다. 복수노조를 허용하면서 창구단일화로 민주노조를 깨부수려 하겠지요. 간교한 놈들입니다. 조합원들의 정치의식을 높이고 단결하는 수밖에 없는데 회사와 자본가들의 농간에 포섭되어 쉽게 넘어갈 것입니다.

이런 말씀 드리면 민망하지만 제도권 정치학자들이 어떻게하면 노동자들을 회유하는지 연구하고 있습니다. 저 역시 그런 연구를 했지요. 교수가 되거나 안정적인 직장을 얻기 위해서는 선택의 여지가 없는 구조예요. 개별 연구로는 연구비 지원이 안 됩니다. 지도교수 밑에서 연구를 할 수밖에 없는 구조입니다. 개인주의 사회에서는 편익을 갖고 집단을 쪼개고 개별화시킵니다. 누구도 집단의 이익을 위해 개인의 이익을 포기하려하지 않는 것이지요. 그러다 보니 집단은 무너지고 파편화된 개인은 도살되지요. 조합원이 정치교육을 강화하여 뭉쳐야 산다는 인식을 확고히 가져야 합니다.

금속노조 240여 개 사업장 중에 벌써 38개 사업장에 복수노조가 생겼군요. 그렇게되면 내부의 갈등과 분열이 일어날 텐데 어려운 상황이 되지 않길 바랍니다. 파견 근로를 정규직으로 인정한 대법원 판결 소식을 들었습니다. 비정규직 문제해결에 큰 힘이 되겠습니다. 금속노조 차원이 아니라 민주노총 차원에서 이번 판결을 계기로 적극적으로 싸우면 노동자들의 정치적 위상을 높일 텐데 머뭇거리고 있어요. 국회의원 선거에만 신경을 쓰고 있는 것인가요. 통합진보당도 지지부진해보입니다. 진보통합당인지 통합진보당인지 혼란스럽기만 합니다.

저는 민주노동당 당명에 더 호감이 가요. 정체성도 뚜렷하고요. 통합

진보당과 진보통합당이 어떻게 다른지 구별이 안 돼요. 일반 시민들도 저와 생각이 다르지 않을까요. 오산은 경선없이 안민석 의원이 재공천 되었습니다. 민주노동당 후보가 준비를 하고 있다던데 끝까지 선전을 했으면 좋겠네요. 여동생에게 진보통합당 후보를 지지하면 좋겠다고 편지를 보냈습니다. 오산의 정치상황이 궁금한데 전혀 소식을 들을 수 없고 가끔씩 장창원 목사님께 전해듣고 있는 정도입니다. 오산의 지인들과 관계를 회복하면 좋겠는데 쉽지 않습니다. 기회가 닿는대로 꾸준히 노력을 하려고 하지만 제 마음처럼 되지는 않습니다.

전주에서는 심훈 님과 자주 연락하며 지내고 있습니다. 최근에는 고백교회 신도님과 친해졌습니다. 통일운동에 대한 공감대를 넓혀가고 있습니다. 전주에 사시는 장기수 선생님 얘기를 들을때마다 가슴이 아파요. 8년 징역도 힘든데 30~40년을 감옥에서 보내시면서 얼마나 고통스러우셨겠는가 그런 생각하면 적개심과 분노가 치밀어오릅니다. 전주에는 좋으신 분들이 많으세요. 이런 분들과의 인연을 소중히 간직하여 이분들과 함께 통일운동에 앞장서서 분단세력을 몰아내야겠다는 다짐을 합니다.

2009년 3월 캄보디아에서 북측 인사를 만나서 대미전략에 관해 이야기를 나누었습니다. 그때 북측 인사들이 대폭 교체되었는데 지금 생각해보면 김정은 체제의 과도기였던 것 같아요. '대등한 관계로 풀겠다'라고 답을 주더군요.

"남쪽 사람들은 대가 세지 못합니다. 우리는 미국과 직접 전쟁을 했습니다. 미국은 겁쟁이입니다. 본토에 미사일 한방만 떨어져도 혼란에 빠질걸요."

배석했던 참사관이 부연 설명을 해주었습니다. 이번 3차 북미회담의 내용을 보니 이북의 대미 전략은 변화가 없는 것 같아요. 오히려 미국은 식량 지원은 인도적 차원이라던 기조에서 한 발 물러나서 식량지원을 정치적 문제임을 인정했습니다. 김계관 부상이 "we will wait"라며 회담전 공항에서 일성으로 했는데 관철된 것으로 보입니다. 북측의 우라늄 생산시설 동결의 댓가로 식량을 주기로 했다는 것은 아주 중요한 의미가 있습니다. 핵시설 활동을 중단한 것에 대가를 지불했다는 것은 핵시설을 불능화하려면 더 큰 댓가를 지불하는 것을 의미합니다. 미국은 이북의 핵물질 확산에만 치중하는 것 같아요. 일단 동결시키는 것만으로도 핵물질 확산에는 도움이 되거든요. 사실상 핵보유를 양해한 것입니다. 이북에 밀린 것입니다.

아마 일본의 반응이 좋지 않을 것입니다. 이북이 핵보유 국가가 된 것에 조바심이 커질 것입니다. 미국이 잔머리 굴리다가 패만 보여주고 협상에서 패배한 이유는 너무 과신했기 때문입니다. 대북 인권특사를 통해 조건없이 식량을 먼저 지원하고 북미 대화에서 이북의 양보를 요구했으면 될 일을 속좁게 저울질하다 먹는 것 가지고 장난치는 쪼잔한 나라가 되었습니다. 대북 봉쇄와 제재로 굶어죽는 이북 사람들에 대한 정치적 책임만 부각되었습니다.

미국이 실제 식량을 지원하기는 어렵습니다. 4월 총선을 앞둔 이명박 정권이 가장 반발할테고 일본도 가만히 있지 않을 것입니다. 인도적 지원이라는 구실도 사라졌기 때문에 미국 독단으로 결정하기 어려운 구조입니다. 식량을 지원하면 이명박 정권의 대북 정책이 무너지고 대선까지 영향을 줄테고 식량 지원을 하지 않아서 이북이 핵시설을 늘려

가면 일본이 핵무장하고 자위군을 만들겠다고 할 것입니다.

아마 미군은 인도적 지원으로 식량을 주지 못한 일을 크게 후회하고 있을 거예요. 미국은 덩치만 크지 허당입니다. 이북을 보면서 목숨걸고 싸우려는 의지와 신념이 얼마나 강한지 알게 됩니다. 저도 저의 의지와 신념을 꺾지 않을 것입니다. 더 이상 후회하지 않는 삶을 위해 죽을 힘을 다해 싸울 것입니다. 싸우는 길이 제가 사는 유일한 길이니까요.

봄이 오면서 한반도의 정세가 격변의 소용돌이 속으로 빠지고 있습니다. 참 인간다운 삶, 변혁의 힘으로 성큼 나아가리라 믿습니다.

굴하지 않고 나가겠습니다.

# 생존의 벼랑 끝에서 싸우는
# 노동자들을 응원하며

2012년 3월 10일,
정창화 님께

"가방에 넣어놨는데 깜빡했어요!"

씨익 웃으며 편지를 건네주는 아드님의 익살에 정다운 부자지간을 엿봅니다. 정겨운 일상을 보는 것 같습니다. 무척 사랑스러운 아드님입니다. 저의 막내아들은 초등학교 3학년이에요. 유치원 다닐 때 헤어졌는데 벌써 3학년이군요. 아들녀석은 빨리 중학생이 되는게 꿈이래요. 그래야 아빠를 볼수 있어서랍니다. 정 동지의 아드님이 중학생이라는 이야기 들으니 갑자기 목이 메입니다. 정 동지 아드님이 아빠, 엄마와 함께 사는 일이 얼마나 행복한 일인지 알까요? 아드님이 지금 제일 행복한 시간을 보내고 있음을 알고 있다면 정 동지의 자녀교육은 대성공입니다. 아드님께 편지 잘 보관했다가 전해주어서 고맙다고 일러주세요.

부지회장으로 선임되신 일을 축하합니다. 전 지회장과 현 지회장 사이에 다툼으로 부지회장이 되신 배경에는 정 동지께서 과학적으로 정세를 주도하셨기에 가능했다고 봅니다. 위기를 기회로 승화시키는 정 동지의 조직력과 지도력에 감동합니다. 진심으로 축하드리며 기쁩니다. 제일호 동지도 좋아하시겠군요. 파업에 대한 두려움으로 지회장이 부담을 갖는다는 이야기 듣고 씁쓸합니다. 동지들을 믿고 솔선수범해야

217

할 간부가 그럴 각오도 없이 지회장에 나섰다는 것은 동지들에 대한 배신입니다. 정 동지께서 용기를 보여 주셔서 주변 동지들이 느끼는 바가 많을 것입니다.

저는 화물연대 조합을 잘 알지도 못합니다. 정 동지를 통해 화물연대 소식을 듣고 인식의 공감대를 갖게 되었지요. 김○○ 본부장 이야기 듣고 고민을 했습니다. 출소한 후 저에게 안부편지까지 보낼 정도로 적극적인 활동을 하는 것으로 생각했습니다. 개별조합원들이 싸움을 피하려 해서 김○○ 본부장이 소심할 거라 생각했는데 본인이 또 구속될까봐 투쟁을 회피하고 친구 명의로 운송업체까지 운영한다는 소문이 돌 정도라니 이만저만 심각한 문제가 아닙니다. 작년에 대전교도소에서 이송 온 재소자가 김○○ 본부장을 '형님'으로 부르더군요. 건달조직 보스같은 느낌을 받았습니다. 레저용 차량(RV)을 자랑하고 여러 조직에서 영치금이 들어온다고 자랑하며 위세를 부리며 "밑에서 일하라"고 했다니 노동운동가인지 무슨 조직 두목인지 헷갈렸습니다. 대전교도소에서 벌어진 일들이 이곳 전주교도소에 알려질 정도면 그 위세가 어느 정도인지 상상이 되실 거예요.

그냥 혼자만 알고 있으려 했는데 역시나 출소해서도 동지들에게 민폐를 끼친다고 하니 화물연대 조직을 위해 올바른 지도자가 필요하겠습니다. 금속노조에 계시는 김혁 동지께 김○○ 본부장이 어떤 분인지 여쭤어볼 생각입니다. 김혁 동지는 화물연대 동지들이 열심히 투쟁하는 조직이라고 소개 하셨답니다. 정 동지의 조직 사업에 빛나는 성과가 있으시길 바라고 지지하겠습니다. 노동자들이 계급의식으로 똘똘 뭉쳐 자본가들과 싸워야 한다는데 전적으로 동의합니다. 자본가들이 조장하는 분열과 혼란을 극복하려면 높은 수준의 정치적 각성과 과학적 인식이 뒷받침 되어야 합니다. 그러나 영특한 자본가들은 노동자들의 단결을 방해하거나 회유하여 분열에 빠트립니다. 참다운 지식인들이 올바로 이야기하면 좋겠는데 지식인들까지 양심을 팔고 갈보짓을 하니 더욱더 혼탁한 시대입니다.

그러니까 노동자 스스로 자력으로 학습도 하고 연구도 해야 합니다. 지식인들이 나서 주면 좋겠지만 덜 절박하니까 생존의 벼랑으로 내몰리는 노동자들이 스스로 각성하고 싸워가야 합니다. 그러다 보면 양심적인 지식인들의 동참도 늘어날 것입니다. 세상에나 경유가 1850원이라니 몇 년 사이에 기름값이 두 배가 되었습니다. 물류 수송비용이 엄청 비싸겠군요. 서민들의 삶이 엄청 고달프고 힘들겠습니다. 이런 상황인데도 우리 정부는 미국의 압력으로 이란산 석유 수입을 줄여 그보다 훨씬 비싼 가격으로 다른 곳에서 원유를 수입한다니 기름값은 앞으로 천정부지로 오르겠지요.

독점재벌 정유사들만 돈방석에 앉아 즐거운 비명을 지르는 상황입니다. 이러다가 둑이 터지듯 우리나라 경제가 그리스처럼 되는 건 아닌지 우려스럽습니다. 북미 관계가 대화국면으로 조정되고 있습니다. 그런데도 야당들과 진보진영이 남북 관계 개선에 적극 나서지 않고 있습니다. 강 건너 불구경하는 야당들의 기회주의 모습에 화가 납니다. 국회의원 선거에 매몰되어 중요한 정세 변화의 흐름을 놓치고 있습니다. 건강한 노동자들의 시각으로 남북관계를 견인하게끔 한반도 정세 변화에도 주목하면 좋겠어요. 그런 기대로《노동자정치신문》과《구속노동자후원회》에 기고를 했습니다. 어떻게 읽으셨는지요? 석방카페모임이 알려지면서 촛불시민분과 새로운 분들께 연대성 편지를 받으며 활력을 얻습니다.

작년보다는 조금 더 진전된 힘을 느낍니다. 저의 석방을 위해 밖의 동지 분들이 무척 애쓰시는 게 감옥에까지 전해집니다. 정창화 동지께서 시련과 고난을 뚫고 차근차근 발걸음을 내딛듯 저도 뚜벅뚜벅 흔들림 없이 걸어갈 것입니다. 우리 서로 힘을 모아 끝까지 싸워요.

# 격동하는 정세 변화 속에서
# 진보 진영이 분발해야

3월 17일과 18일 이틀 동안 쓴 편지,
최상철 동지께


이북에서 실용위성을 쏘아올리겠다는 신문보도를 접했습니다. 동북아 힘의 역학관계가 뿌리째 흔들리고 있습니다. 3월 26일 열리는 서울핵 안보정상회의로 정세를 주도하려던 미국은 심각한 전략적 타격을 받게 됩니다.

한겨레신문은 미국의 처지를 안타깝게 걱정합니다. 한겨레신문은 위 성발사체를 '장거리 로켓발사'로 우기며 "미국 오바마 행정부를 난처하 게 만들고 북미 관계 개선과 6자회담 가능성을 없애버릴 공산이 크다" 며 무모한 위성발사계획을 중단하라고 떼를 씁니다(사설, '북, 무모한 위성발 사계획 중단해야', 한겨레신문, 2012년 3월 17일).

이미 이북은 2012년을 '강성대국을 여는 해'로 선포하여 핵실험과 인공위성 발사를 암시했기 때문에 이북의 실용위성발사 소식에 호들 갑 떨 필요는 없습니다. 그런데도 미국이 예민하게 반응할 수밖에 없는 이유 몇 가지를 짚어보면 향후 동북아의 정세변화를 예측하는데 시사 점을 얻게 됩니다. 먼저 과학기술적 측면입니다. 우주항공 과학기술은 최첨단에서도 최첨단과학기술분야입니다. 개별 국가에서 인공위성을 운용하여 최첨단 우주과학기술을 연구하는 것은 모든 주권국가들의 권리입니다.

인공위성을 운용하기 위해서는 크게 3분야의 첨단과학이 뒷받침되어야 합니다.

첫째 위성체를 대기권 밖까지 운반하는 발사체 기술, 둘째 위성을 통제할 수 있는 계산능력(슈퍼컴퓨터), 및 통신기술 셋째 기타 제조기술분야(초합금, 전자장비, 제작기술 등)입니다. 만약 이북이 실제로 인공위성을 쏘아 올린다면 수준높은 과학기술을 갖고 있는 나라입니다. 이북에 슈퍼컴퓨터가 존재하는지는 잘 모르겠습니다. 그런데 제가 2009년도에 캄보디아에서 북측 인사에게 들은 바에 의하면 북측에서 온 컴퓨터 공학자들이 캄보디아 행정전산망 시스템 개발에 참여한다고 했습니다. 이북의 컴퓨터 공학능력이 만만치 않음을 생각해 볼 수 있습니다.

저는 과학기술자도 아니고 감옥에 갇혀 있기에 이북의 위성제작능력과 통제능력이 어느 정도인지 또는 어느 정도 과학기술 수준에서 뒷받침하고 있는지 잘 알지 못합니다. 그런데 발사체 기술은 외부에서도 관측이 가능하기 때문에 몇 가지 추론은 해볼수 있습니다.

발사체인 로켓 기술은 일반적으로 액체연료를 사용합니다. 발사대에 발사체를 고정하고 추진 발사체에 액체연료를 주입하는 데에는 시간이 많이 소요되며 폭발의 위험이 있어 무척 까다로운 작업입니다. 인공위성 발사 준비를 숨기려고 위장막을 치고 작업을 하여도 탁구공까지 식별하는 미국의 정찰위성의 눈을 피하기는 어렵습니다.

또한 임의의 장소에서 연료를 주입한 로켓을 발사장까지 숨겨서 가져 오려 해도 폭발의 위험이 있기 때문에 힘듭니다. 반면 로켓의 성능을 높이고 짧은 기간에 발사체를 조립하려면 고체연료를 사용하면 됩니다. 그런데 고체연료를 만들기가 어렵습니다. 고체연료로 만들려면 액체연료를 초고압에서 고체로 만든 다음 고온·고압에서 폭발하지 않게끔 그 상태를 유지해야 하는데 그런 최첨단 과학기술은 미국이 엄격히 통제하고 있습니다.

우리나라가 러시아에서 발사체를 사다가 인공위성을 쏘아올리는 이유지요. 로켓기술에 액체연료를 사용하느냐 고체연료를 사용하느냐는 프로펠러 엔진 비행기와 제트엔진 비행기만큼 큰 차이입니다. 여러 가지 정황으로 볼 때 지난 2·29 북미 합의 이전까지 이북의 인공위성 발사 징후는 없었던 것 같습니다. 이북에서 인공위성을 쏘아 올리려고 했다면 미국의 첩보감시 능력으로 보아 인공위성발사 징후를 포착했을 것입니다. 그렇다면 4월 12~16일 사이에 인공위성을 발사하겠다 한 3월 16일 이북의 발표로 보아, 이북은 20~30일 만에 인공위성을 발사하겠다는 것입니다.

현재는 계획에 불과하지만 만약 예고된 기간에 실제 인공위성을 쏘아 올려진다면 이북의 발사체 기술은 높은 단계일 거라 추정됩니다. 또한 이렇게 짧은 시일 안에 발사체를 만들 수 있는 기술이라면 고체연료 추진 로켓기술도 갖고 있지 않을까 예상됩니다. 이북이 계획대로 발사에 성공한다면 이북은 우리의 예상을 훨씬 뛰어넘어 높은 단계의 우주항공과학기술을 갖고 있다고 봅니다. 미국이 이북의 인공위성발사 예고 발표에 크게 당황하며 놀라는데는 이런 과학기술적 요인이 있습니다.

다음은 정치적 요인입니다. 앞에서 한겨레신문 사설이 미국이 난처해졌다고 언급했듯이 미국이 궁지에 몰렸습니다. 이북의 인공위성 발사에 반발하여 식량지원을 중단하면 이북은 고농축우라늄 생산활동을 곧바로 시작할 것입니다. 미국의 핵통제력이 무력화됩니다. 미국이 개별 주권국가가 대기권 밖으로 발사체를 쏘아 올리는 행위를 막을 수 있는 명분도 약합니다. 오직 군사적 힘으로 발사하지 못하게 강제하는 것뿐인데 정전상태에 놓여있는 한반도에서 정밀타격에 의한 외과적 수술식의 국지전은 한순간에 전면전으로 확산시키고 중국, 러시아, 일본까지 전쟁에 휩싸입니다. 그 때문에 미국의 군사적 행동에는 제한이 있습니다.

미국은 지난 4년간 이북을 고립압살 시키려고 갖은 압박과 제재를 가하면서 '전략적인내'라고 포장했습니다. 그러면서 4년 간 허송세월을 보냈습니다. 그 결과가 어떤 것인지 이북이 미국에게 똑똑히 보여주고 있습니다. 미국의 정치·군사적 패권에 균열을 일으키는 상황이 전개되고 있습니다.

미국의 패권에 균열이 발생함으로써 국내의 정세도 영향을 받을 것으로 예상됩니다. 미군의 패권이 위협받는 상황에서 한?미동맹과 미국의 핵우산전략에 안주하던 친미세력과 이남의 보수세력들은 동요할 것입니다. 또한 그동안 억압되어 있던 반미감정도 공공연히 표출될 수 있습니다. 이와 같은 갈등 상황을 억누르기 위해 국가폭력이 사용되겠지요. 그러나 국가폭력이 강화될수록 인민대중의 반발과 저항은 더욱 높아질 것입니다. 위기가 심화되는 것이지요. 저의 주관적 생각인데 미국의 패권균열에 대한 수구보수지배 계급이 위기의식을 느껴 파쇼지배체제를 만들수도 있다고 봅니다. 따라서 격동하는 정세변화 속에서 진보진영이 분발하지 않으면 반동보수 지배계급들에게 더 큰 고통을 강요당할 수 있음을 대중들이 인식해야 할 것입니다.

문영찬 동지께서《정세와 노동》2월호에 발표하신 '2012년 정세전망과 노동자계급 과제'에서 노동자계급은 자유주의세력과 결별하고 '사회주의 운동의 전반적인 재건을 모색'(36쪽)해야 한다는 주장에 동의합니다. 저는 자유주의세력이 한반도에서 전쟁을 막고 평화를 만들 수 있을지에 대해 회의적입니다.

오늘자 한겨레신문 사설이 좋은 사례입니다. 자유주의 진보를 자임하는 한겨레신문은 이북의 인공위성 발사에 어떤 근본적 의미가 있고 착취와 억압받는 대중들의 입장에서 어찌해야 될지 살펴보는 것이 아니라 미국을 '난처하게 만들기' 때문에 인공위성발사를 중단하라고 합니다. 이는 자유주의세력의 한계를 잘 보여주는 일입니다. 사설은 이북의 인공위성 발사계획은 "그만큼 체제가 허약하고 자신이 없다는 걸 자인하는 꼴밖에 되지 않는다"고 말하지만 제가 보기에는 미국이 난처해 할까봐 인공위성을 쏘지 못하는 것이 더 허약하고 자신 없는 일입니다. 미국이 불편해하니까 우주과학기술개발 연구를 포기한다면 스스로 주권국가임을 포기하는 것입니다. 이런 나약한 자유주의세력에게 노동자들의 운명을 의지할 것이 아니라 노동자계급 스스로 자신의 삶을 지키고 개척해야 한다는 문영찬 동지의 호소를 깊이 생각해보아야 할 것입니다.

《정세와 노동》2월호와 함께 보내주신 인도연구 자료 받고 감격했습니다. 네루대학(Jawaharlal Nehru University)과 서벵갈주 콜까타에 있는 자다브프르대학(Jadavpur University) 도서관에서 빌려다 복사한 소중한 책들입니다. 저도 인도에서 책을 빌려다 복사해서 한국에 가져오곤 합니다. 그 일이 여간 힘든 일이 아닙니다. 책을 빌려서 복사하는 일도 힘들지만 그 자료들을 한국으로 가져오는 일은 더 힘듭니다. 책은 무겁기 때문에 20권정도만 가방에 넣어도 20kg을 훌쩍 넘습니다. 항공사에서는 개인의 짐을 20kg 이내로 제한을 하고 그 이상이면 추가요금을 내야 합니다.

비용을 아끼려고 무거운 책들을 손에 들고 배낭에 넣고 좁은 비행기 안으로 가지고 들어가는데 승무원들 눈치 보며 빈 선반 공간을 찾아 헤메고 의자 밑에 넣고 간신히 한국에 도착하면 파김치가 됩니다. 저에게 온 자료들도 그런 과정을 거쳐 한국에 왔을 테지요. 그런 고마움을 마음속 깊이 간직하고 연구에 성과를 내어 감사의 마음을 보답하겠습니다. 모두 13권의 책이 도착했습니다. 인도사회과학연구에 중요한 문헌자료들입니다. 이 책들만 분석해도 석사논문 2~3편 쓸 수 있는 알찬 자료들입니다.

데사이(A. R. Desai) 교수는 인도의 저명한 마르크스주의 학자입니다. 그는 독립운동 이후 실시된 인도의 토지개혁 실패를 분석하여 인도가 자본주의 국가라는 입장을 제출했습니다. 1960년대 영·미 학자들은 인도를 민족주의 경향의 사회주의 국가로 범주화했는데 사회주의 세력을 의회주의 체제 안으로 편입하려고 했습니다. 데사이는 그것을 배격하고 인도에서 사회주의 혁명세력의 결집의 필요성을 이론적으로 밝혀주었지요. 오늘날 인도가 자본주의 국가라는 사실은 너무나 명백하지만 1960년대에는 인도가 소련과 외교관계를 맺었다는 이유로 이남 정부는 인도를 적성국가로 보았고 1980년대가 되어서야 영사급 외교관계를 맺었습니다. 이남체제가 얼마나 지독한 친미반공이념에 갇혀있는지 보여주는 예입니다. 이미 50년 전에 벌어진 인도의 사회구성체 논쟁을 검토해야 할 이유는 인도 정치를 분석하기 위해 필요한 작업이지만 미국식 반공자유주의의 협소한 시각에 갇힌 이남의 보수적인 정치학계의 한계를 극복하기 위해 연구가 필요한 분야입니다.

1960년에 출판된 『인도 민족주의의 최근 동향(Recent Trends in Indian Nationalism)』(Popular Prakashan, Bombay, 1960)은 역사적 유물론의 시각에서 인도민족독립운동가들이 자본가 계급임을 폭로하고 인도는 독립이후 '자본주의식 발전(Capitalist path of Development)'의 길로 가고 있음을 분석했습니다. 이번에 보내준 자료 중에서 그의 두 번째 책인 『인도의 개발 경로(India's path of Development)』(Popular Prakashan, bombay, 1984)는 인도의 정치·경제 전반을 마르크스주의적 관점에서 분석한 글을 모아서 출판한 것입니다. 데사이는 현재 인도에서 나타나는 카스트간 갈등, 종교 간 갈등, 농민 폭동, 달리트 운동의 근본배경에는 자본주의 모순이 심화된 결과라고 봅니다. 이 책에는 이와 같은 그의 분석시각이 잘 정리되어 있습니다.

이번에 받은 도서들입니다.

Bipan Chandra, *Karl Marx, his theories of Asian Socienties and Colonial Rule*, Centre For Historical Studies Scool of Social Sciences, Jawaharlal Nehru University.

P.C. Joshi, 1986, *Marxism And Social Revolution In India*, Patriot Publishers.

Surabhi Banerjee, 1997, 「Jyoti Basu:The Authorized Biog raphy」, Viking(Penguin Books).

Diptendra Banerjee, 1985, *Marxian Theory and the Third World*, Sage Publications.

Victor M. FIC, 1969, 「Peaceful Transition to Commurism in India」, Nachiketa Publications.

Karl Marx, 1947, *Notes on Indian History(664~1858)*, Foreign Languages Publishing House.

Tariq Ali, 1985, *The Nehres and the Gandhis:an Indian Dynasty*, PanBooks.

B.R.Tomlinson, 1979, *The Political Economy of The Raj 191411947:The Economics of Decolonization in India*, The Macmillan Press Ltd.

S.Radhakrishnan, 1948, *The BHAGAVADGITA* Harper Collins Publishers

ArvinBahl, 2007, *From Jinnah to Jihad:Pakistan's Kashmir Quest and the Limits of Realism*, Atlantic Publishers.

Aijaz Ahmad, 2004, *Iraq, Afgharistan and The Imperialism of Our Time*, Leftword.

이렇게 모두 13권입니다. 책을 정리하면서 기쁘기도 하면서 서글픈 생각이 교차합니다. 이 책들을 구하기 위해 40도가 넘는 더운 날씨에 도서관에서 고생하셨을거예요? 책을 보내주신 분의 그 마음을 알기에 너무나 고마운데도 나는 동지들께 감사한 인사도 못하고 이렇게 감금 된 생활을 해야 하니까 화도 나고 서글픕니다. 한 장씩 책을 읽는 게 비 장하고 절실하기까지 합니다. 이번 기회에 문헌연구를 꼼꼼히 하여 노동사회과학연구소의 연구자산을 쌓는데 작은 도움이 되게끔 힘을 내겠습니다.

디프티 프리야 메요트라(Deepti Priya Mehrotra), 2009, 「밝은 불 타는 이롬 샤밀라(Burning bright, Irom Sharmila)」(Penguin)를 주요 내용 중심으로 읽었습니다. 인도 동북 지역의 마니뿌르(Manipur) 지역에서 벌어진 민간인 학살사건을 역사적 배경과 함께 짜임새있게 잘 묘사했습니다. 소설처럼 읽히는 다큐멘터리 같은 글입니다. 영국제국주의자들이 버마를 점령했는데 제2차 세계대전 이후 버마의 일부 지역이었던 동북 지역이 인도에 그대로 남았습니다. 부족민들이 독립운동을 했지만 인도군이 진압을 하여 자유를 억압하고 있습니다. 나갈랜드, 마니뿌르, 미조람, 아쌈, 알루찰푸라데시 주(state)에는 독립을 요구하는 무장투쟁 세력을 진압하기 위해 무장특별법(Armed Forces Special Powers Act)에 의해 무장군인들이 상주하는데 이들이 여성들을 납치, 강간, 살해를 하고 있습니다. 이 책은 그런 이야기를 자세히 다루고 있습니다. 역사적으로 이들지역은 당연히 인도로부터 독립하는 것이 옳습니다. 그런데 대부분 산악지대인 이곳에 사는 부족민들은 국가를 세울만한 힘이 없기 때문에 인도의 지배를 받는 것입니다.

이 책의 주인공인 이롬 샤르미라(Irom Sharmila)는 1972년에 태어났습니다. 그녀는 2000년 마니뿌르에서 10여 명의 사람들이 보안군에 살해되자 그것에 항의하여 단식투쟁을 했고 지금도 투쟁하고 있는 철의 여인입니다. 그녀는 2007년 광주인권상을 받았습니다. 이런 책이 소개되면 인도의 진짜 모습을 생생하게 이해할 수 있겠지요. 또한 인도에서 얼마나 많은 사람들, 특히 힘없는 여성과 아이들이 국가의 폭력에 탄압받고 목숨까지 잃는다는 사실을 알게 될 것입니다. 번역을 적극 권합니다.

　이광수 교수님의 글도 잘 받았습니다. 세세한 배려에 감사드립니다. 《노동사회과학》에 기고하기로 한 글은 6월호에 실어야겠습니다. 마감 기한까지 제출하기가 힘들겠습니다. 논문 제출에 부담이 됩니다. 박사 논문 제출 후 처음으로 제출하는 글인데 부족한 부분이 많네요. 토론을 할 수 없다는게 답답합니다. 연구의 시각이나 관점이 조금식 바뀌면서 전에 인식하지 못했던 부분들이 자꾸 발견됩니다.

　책과 씨름하며 혼자서 고민하고 사색하다가 외롭고 고독해질 때가 있고 이 좁은 감옥을 나가 자유롭게 걷고 싶을때도 있지요? 빨리 그런 날이 오면 좋겠습니다. 3월에는 글을 보낼 곳이 많습니다. 《4월혁명회》에는 이명박 정권의 대북정책을 비판하는 글을 보내려고 합니다. 노동자정치신문에는 지난달에 치른 인도의 주정부 선거를 분석하여 기고하려고 하는데 이번주까지 보내야 합니다. 월간 《작은책》에도 1년 정도 '나의 삶' 연재를 하기로 했습니다. 안영모 편집장님께 연재글을 노동사회과학연구소를 통해 보내면 어떠냐고 여쭈어보니 직접 보내달라고 하십니다. 생활글 중심의 문장을 쓰기 때문에 노사과연 문체는 곤란하시다네요? 최상철 동지와 자서전을 함께 쓰기로 했는데 다음 기회로 미루어야겠습니다. 《작은책》 연재글은 인도 정치를 공부하는 연구자로서 두 아이의 아빠로서 인간적인 모습을 담담하게 보여주려고 해요. 안영모 편집장님이 어린 시절 성장 과정 이야기부터 시작해달라고 하시는데 좀 쑥스럽습니다. 나중에 제 글 보고 놀리지 말아주세요.

　노동자정치신문에 기고한 「반북, 반공 국제대회: 2012 서울 핵안보정상회의」를 읽어주셔서 고맙습니다. 채만수 소장님께서 이미 지적한 내용을 제가 좀 더 해석을 했을 뿐입니다. 독자들이 읽고 공감을 하셨으면 좋겠는데 이곳에서는 전혀 알 길이 없군요? 최상철 동지께서 이번 글이 "굵고 간결"했다고 말씀해주셔서 걱정은 조금 덜었습니다.

3월 10일 서울광장에서 '99% 희망광장'이 열렸다니 기쁩니다. 서울광장이 시민들에게 개방된 일은 의미있는 변화의 시작입니다. 최 동지 말씀처럼 '근본적인 투쟁을 제기하는 흐름'이 되길 기대합니다.《참세상》김용욱 기자가 쓴 '정진후 논란된 성폭력 2차 가해자, 피해자를 경찰수사망에 떠밀어-통상적 2차가해자와 달라… 단순 경고로 끝낼 사안이었나' 기사는 받지 못했어요. 혹시 빠졌나요? 그 기사를 읽어보고 싶습니다. 노동운동 간부 가운데 통일운동을 빙자하여 행세부리는 기회주의자들과 출세주의자들이 있다고 하는데 좀 구체적으로 알고 싶습니다.

노동계급의 독자적인 정치세력화를 모색하려면 간부들부터 철의 규율과 원칙에 따라 실천하고 행동해야 합니다. 그렇지 않고 선거 브로커처럼 선거에나 기웃거리며 잇속을 챙긴다면 투쟁전선은 분열될 것이고 노동자들과 인민대중들은 계속하여 착취와 핍박에 신음하며 살 테지요? 변절자들은 강력히 응징해야 합니다. 그래야 전체 인민들과 노동계급의 전망이 밝아집니다.

석방추진모임을 위해 헌신적으로 애쓰시는 최상철 동지와 노사과연 동지들께 큰 빚을 지고 있습니다.《정세와 노동》2월호에는 석방운동 홍보지를 뒤표지뿐만이 아니라 속지에 2면씩이나 실었습니다. 저도 단단히 각오를 다지며 분투할 것입니다. 석방추진모임에서 총선 이후 전 주지역 동지들과 1박 일정으로 만난다고 하니 기쁩니다. 그동안 정성을 다해 저를 위해 도와주시는 전주 지역 동지들에게서 많이 배웠습니다. 이 연대의 힘을 모아 착취와 억압이 없는 노동해방과 민족이 평화롭게 사는 통일세상을 만들어야겠지요. 닉네임이 은총님이신 촛불시민께서 석방모임 카페 소식 보고 연대를 논의할 예정이랍니다. 조금씩 작은 변화를 느낍니다.

이번에 보내주신 '눈물'이라는 시는 아름다우면서 비장합니다. 저처럼 눈물을 머금고 살면서 그 아픔을 감히 드러낼수조차 없어서 눈물짓지 못하는 심정을 잘 묘사했습니다.

감옥 안에서 속이 시커멓게 타들어가는 그리움 그리고 분노와 적개심을 억누르고 오직 전쟁에서 승리하고 살아남기 위해 눈물조차 흘릴 수 없는 저에게 최상철 동지가 "이병진 동지, 눈물이 있어도 괜찮아"라고 위로하는 것 같군요. 그런 저의 모습을 보고 최상철 동지가 "서로 어찌 전혀 개의치 않겠는가?"라며 진주처럼 빛나는 눈물을 흘리고 있는 건 아닐까요? 최상철 동지가 그립습니다.

# 우리는 반드시
# 승리합니다

2012년 4월 16일

최상철 동지의 편지를 읽으면서 끝까지 다 읽지 못하고 내려놓았습니다. 속이 상해서입니다. 알몸검신을 당한 사실이 공개된 데에 대한 수치심 때문입니다. 작년에 당한 일을 이제 와서 문제제기 한들 무슨 소용이 있나, 한편으론 왜 나는 그때 아무 말도 못 하고 가만히 당하고만 있었을까 하는 후회와 창피함 때문에 숨기려 했던 것이지요. 그때 제가 절망한 이유는 가족 만남을 미끼로 뒤에서는 홀랑 옷을 벗기는 폭력과 이중성에 기겁을 했습니다.

그리운 가족들을 만나고 맛있는 음식을 먹게 하고는 그 즉시 뒤돌아서 옷을 벗기지만 저항하면 다시는 가족의 만남에서 배제될 수 있다는 심리적 압박감 때문에 지시에 따릅니다. 가족들을 만나기 위해서는 바지를 스스로 내리고 보여줘야 하는 비애와 좌절감을 이루 표현할 길이 없습니다. 그런 악몽을 또다시 떠올리는 것조차 싫고 괴롭습니다. 그렇기 때문에 이런 사실을 외부에 알리고 싶지 않았습니다. 그런데 나의 치부라고 생각했던 알몸검신이 알려지게 되어 좀 막막했지요. 마음을 추슬러야 했습니다. 그래서 답장이 늦어졌습니다.

지금은 차분하게 지내고 있습니다. 오늘은 공안 담당이 찾아와 어떻게 하면 좋겠냐고 묻길래 지난 일이고 어떤 정치적 의도를 갖고 박해를 하려던 것이 아니라고 이해했으니 일을 크게 만들 생각은 없다고 했습니다. 그러나 또다시 규정을 내세워 강제로 옷을 벗기면 내가 가만히 있지 않을 것이라고 이야기했습니다. 뒤늦게 이런 사실이 알려진 데 대해 전주교도소는 저를 좋지 않게 생각합니다. 오늘 공안 담당이 어떤 계획이나 문제를 제기하려는 의도를 갖고 알리지는 않았다고 설명했습니다. 어떻게 생각할지는 잘 모르겠습니다. 저와 직원분들과 관계는 좋습니다. 그러나 감옥이라는 거대한 구조적 힘이 강제하는 폭력과 감시 때문에 늘 긴장하는 것입니다. 이것을 움직이고 작동시키는 체제에 대한 불신이 큽니다. 최상철 동지의 가슴 따뜻한 위로가 저의 상처를 치유해주는군요. 고맙습니다.

저도 김혁 동지로부터 쌍용차에서 정리해고 된 분의 자살소식을 들었습니다. 김혁 동지와 함께 마지막까지 투쟁하신 분의 자살 소식에 무척 슬퍼하십니다. 분향소를 설치하려고 하자 이를 가로막는 경찰들과 격한 몸싸움을 서너 시간 이상 하고 겨우 분향소를 차릴 수 있었다니 분통이 터집니다. 정리해고 당하고 얼마나 먹고 살기 힘들었으면 자살을 했겠습니까. 그런 분의 영혼을 위로는 못 할망정 전투경찰을 동원해 영정사진을 빼앗고 분향소를 마구 유린한 것은 경찰이 분명히 잘못한 일입니다.

지난 편지에 이북의 인공위성 발사와 관련된 편지를 보냈는데 범민련에서 참고 자료로 도움이 되었으면 좋겠군요. 그 글을 읽고 부산화물자동차연대의 정창화 동지가 편지를 보내주셨습니다. 정창화 동지의 아드님이 과학영재(중2)인데 저의 주장이 오류라고 합니다. 과학영재 아드님은 "고체연료에서 액체연료로 발전한 것이고 고체연료는 나도 만들 수 있다. 산소가 없는 우주공간에서 추진력을 얻기 위해서는 분사식 액체연료를 어쩌고저쩌고…" 설명해주셨는데 정창화 동지께서 이해하지 못하셨대요.

저도 로켓과학기술지식이 짧아서 제가 틀릴 수 있기 때문에 최상철 동지께서 기회가 되면 정확하게 확인해주세요. 제가 이북 사람들과 우주과학기술에 대해 대화하면서 정확히 기억하는 대목이 액체연료개발까지는 성공했는데 고체연료개발 어렵다고 했습니다. 제가 잘못 이해하여 착각을 한 것인지 궁금하네요. 이렇게 우리나라 과학 영재들의 과학 지식이 수준 높습니다. 참 대견합니다. 우리나라의 과학기술 수준이 높다면 로켓을 러시아에서 사다 위성을 쏘아 올릴 것이 아니라 직접 제작하여 쏘아 올리면 좋겠습니다. 만약 우리나라가 로켓을 쏘아 올릴 수 있는 능력이 있는데도 미국이 반대하여 러시아에서 로켓을 사다가 쏘아 올리는 것이라면 주권을 포기하는 것입니다. 러시아에서 로켓을 사다 쏘아올리면 인공위성이고 자체 개발한 로켓을 쏘아 올리면 탄도미사일이라는 주장은 설득력이 떨어집니다. 우리나라 과학영재 학생들의 수준에서 이론적으로 로켓을 쏘아올릴 수 있다면 우리도 우주발사체를 개발하여 쏘아올리면 되지 이북이 쏘아 올렸다고 탄도미사일이라고 악선전을 하는 것은 보기에 좋지 않군요.

사월혁명회에서 제 원고를 잘 받아 게재까지 해주신다니 기쁩니다. 많이 부족한 글인데 민폐끼치지 말아야 될 텐데 걱정입니다. 「인도 독립 투쟁의 역사」 번역도 곧 보내드리겠습니다. '동북아 평화번영 프로젝트 문'에서 번역글을 퍼 갔다니 보람을 느낍니다. 더욱 정성껏 번역하겠습니다. 최상철 동지께서 꼼꼼히 번역글을 수정, 검토해주셔서 가능한 일입니다. 늘 고맙게 생각합니다. 『아시아 리얼리즘』 자료집과 『인도 마르크스주의 문화 운동(Marxist Cultural Movement in India)』 2, 3권도 잘 받았습니다. 인도에서 문화예술운동 분야는 저도 처음이어서 흥미 있을 것 같군요.

오수영 동지의 페이스북에 실린 "재능지부 투쟁 1500일, 우린 반드시 승리해햐 할 이유가 있습니다"를 읽으며 도대체 얼마나 많은 사람들이 죽어야 하나, 11명의 해고자의 전원복직과 노동조합 인정을 거부하는 재능교육 자본가에게 복수의 불벼락을 쏟아붓습니다.

"빼앗겨버린 노동조합의 이름을 다시 찾고, 거대한 자본의 무차별 공격에 망가져버린 생을 복수"하겠다는 오수영 동지! 용기 잃지 마세요? 우리는 반드시 승리합니다.

# 따스한 봄기운이 높은 담장 넘어
# 교도소 안에도 스며들고

2012년 4월 26일,
노동사회과학연구소

하루하루가 전쟁입니다. 전주교도소 측의 사과와 재발 방지를 놓고 저와 심각한 갈등이 있었습니다. 전주교도소 측 내부에서도 여러 가지 동요와 파장이 컸습니다. 곪았던 부분이 쌓여서 터지는 과정에서 겪는 아픔입니다. 직원 입장에서는 알몸검신이 관행적인 일이라 무감각했겠지만, 교도소의 재소자들은 늘 이런 압박과 아픔에서 지내는 것이지요. 차별과 인격 무시를 당하면서 죄를 짓고 왔다는 이유로 말도 못 하고 벙어리 냉가슴 앓고 살아가는 아픔도 큽니다.

저의 요구 상황에 오늘 오후 늦게 교도소 측에서 입장을 전해주었습니다. 현재는 알몸검신에 문제가 있었다는 것을 교정당국도 심각하게 인식하고 있습니다. 처음에는 일반수보다 양심수(공안수)가 느끼는 수치심이 예민하다는 점을 고려하지 못한 개별 처우에 관한 문제로 단순히 보다가 점점 사태의 심각성을 깨닫게 된 것입니다. 이렇게 전주교도소가 알몸검신에 대한 문제인식을 갖게 한 것은 '석방모임' 동지들과 전주지역의 평화, 인권단체와 시민, 동지들의 힘이 결정적으로 컸습니다.

사태의 심각성을 인식한 교정당국은 보안과정이 저에게 부서장으로서 "법에 모자라는 문제가 있었다"며 정중히 사과를 했습니다. 그리고 실제 4월 23일 '가족의 날' 행사 뒤에 알몸검신(신체검사)은 차폐 시설을 설치하고 세심하게 했다고 들었습니다. 앞으로는 가운도 준비하고 계속해서 개선하겠다는 약속도 들었습니다.

교정당국 내부의 반발도 있었습니다. 보안행정계장이 독단적으로 수감자 '알몸검신'을 진실공방으로 본질을 호도했습니다. 전북일보 보도에 의하면 - 이강모 기자, "수감자 '알몸검신' 진실공방", 2012년 4월 23일 http://www.jjan.kr/news/articleView.html?idxno=433998- 전주교도소가 저에게 보인 진정성을 완전히 뒤집었습니다. 특히 신문에 보도된 전주교도소 조성윤 보안계장의 발언은 사실과 다른 거짓입니다. 그는 "당일 행사 이후 법에서 정한 차폐시설을 설치"했다고 말했으나 사실이 아닙니다. 조성윤 보안계장 본인도 차폐시설을 설치하지 않았다고 인정했습니다.

사실과 다른 내용을 발언한 이유를 묻자 처음에는 본인이 기자에게 그런 말을 하지 않았다고 했다가 나중에는 기억이 나지 않는다고 했습니다. 저는 사실관계를 정확히 짚고 넘어갈 것을 요구했는데 조성윤 계장은 이를 완강히 거부했습니다. 오히려 조성윤 계장은 이미 보안과장의 사과를 받아들였고 이번 알몸검신 문제를 마무리하려는 단계였는데, 제가 신문보도를 빌미로 신의를 지키지 않고 또 다른 문제를 만들려는 의도가 있다며 격하게 반응했습니다.

이에 저는 신문에 보도된 내용을 고수한다면 보안과장의 사과는 무의미하므로 그 사과를 받아들일 수 없다고 했습니다. 이 문제로 며칠동안 심한 감정의 대립도 있었고 급기야 어제는 조성윤 보안계장이 "보안행정과 공안은 끝이다", "앞으로 볼 일 없을 것이다"라는 위협적인 말까지 들었습니다. 저는 그때 "두렵고 공포심을 느낀다"고 이야기했습니다. 극단적인 상황에서 조성윤 계장은 자리를 박차고 나갔고 저는 모든 협상은 끝이라고 보고 총력 대응 태세를 갖추었습니다. 꼬박 밤새우며 반박자료들을 만들었지요. 이렇게 이번 주 내내 격한 대립이 있었습니다. '끝까지 가보자'고 결단을 내리고 행동을 개시하려는데 오늘 오전 사회복귀과에서 긴급중재 요청이 들어왔습니다. 하루 종일 대화를 나누었습니다. 저도 행동 개시를 일단 유보하고, 저의 요구는 단순하고 명확합니다. 차폐시설을 설치하지 않았다는 사실을 정확히 바로잡는 것입니다.

사회복귀과의 긴급중재로 오전 9시부터 11시까지 쟁점을 정리했습니다. 전주교도소측은 4월 23일자 전북일보 "수감자 '알몸검신' 진실공방" 기사에서 인용한 전주교도소 조성윤 보안계장의 발언은 전주교도소의 공식 입장이 아니라 조성윤 계장의 개인 의견이라고 답했습니다. 그렇다면 저도 신문에 보도된 내용이 전주교도소의 공식 입장이 아니고, 이미 보안과장이 밝힌 입장을 전주교도소의 공식입장으로 받아들이겠다고 했습니다. 보안과장의 입장은 법의 기준에 미흡했다입니다. 그 다음에 제가 요구한 상황은 진실 공방에서 "차폐시설을 설치하지 않았다"라고 문서로 확인 받고 그 사실을 외부에 알리는 것을 동의한다면 알몸검신과 관련한 모든 상황을 매듭 짓고 교도소장을 만나서 끝내겠다고 했습니다. 이런 저의 수정 제안을 갖고 오후에 다시 만나기로 했습니다.

오후 1시경 사회복귀과의 중재로 다시 만나 저의 제안에 대해 "차폐시설 설치" "했다", "안 했다"로 단정짓지 말고 "차폐시설이 미흡했다"

로 하자고 수정 제안이 왔습니다. 명확히 못박고 싶어서 심각히 고민했지만 앞으로 이번 사례의 긍정적인 측면을 발전시키자는 취지에서 "차폐시설이 미흡했다"를 받아들였습니다. 그런데 최종 단계에서 이 수정된 부분을 공개하는데 합의하지 못했습니다. 그래서 대화는 중단되었습니다.

저는 거실로 돌아왔는데 오후 5시경에 "공개하는 데 동의한다"는 답을 듣고 문서를 받았습니다. 그 대신 저는 앞으로 이 문제와 관련하에 추후에 일체의 문제제기를 하지 않겠다고 약속을 했습니다. 이것으로써 진실규명과 사과와 재발 방지에 대해 전주교도소 측의 해명과 실천이 담보되었고 마지막 정리 단계에 들어섰습니다. 피를 말리는 과정이었습니다. 이제 곧 예정된 소장 면담에서 저의 알몸검신 문제를 최종적으로 매듭지을 생각입니다.

그동안 소측과 1주일 내내 많은 대화를 나누었습니다. 그러면서 교정당국의 재소자들에 대한 뿌리 깊은 불신과 소위 '국민적 법감정'이라는 낡은 인식의 틀에서 벗어나지 못한 교정행정의 현실을 많이 느낍니다. 이 점에 대해 보안과장도 그동안 관행적으로 해오던 일에 대해 새로운 이해를 갖게 되었고 "비 온 뒤에 땅이 굳는다"며 긍정적인 부분이 있었다고 했습니다.

소장 면담에서는 이번 사례에서 보듯이 재소자의 인권보다는 '수용질서'만 우선시하는 전통과 관행을 바꾸려는 노력이 필요하다고 이야기할 것입니다. 이 점은 전국의 교정기관도 신중히 생각해 볼 대목입니다. 보다 자세한 내용은 보고서를 작성하여 석방모임에 정식으로 제출하겠습니다. 보고서 작성은 시간이 좀 걸릴 것 같아 진행상황만 간단히 정리하여 석방추진위에 먼저 보고드립니다.

끝으로 제가 할 일은 전북일보 기사 내용에 대한 정정보도를 언론중재위원회에 내려고 합니다. 이곳에 신청할 내용은 두 가지인데, 첫째 신문 소제목에 전주교도소 측 '본인 요청에 따라 사무실서 검사'로 되어 있습니다. 이는 전주교도소 측의 공식 입장이 아님에도 마치 전주교도소측의 공식입장인 것처럼 오인을 하게 합니다. 조성윤 보안계장의 개인 의견이라고 정정하여야 합니다. 둘째 전주교도소 조성윤 보안계장은 '법에서 정한 차폐 시설을 설치한 뒤' 알몸검신을 했다고 주장하나 이는 사실이 아닙니다. 저의 생각은 차폐시설이라고 말하기에는 상당한 의심이 들지만 서로의 신뢰와 합의 내용을 존중하여 이 부분을 '차폐 시설이 미흡했다'로 정정 보도를 요구해야겠습니다. 오늘 이렇게 소박하지만 작은 성과를 말씀드리게 되어 기쁩니다. 남은 일에도 끝까지 최선을 다하겠습니다.

저를 믿어주고 기자회견과 항의집회까지 맡아 해주신 이광열 동지와 구노회 동지들 그리고 함께해주신 석방추진위원회 동지들께 존경과 감사의 인사를 올립니다. 특히 전주 지역의 인권사회단체분들의 헌신적인 모습에 깊은 감동을 받습니다. '전북인권교육센터', '전북평화와인권연대', 군산, 김제, 익산, 전주의 '평화와통일을여는사람들', '전주고백교회'의 분들이 전주교도소로 달려와서 재소자들의 인권을 위해 목소리 내주시는데 감격의 눈물이 흐릅니다.

그렇습니다. 우리 서로에 대한 믿음과 사랑이 상처와 불신을 치유하고 더 큰 연대의 힘을 만들고 있습니다. 그런 따스한 봄기운이 높은 담장 넘어 교도소 안에도 스며들고 있다는 게 느껴집니다. 너무나 소중하고 값진 여러분들의 사랑 때문에 제가 흔들리지 않고 싸울 수 있습니다. 절대로 바뀌지 않을 것 같았던 일이 서로 힘을 모아 목소리를 내자 오래된 관행과 관성에 젖어있던 교정기관이 크게 긴장하고 변하는 것을 보면서 인민대중의 힘이 참 대단함을 체험합니다. 그러니까 우리가 힘을 모으면 우리 모두가 꿈꾸는 평화롭게 함께 더불어 사는 세상도 꿈과 이상이 아닌 현실로 만들 수 있습니다.

제가 가는 길이 옳다는 확신과 믿음을 주신 동지들 사랑합니다. 저는 참 행복한 놈입니다. 오늘 밤은 편히 잠듭니다. 사랑합니다.

# 서신검열 반대 투쟁을
# 시작하며

2012년 7월 31일,
변순영 님께

## 서신, 밀봉편지를 보내면서

오늘부터 서신검열을 반대하는 행동에 돌입합니다.

앞으로 어떤 상황이 벌어질지 저도 모르겠어요. 아마 재판까지 갈 것으로 예상합니다. 저 때문에 순영 씨가 갑자기 주변의 이목을 받게 되었군요. 미안하고 송구한 마음입니다. 제가 공안사범이 아니었다면 교정본부에서 순영씨를 그렇게까지 주시하지 않았을 텐데….

걱정도 되고 미안한 마음입니다. 그러나 정의를 위한 싸움이니까 우리가 믿고 힘을 모으면 주변 분들도 도와줄 것으로 봅니다. 무서워하거나 두려워하지 마세요?

김혁 동지께 교정본부 항의 방문 때 변순영 님이 놀라셨다고 위로와 따뜻한 관심을 가져 달라고 부탁 드렸습니다. 순영 씨도 자주적으로 현재 상황을 이겨 가시겠다고 해서 조금은 맘이 놓입니다.

순영 씨 편지 받고 고민도 했고 많은 자극도 받았답니다. 그러면서 순영 씨를 좀 더 많이 알게 되었어요. 보통 사람들이 자기에게 불이익이 오거나 피해가 오면 소극적으로 바뀌는데 순영 씨는 저 때문에 어려움에 처했는데도 저를 지키려고 희생하는 것 보면서 스스로 반성했어요. 다은이 생각도 했고요. 나중에 다은이가 어른이 되었을 때, '우리 엄마가 참으로 의로운 일을 하셨구나' 엄마를 자랑스러워할 만큼, 꼭 조국이 통일되어 노동자들과 대중들이 기뻐하는 세상을 만들어야겠다고 다짐을 했어요. 그렇게 될 것입니다. 가족여행을 떠나시는데 저에게 면회까지 오신다니 영광이예요. 가족 분들이 이상하게 생각하지 않으시게끔 잘 설명을 드리세요.

가족관계는 정권이 바뀌고 남북관계가 좀 풀리면 차츰 좋아 지리라 봅니다. 저도 무척 안타까운 마음이예요? 조순덕 의장님이 제 어머니와 전화 연락도 하시며 도와주시고 계십니다.

『옥중서신집』출판이 성공적으로 끝나면 저의 인도 연구 작업을 위해 석방모임과 가족 간의 만남을 강력히 추진 할 예정이예요. 내년에는 인도 연구자로서 역량을 보여주는 작업도 병행할 것입니다. 올해는 대선이 있어서 국내정세에 역량을 쏟지만 내년부터는 해외(인도, 일본, 미국등) 연대 사업과 국제엠네스티에 석방운동을 알리고 인도 연구도 할 생각입니다.

예기치 않는 서신검열 투쟁이 조성되었는데 결코 물러서지 않을 것입니다. 저들이 저를 감옥에 가두어 놓은 일을 후회하게 만들 것입니다. 잘 자요.

# 먼저 정정당당하게 싸움으로써
# 투쟁 동력을 확보하겠습니다

2012년 10월 2일,
권말선 시인님에게


(전략)

　글의 힘이 얼마나 무서운지를 저놈들에게 똑똑히 보여줄 것입니다. 블루투데이 고발장도 써서 보내겠습니다. 구속노동자후원회 이광열 동지께 반드시 우익언론들의 폭력에 대응을 하겠다는 제 의지를 알려주세요. 저놈들의 공격에 대응하지 않으면 저놈들은 더 세차게 공격을 할 것입니다.

　최선의 방어는 공격입니다. 주변에서 지원사격을 해주면 좋겠지만 그 전에 제가 먼저 정정당당하게 싸움으로서 투쟁동력이 확보될 수 있다고 봅니다.

　반가운 소식 전합니다. 대한불교조계종 총무원장님인 자승스님께서 편지와 영치금, 그리고 책 『산사의 아름다운 밥상』, 『탄허록』 2권을 보내주셨어요.

　불교계가 현실참여에 무딘데…. 고마움과 감사를 전합니다. 의례적인 행사가 아니라 불교계가 진심으로 사회정의에 나섰으면 좋겠습니다 석방모임에 이 소식을 공유해주시고요. 앞으로 불교계가 양심수후원회에 지속적인 관심과 동참하는 계기로 발전되기를 바라는 마음에서 편지를 보냅니다.

이정섭 기자님께도 이 소식을 알려드리고 자승스님의 뜻인지, 아니면 정치적 배려에 따른 행사인지 알아봐 주세요? 이런 일은 크게 소문이 나야 좋다고 봅니다. 그래야 불교계도 사회 변화에 책임의식을 더 갖지 않겠습니까. 저도 자승스님께 감사편지를 드리겠습니다.

# 살기 위해
# 목숨을 버릴 각오

2012년 10월 11일,
권말선 시인에게

(⋯.)

오늘 작은책 원고가 발송불허 되었습니다. 김 변호사님께 급히 편지 드렸습니다.

제일 급한 일은 제가 쓴 글을 김 변호사님께 보내서 찬양 고무에 해당하는지 자문을 받는 일이에요. 교도소에서는 제 글을 영치창고에 인질로 잡고 있습니다. 그걸 김 변호사님께 보낼 방밥을 알아봐 주세요.

장창원 목사님께 편지드렸으니 서둘러 만나보시고 이번 기회에 서신 검열 뿐 아니라 공안기관의 공안사범 인권탄압실태를 까발리면서 대차게 투쟁해야겠습니다. 저들이 먼저 전면전을 선포했으니 저로서도 목숨을 내걸고 싸울 것입니다. 여기서 밀리면 저들은 윤기진 동지처럼 이적 표현물로 걸어서 저를 죽이려 달려들 것입니다. 더 이상 저들의 회유와 협박에 넘어가지 않을 것입니다.

블루투데이 기사 고발건도 언론중재위원회에 고발할 것입니다. 공안기관이 대통령 선거에 목숨 걸고 달려들고 있습니다. 저들도 정권이 빼앗기면 죽음이라는 것을 잘 알기에 이 생난리를 치는 것입니다. 내가 죽느냐 저들이 죽느냐 사생결단을 내야 합니다.

나는 살기 위해 목숨을 버릴 각오입니다. 그런 과정에 죽어도 영광스런 죽음이겠지요? 저는 반드시 싸워서 승리할 것입니다.

# 진실을
# 숨길 수 없습니다

2012년 10월 21일,
양심수 후원회

《작은책》에 연재하는 집필원고가 발송 불허로 조치되었습니다. 교정당국은 국가보안법 찬양, 고무 위반으로 제 글의 발송을 막고 강제로 빼앗아 갔습니다. 교정당국이 국가보안법 찬양, 고무죄를 판단할 수 있는 권한이 있느냐는 항의에 '건전한 사회 복귀'를 방해할 수 있다며 한반 짝 물러났지만, 제 글이 북에 다녀온 일을 정당화시키려는 목적으로 쓰여졌기 때문에 발송불허는 정당하다는 입장만 되풀이하고 있습니다. 이런 폭력적 조치는 재소자의 인권을 유린하는 것으로 개인의 양심과 사상, 표현의 자유를 훼손하는 국가폭력입니다.

제 글이 국가보안법에 위배되는지는 수사기관이 수사를 하고 사법부가 판단한 일이지 아무 권한도 없는 교정당국이 전면에 나서서 국가보안법 위반 운운하며 서신을 무차별적으로 검열하고 발송 불허 조치하는 것은 권한 밖의 일을 불법적으로 행하는 교정기관의 폭력입니다. 저는 여기에 맞서 목숨을 걸고 결연히 투쟁할 것입니다.

형의 집행 및 처우에 관한 법률에 의하면 교정기관은 신체의 자유를 구속하고 제한할 뿐이지 개인의 사상과 양심까지 구속하고 가둘 수는 없습니다. 그런 근거는 어디에도 없습니다. 남과 북이 화해하고 평화통일을 위해 서로 만나고 대화해야 한다는 저의 사상과 양심에 의한 신념을 밖에 알리지 못하게끔 차단하고 막는 일은 권위적인 파쇼지배체제에서나 가능한 일입니다.

제 서신을 모조리 검열하고 집필물까지 발송불허한다는 사실, 그런 사실만으로도 파쇼지배체제가 도래했음을 증명하고도 남는 일입니다. 민주주의가 퇴행하고 있음을 보여주는 좋은 사례가 될 것입니다. 교정당국이 그런 파쇼지배체제의 똥오물을 뒤집어 쓰지 않으려면 불법적인 서신검열을 중단하고 발송불허조치를 해제해야 할 것입니다.

이번 일을 보면서 공안당국이 저의 평양 방문을 공개하는 것을 두려워하고 추가 사건으로 기소하겠다고 협박하는 것 같은데 저는 하나도 두렵지 않습니다. 저는 3년 전에 국가정보원과 검찰에 진실을 모두 이야기 했고, 바로 그 진실을 다시 이야기하려는 것이니까요. 제가 이야기했던 것들을 가지고 수사기관과 보수세력들이 임의로 기획하고 조작하여 만든 간첩사건이 아니라 온전한 진실을 이야기하는 것입니다. 전체적인 맥락과 흐름을 무시하고 단편적인 몇개의 일들을 짜 맞추고 저들의 필요에 따라 각색한 것은 진실이 아니라 조작입니다.

저는 당당하게 진실을 밝혀 갈 것입니다. 얼마 전에는 블루투데이라는 보수 인터넷 매체에서 사진을 조작하여 '고정간첩 이병진이 받은 조선노동당 가입증'이라는 기사를 내보냈습니다. 사실의 날조를 넘어 명백한 사기입니다. 이처럼 보수세력들이 저를 공격하여 저들의 범죄행위와 치부를 가리려하지만 어림반푼어치도 없는 일입니다.

손바닥으로 하늘을 가릴 수 없듯이 진실을 숨길 수 없습니다.

정의(正義)의 보검으로 우리는 반드시 승리할 것입니다.

# 쌍용차 동지들의
# 뜨거운 투쟁을 응원하며

2012년 12월 13일,
그리운 김혁 선배님께


선배님의 반가운 편지 잘 받았습니다.

최상철 동지의 건강문제로 석방추진 모임 사업에 차질이 생겨 마음 고생하신 선배님의 염려와 걱정을 느꼈어요. 그런 선배님께 위로의 편지를 드리지 못한 제가 부끄럽습니다. 최상철 동지의 복귀를 기뻐하시는 선배님의 모습을 뵈니 저도 기분이 무척 좋습니다. 실은 저도 어제 최상철 동지와 전화 통화를 했습니다. 최상철 동지의 건강한 목소리를 들으니 저 역시 마음이 놓이고 기쁩니다. 새해에는 좋은 일이 많으리라 생각합니다.

쌍용차 투쟁이 없었다면 노동자계급의 존재조차 사라졌을 것만 같이 노동자계급의 힘이 작아진 것 같아요. 노동운동 간부들이 타협주의에 빠지고 단위노조 중심의 이기주의에 빠져서 노동자들이 단결하지 못하다 보니 이런 지경이 왔다고 생각되네요.

그 가운데서도 쌍용차 동지들의 눈물겨운 투쟁으로 싸움의 동력을 만들어 가고 있는데 아무런 도움을 드리지 못해 죄송하고 미안한 마음이예요? 농담조차 날카로운 비수가 되어 가슴에 꽂힌다는 선배님의 절박함과 결연함이 저까지 그대로 느껴져요. 선배님의 열정과 의지 그 대의가 점점 힘을 얻을 거라 저는 믿고 있습니다.

통일운동도 이제 새로운 국면으로 가고 있습니다. 이북이 위성발사에 성공함으로써 체제유지에 성공했습니다. 이제는 이북도 대담한 전략과 전술로 미국과 상대하려 할 것입니다. 사회주의 노선을 선명하게 내세울 것입니다. 그러므로 통일운동은 한계에 봉착할 것입니다.

어제 이강실 목사님께서 면회를 오셨는데 긴 말씀은 안 하셔도 민족통일의 당위와 명분만 갖고 분단 고착화 세력을 혁파하기까지에는 분명히 한계가 있는 것이죠. 노동자계급, 농민계급이 강력히 변혁운동에 나서야만 분단체제도 바꾸고 자본주의 이후의 시대도 맞이할 수 있습니다. 저는 그런 관점에서 정권교체를 해도 어떤 획기적인 남·북 관계 개선이 있을 거라 생각하지 않습니다.

오히려 노동자계급과 농민들이 독자적인 힘을 키우고 세력화 해야 한다고 봅니다. 《자주민보》 글에서는 그런 입장을 나타내지는 않았지만, 그런 고민들을 하고 있습니다. 그래서 그런 주제와 문제의식에서 요청이 들어오면 제 생각을 이야기 할 것입니다. 다만 제 자신의 생각도 아직 더 다듬고 연구하고 실제 현실과 동떨어진 사고에 갇히지 않기 위해 여러 차원에서 소통하고 교류를 시도하고 있어요. 그런 과정에서 사상의 결정체들 또는 성과를 쌓으려고 합니다.

저는 비공개로 평양에 다녀왔다는 이유로 간첩으로 몰아 감옥에 가둔 일은 잘못이라고 생각합니다. 저는 확고한 의지를 갖고 진실을 밝히고 그런 거짓으로 선량한 사람들을 괴롭히는 국가보안법 철폐와 보수 지배계급들과 비타협적으로 싸울 것입니다.

선배님께서도 어렵고 외로운 싸움을 하고 계시지만 반드시 승리하실 거라 믿어요. 기회가 되면 한상균 동지께 제 안부를 전해주세요? 뵙지 못했지만, 비슷한 시기에 저와 함께 옥고를 치르신 분이라 또한 선배님으로부터 쌍용차투쟁이야기를 들어서 남의 일이라고 생각하지 않습니다.

출소하게 되면 쌍용차 동지들을 만날 생각이예요? 제가 도울 일이 있다면 당연히 힘을 보낼 것입니다.

12월 17일, 그러니까 대선 바로 전날인데 임시대의원대회가 성공적으로 치러지길 기원합니다. 선배님 존경하고 사랑해요? 또 연락드리겠습니다.

# 거짓으로 인권을 짓밟는
# 저들의 못된 본성

2013년 1월 13일,
최상철 동지께


《자주민보》이창기 기자가 블루투데이에서 받은 내용증명 편지를 받았습니다. 저쪽에서 반응하는 것을 보니 신경이 쓰이는가 봅니다.

저는 조선노동당 당원이 아닙니다. 그런데 당원이라고 하여 당원증 사진까지 조작하여 기사보도를 한 데 대해 반드시 문제 제기를 해야겠습니다. 그렇지 않으면 저놈들이 계속해서 저를 공격하고 간첩꼬리를 확대 재생산 시킬것입니다.

언론중재위 중재신청 때 참고하시라고 편지와 함께 자료를 보내드립니다. 저놈들이 언급한 보도자료들을 보내주시면 분석하여 반발논리와 근거들을 연구하겠습니다. 글을 읽어보시면 최상철 동지께서도 알겠지만 저놈들이 제시하는 근거에 의해서도 고정간첩이라는 근거로 제가 '한반도 공산화'를 암시했다고 우기고 있습니다. 저는 한반도 공산화를 단 한 차례도 언급하지도 않았는데 부풀리고 억지주장을 합니다. 저는 남북화해와 평화 그리고 통일을 주장했지 '한반도 공산화'를 이야기한 적이 없답니다.

한편 저놈들이 저를 고정간첩으로 제시한 보도자료를 확인하여 계속해서 따지고 들어갈 것입니다. 그래야 저놈들의 못된 본성을 까발리고 폭로해낼 수 있다고 봅니다.

먼저 오산시장 후보였던 이춘성 씨를 타격 목표로 생각하고 있습니다. 오산 지역에서 실추된 명예 회복과 지역의 정치적 여론을 새롭게 하리라 봅니다. 2014년 지방선거가 있으므로 저의 존재감을 되살리려고 합니다. 장창원 목사님께도 제 생각을 말씀드릴 것입니다.

《수원시민신문》에서 신문을 보내주셨습니다. 주소를 보니 경기민언련 주소와 같군요. 지난번에 경기민언련에서 석방추진모임에 관심과 지지를 보내주셨다고 하는데 이번 기회를 계기로 소통의 기회가 되었으면 좋겠습니다. 수원시민신문의 발행인겸 대표기자인 김삼석 기자님은 예전에 남매간첩 사건으로 복역하신 것으로 알고 있어요? 오산에서 신문창간을 준비할 때 한두 번 뵌 적이 있었습니다. 그런데 '남매간첩' 사건이 무슨 내용인지 잘 모르겠습니다. 수원시민단체에서는 영향력이 큰 분인 걸로 알고 있습니다. 이번 일로 경기민언련과 소통이 되면 오산에서 큰 힘이 될 것 같습니다. 지역사회에서 저에 대해 조금씩 용기 있게 소통의 기회를 만들어가고 있음을 느낍니다.

지난 2010년 지방선거 때에는 제가 오산에서 일방적으로 당했지만 2014년 선거 때에는 최대한 공격적으로 갈 것입니다. 이 점에 대해 장창원 목사님과 대화를 나눌 계획입니다.

그리운 최상철 동지! 지난 3년을 돌아보면 우리의 만남은 설레임과 연인과 같은 관계였지요? 그때 저는 최상철 동지에게 많은 위로와 용기를 얻었어요. 그 덕분에 제가 마치지 않고 정신건강을 회복하고 슬픔을 이겨내었답니다. 저는 그런 최상철 동지가 소중합니다. 힘내세요? 재정 문제는 혼자만 고민마시고 제게도 알려주세요. 저도 힘 닿는 데까지 힘을 보태겠습니다.

지난주에 부모님과 여동생이 다녀갔어요. 조금씩 저를 (제 입장에서) 이해해주시는 모습 보고 가족의 사랑을 느낍니다. 석방모임을 지지하지만 적극 나서지 못하는 가족들의 심정을 이해해주세요. 가족들과 충분한 대화를 갖고 작은일부터 하나씩 정리해가기로 약속했습니다. 먼저 아이들 관계와 전처 문제를 풀어가기로 했습니다. 가족 회의를 통해 상황을 짚어볼 생각입니다. 저는 저와 아이들 관계가 단절되고 가정이 파괴된 일을 공개적으로 밝히고 사회 쟁점화할 것입니다. 국가폭력의 악질적 본질을 폭로하고 까발릴 것입니다.

다만 아이들의 안정을 고려하여 올해는 객관적 상황 파악과 가족들 간의 입장을 하나로 모으는데 집중하고 내년 지방선거가 끝나는 하반기부터 아이들 문제를 사회적 관점에서 제기하려고 생각 중입니다. 어차피 보수지배세력들이 '간첩자식'이라고 평생 꼬리표 붙여 관리할 텐데, 거기에 말려들지 않기 위해서는 적극적인 공격이 최선의 방어라고 생각합니다. 아이들도 중학생이 될 테니 좀 힘들어도 이겨낼 거라고 봅니다.

북의 핵실험은 누구나 예상하는 일이고 중국조차 현실로 받아들이고 있습니다. 이번에 중국이 유엔제재에 동의한 것은 북을 압박하는게 아니라 북을 핵보유국으로 인정하겠다는 것이라고 봅니다. 마치 중국이 북은 압박할 수단이 있는것처럼 말하지만 그렇지 않습니다. 중국도 그 점을 잘 알고 있지요? 저는 이런 상황을 예상하고 북과 대화로 풀라고 지난 4년간 이야기를 했는데, 대북 적대정책으로 매진한 보수세력들이 오히려 북의 핵보유를 도와주는 꼴이 되었군요. 제 생각이 옳았음을 증명해주고 있습니다.

사실 이건 시작에 불과합니다. 정말 위기는 미사일 시험발사입니다. 북은 이미 핵보유국 국가가 되었다고 봐야 합니다. 핵보유국의 미사일 발사는 차원이 다른 국제질서의 근본을 흔드는 일입니다. 보수세력들의 오판과 무능이 여지없이 드러날 것으로 보입니다.

당장 일본의 군국주의 움직임이 강하게 일어나고 있습니다. 일본도 생존의 벼랑으로 내몰리고 있다는 증거라고 봅니다. 이런 중요한 정세 변화를 예의주시해야겠지요. 설명절 즐겁게 보내세요. 다음주 전화 통화가 기다려집니다.

덧붙입니다.

석방모임 까페지기인 이민숙 사무국장님께 제가 받은 편지들을 보내 회원님들과 함께 공유하려고 했는데 이민숙 국장님께서 다른 전망을 고민하셨어요. 제가 부담을 드리는 것 같아서 최상철 동지께 보냅니다. 다른분들보다는 저와 소통을 제일 가깝게 할 수 있는 분이라 믿고 보냅니다. 저에게 편지보내주시는 분들의 글들이 저 혼자 읽기에도 너무 가치있고 소중하기에 그런 생각들을 함께 공유하고 싶네요. 모두 6통의 편지입니다.

전남대 인류학과의 김경락 교수님은 제 박사논문 심사위원이셨습니다. 이은심 님은《작은책》전주 독자모임 회원이예요. 편지를 공개해도 좋다고 승낙받았습니다. 안녕히 계세요.

# 겨레의 아들, 딸들이 근심 걱정 없이
# 밝게 자랄 수만 있다면

2013년 1월 17일,
사랑하는 조순덕 의장님께

대전에 계신 어머님과 전화 통화를 했는데, 의장님께서 손수 만드신 목도리 자랑을 하시면서 얼마나 기뻐하시는지 모릅니다.

"교도소에서 절대로 반입이 안 된다고 하여 대전으로 보내셨대. 내가 목에 둘러보아도 되겠니?"

"그럼요! 어머니."

"참 따뜻하구나. 내가 잘 보관해두었다가 네가 나오면 꼭 주마."

의장님께서 보내주신 것은 목도리가 아니라 '정성'이었습니다.

어머니와 통화하면서 제 가슴이 따뜻해졌습니다.

의장님!

처음에 감옥에 갇혔을 때는 정말 외롭고 추운 겨울에 덜덜 떨면서 동상까지 얻었습니다. 그러나 지금은 외롭지 않습니다. 그리고 의장님이 한 땀 한 땀 정성을 가득 담아 만드신 목도리를 생각하면 정말 따뜻하고 행복합니다. 제가 가는 이 길이 가시밭길이지만, 우리 민족의 평화 그리고 따뜻한 봄날을 일구는 것이므로 저는 참 행복합니다.

이 추운 날 매주 수요일 일본 대사관 앞에서는 일본 제국주의자들에게 성노예 범죄를 사과하라고 요구하는 집회를 합니다. 그런데 일본은 꿈쩍도 안 합니다. 매주 목요일에는 어머님들이 국가보안법을 폐지하고 사랑하는 아들, 딸들을 내놓으라고 집회를 하지만 저들 역시 꿈쩍도 안 합니다. 오히려 국가보안법의 총칼을 휘두르면서 양심적인 사람들을 마구 잡아가고 시민들을 감시 미행하고, 국가정보원은 심리전 요원까지 동원하여 선거에 개입하고 민심을 왜곡하고 있습니다. 정말 못된 자들입니다.

국가정보원 요원들이 무슨 죄가 있겠습니까. 국가권력을 개인의 전리품쯤으로 생각하고 서민 대중들에게 폭력과 파쇼통치로 지배하는 자들, 바로 지배 세력이 악의 근원이겠지요. 민족의 양심과 자주의식은 털끝만큼도 없고 오직 개인의 이익을 위해 미제국주의에 빌붙어서 추종하며 사는 사람들이 참 역겨울 뿐입니다. 그런 자들의 치부를 가려주고 권력을 유지하고자 악착같이 국가보안법을 붙잡고 있습니다만, 이미 허황된 일일 뿐입니다. 시대의 정당성도 없고 명분도, 소용도 없는 일입니다.

제 자신이 국가보안법으로 8년이라는 징역형을 받고 감옥에서 지내보니 이미 국가보안법은 법이 아니라 깡패집단이 그들의 권력을 유지하기 위해 폭력을 휘두르는 것에 불과함을 확신하게 됩니다. 폭력은 더 큰 저항을 일으킬 뿐입니다. 이곳 감옥에서 그런 일을 너무나 자주 목격합니다. 저항하는 재소자들을 제압하기 위해 수갑을 채우고 보호 장구를 채워 주렁주렁 쇠사슬을 칭칭 감아도 더 큰 저항과 교도소의 폭력성만 더 부각될 뿐입니다.

결국 그런 재소자를 진정시키는 것은 심리적 안정입니다. 폭력이 아닌 인간적인 대우를 해주고 그가 원하는 것을 해주면 재소자 스스로

온순해지고 현실을 받아들입니다. 사실 그런 재소자들이 무슨 대단한 것을 요구하는 것은 아닙니다. 저는 그런 일들을 자주 보면서 인간의 존재론적 본질을 많이 깨닫게 됩니다. 그런 사실들을 잘 알고 있는 대부분의 교도관들은 재소자들을 인간적으로 대우합니다.

그런데 교도소에서 그런 내용을 잘 모르는 사람들은 상부의 눈치만 살피는 교도소 관리자들입니다. 재소자들을 사람으로 안 봅니다. 그들은 우리들을 수번으로 부릅니다. 보안과장은 저를 이름이 아닌 수번(2513번)으로 부릅니다. 제가 이름으로 불러달라고 해도 규정에 따라 수번으로 불러야 한다고 하는군요.

이렇게 재소자들을 사람이 아닌 동물 취급을 해서 그런지 제가 있는 곳에서 자살을 시도하는 일도 있었습니다. 재소자들의 최후의 저항은 자살입니다. 이처럼 억압과 폭력은 저항을 만드는 것입니다. 요즘 밖에서 절망에 빠진 노동자들과 서민 대중들이 자살하는 것도 거대한 사회구조의 폭력 앞에서 절망하고 좌절해서 아닐까요? 그러나 자살은 저항의 시작을 알리는 조종이 될 것입니다. 사회의 구조적 폭력이 멈추지 않는다면 자살의 행렬은 계속될 것이고 급기야, 자살의 물결은 거대한 저항을 일으킬 것입니다.

사회적으로 성폭력이 심각하고 묻지마식 범죄가 기승을 부리고 방화와 절도, 살인이 비일비재합니다. 청소년들은 10억 원을 주면 감옥에 가겠다고 이야기 합니다. 돈, 돈, 돈 하는 세상이 이제 미쳐가고 있는 것이지요. 그 기반에 국가 폭력이 숙주로 기능하고 있습니다.

그런데 어떻게 이런 사회악을 또다시 국가폭력을 늘리는 방식만으로 해결할 수 있겠습니까? 우리 사회가 인간적 삶과 윤리·도덕적 토대로 제자리를 찾고 진정되려면 근본적인 국가 폭력을 멈추어야 하며 그렇게 하려면 제일 먼저 국가보안법을 멈추게 해야 합니다.

왜냐하면 국가의 폭력은 더 큰 사회적 저항으로 성장하여 국가 폭력을 능가하는 폭력으로 성장하기 때문입니다. 바로 그런 정의의 힘이 국가 폭력의 숙주와 근원들을 쓸어버릴 것입니다. 제가 고민하는 점은 그 과정에서 우리 사회는 엄청난 희생과 고통을 겪는다는 것입니다. 저는 제발 저 같은 희생자가 되풀이되어 생겨서는 안 된다고 생각합니다. 이런 상처와 아픔이 저의 세대에서 끝났으면 좋겠습니다. 제발!

그렇게만 할 수 있다면 제가 시대의 희생물과 제물이 되어 죽어도 좋습니다. 이런 폭력의 아수라장을 끝낼 수만 있다면 제 목숨을 내놓는 일이 어찌 아깝겠습니까! 그래서 사랑하는 우리 아이들이 또한 해맑은 웃음으로 크고 있는 우리 겨레의 아들, 딸들이 근심 걱정 없이 밝게 자랄 수만 있다면 무엇이든지 내놓을 수 있다는 각오로 징역에서 지냅니다.

의장님께서 저를 그리워하며 사랑하는 마음으로 떠 주신 목도리! 얼마나 따스할지 생각만 해도 가슴이 벅차오릅니다.

사랑은 내리사랑이라고 했는데….

제가 의장님과 민가협 어머님들께 받은 그 숭고하고 가슴 깊은 사랑을 저도 아낌없이 사랑을 내어주시는 어머님들처럼 사랑하는 우리 온 겨레의 아들, 딸들에게 저의 모든 사랑을 아낌없이 드리고, 드리고, 드리겠습니다.

저의 사랑은 더 좋은 세상을 만드는 일, 국가보안법을 없애고 비정상적인 사회를 정상적인 사회로 만드는 일입니다. 그래서 우리 아이들이 참인간의 삶에서 존중받으며 자라고 아이들이 그들의 꿈과 희망을 노래하며 행복해하는 삶을 살았으면 좋겠습니다.

그래서 저는 전진해야 하고 전진할 것입니다. 제 가슴에는 그런 사랑으로 가득합니다. 그래서 이 곳 감옥은 춥지만 따뜻하고 세상과 단절되었지만 세상에 활짝 열려있는 우주공간입니다. 그러니 저는 외롭지 않습니다. 저는 가슴 따뜻한 겨울을 보냅니다. 저의 따뜻한 기운과 온기가 눈물과 상처로 얼룩져 고단한 삶을 살아오신 어머님들께 작은 위로가 되고 가슴에 맺힌 한을 풀어드렸으면 좋겠습니다.

의장님!

민가협 어머님들!

시대와 민족의 양심으로 우뚝 서서 저에게 주신 큰 사랑 그대로 실천하겠습니다.

사랑합니다.


*2013년 01월 24일 《자주민보》 기사로 실린 내용입니다.

# 크고 강력한 지배체제의 억압에
# 당당히 맞서야

2013년 2월 18일,
최상철 동지께


요 며칠 사이 5kg 체중이 줄었습니다.

갑자기 당뇨가 높아져서 지난주부터 당뇨약을 먹고 있습니다. 스트레스를 심하게 받아서 그런가 봅니다. 신경을 많이 쓰는 건 맞지만 당뇨약을 먹을 만큼 몸이 스트레스 받을 줄 몰랐습니다.

오늘 아침 최 동지에게 답변서(복사본)를 보낸 후 오전 내내 한 가지 내용이 머릿속에서 '빙빙' 돌고 있어요. 바로 재판 결과문입니다. 전주교도소에서는 판결문을 근거로 저를 '개전의 정'을 찾아 볼 수 없다고 했습니다. 지난주 최 동지와 전화 통화에서도 언론중재위 재소건 역시 판결문에 근거하여 불리하다고 하신 말씀 듣고 많은 후회와 번민의 시간을 보냈습니다. 저를 함정에 빠뜨리고 살려달라고 아우성치게 만들게 그 때 한 이야기들을 증거로 판결을 내리고 다시 그 판결문을 근거로 저를 계속해서 옥죄고 가두는 괴롭히는 저놈들에게 분노와 저주, 주체할 수 없는 적대감이 솟구칩니다. 한편 왜 내가 이렇게까지 되었을까, 도대체 어디서부터 이 사태를 수습하고 문제를 풀어야될지 참 답답합니다.

정치적으로 부르조아 독재국가의 폭력과 억압이라고 간단히 정리할 수 있겠지만 실제로 이 억압의 사슬을 어떻게 끊어내느냐라는 문제는 매우 절실하고 절박한 과제입니다. 제 자신의 한계와 모순도 있었습니다. 너무나 주관적 의지로 재판을 받았습니다. 저 나름대로 사회의 주류에 속해 있다는 착각, 그 알량한 선처를 조금이라도 받아서 살아보겠다는 심리를 저들은 교묘히 이용했고, 그 대가를 지금 처절히 치르고 있습니다. 한 가지 제가 확신하는 것은 저놈들에게 한 번 속지 두 번 속지 않을 것이란 결단입니다. 처음에는 멋모르고 당했지만 또다시 당할 수는 없지 않겠습니까. 재판 받을 때의 번뇌와 고통을 잊어버릴 줄 알았는데, 그때의 기억과 두려움이 고스란히 되살아나 무척 괴롭습니다. 한 가지 차이점이 있다면, 4년 전에는 놀라움과 두려움으로 피를 줄줄 흘리면서도 그 상처에 아무 정신도 없었다면 지금은 쓰라린 고통을 느끼지만 참고 인내하여 당당히 맞서 싸웁니다.

할 수 있는 한 최선을 다하기 위해 법률구조공단에 변호사 상담신청서를 제출했습니다. 행정소송을 하는데 변호인 교통권을 막는 것은 문제가 있고 공정한 재판을 방해하는 권리침해를 따지기 위해 헌법소원이 가능한지 상담을 받고 싶다고 했습니다. 실제로 이 사안과 관련하여 헌법재판소에 의견을 물어볼 생각입니다. 왜냐하면 집필원고가 국가보안법에 위반되는지는 집필원고의 전체문맥과 내용을 검토해야 하는데 변호사가 원문을 읽지 않은 상태에서 올바른 법률자문을 할 수 없고 공정한 재판이 침해될 수 있기 때문입니다. 절차적으로 공정하지 못한 재판의 판결은 정당성도 없고 재판 자체의 신뢰가 훼손됩니다. 최상철 동지의 생각은 어떠신지 궁금합니다.

마음을 차분하게 하려고 『현대부르주아 경제학비판』을 꺼내서 다시 읽습니다. 제1강 '이론적 계급투쟁과 부르주아 경제학의 위기'를 읽었습니다. 국가독점자본주의 체제의 모순을 분석하고 있는데, 공감하고 있습니다. 이처럼 자본주의체제의 전반적 위기를 이론적으로 예측하고 분석되는데 왜 그런 계급들의 적대적 경향이 구체적 사회변혁의 힘으로 나타나지 않는것일까요! 그만큼 지배체제가 강하고 억압의 강도가 크기 때문일까요? 이론적으로 밝히고 해명할 부분이에요.

# 자본주의
# 모순의 비밀

2013년 5월 6일,
그리운 백철현 동지께

그리운 백철현 동지께.

반가운 편지와 자료 잘 받았습니다. 압수수색 이후 별다른 소식은 없습니다. 공안정국을 조성하려는 분위기에 빌미를 주지 않으려고 외부에 글 쓰는 일을 중단했습니다. 원래 건강 때문에 쉬려고 했었고 더 이상 이남의 정세에 제가 해줄 말도 없습니다. 이번 일을 겪으면서 공안기관과 보수세력이 저를 진짜 '간첩'으로 간주하는구나. 어떤 전형적인 사례로 만들려는 것을 느꼈어요. 당분간 관망하면서 지켜볼 생각입니다. 그러나 만약 저를 건드리면 감옥에서 '순교'할 생각으로 싸울 것입니다. 구차하게 살고 싶지는 않습니다. 석방모임에서는 아직 어떤 소식도 듣지 못했습니다. 지난달에 최상철 동지와 전화 연락을 못 했습니다.

그래서 이광열 동지께 급히 연락을 했고 박재홍 변호사님이 다녀가셨습니다. 요즘은 자주민보 기자들과 편지왕래도 하지 않아서 밖의 사정이 어떻게 흘러가는지 모르겠군요. 아마도 공안기관에서는 저를 계속 지켜보면서 수사의 방향을 세울 거라 봅니다. 저도 어쩔 수 없이 국가보안법을 의식하면서 자기검열을 하며 글을 써야 할 것 같아요. 그렇다고 위축되거나 생각을 바꿀 필요는 없습니다. 문체를 연구논문식으로 바꾸고 전문성을 발휘하려고 합니다. 대중성이 떨어지는 부작용이 있지만 노력하면 극복할 수 있다고 봅니다.

압수수색 당일날, 마음이 진정이 안 되어 코맥 맥카시의 『국경을 넘어』라는 소설을 읽었어요. 미국놈들이 늑대들을 인디언 사냥하듯이 몰살시키는데 주인공 소년형제들이 늑대들을 살리려고 멕시코로 가는 이야기입니다. 제가 늑대가 된 심정이었거든요. 소년의 관점에서 늑대는 위험하지도 않고 오히려 소년을 구해준 의리 있는 친구인데 마을 사람들은 늑대를 잡으려고 득달같이 달려들죠. 이유는 늑대들이 가축을 잡아먹는다는 것인데…. 인간이 환경을 파괴하고 늑대의 먹잇감들을 모조리 잡아가서 그런 것인데도 인간들은 늑대들을 무조건 적대합니다. 공안수사관들이 늑대사냥꾼 같다는 생각을 했습니다.

한편 요즘 『자본론』에 매료되어 푹 빠졌습니다. '상품의 가치', '노동가치론', '잉여가치' 개념을 이제 조금 정립했습니다. 채만수 선생님의 『노동자 교양경제학』을 읽고 병행하면서 『자본론』1권(상)을 읽었습니다. 나머지 부분은 어려운 개념이 아니어서 계속 읽고 싶은 욕구가 큽니다. '노동가치론'을 이해하면서 비로소 저의 의문 즉 자본주의 모순의 비밀을 과학적으로 파악할 수 있었습니다. 역시 고전을 읽고 근본 원리를 이해하는 게 중요함을 절감합니다. 그 덕분에 1830년대부터 1900년 유럽의 정세에 관심이 높아졌어요. 최상철 동지가 보내준 『프랑스에서의 계급 투쟁』, 『루이 보나빠르드의 브뤼메르 18일』을 다시 읽고 있습니다. 마르크스가 집필한 『프랑스 내전』도 읽고 싶은데 혹시 구해주실 수 있으신지요? 백 동지께서 보내주신 『국가와 혁명』(레닌)에서 1871년 파리 코뮌의 경험이 정세 이해에 큰 도움이 되었습니다. 요즘 제 책상위에는 『자본론』『국가와 혁명』이 놓여 있어요. 유럽 외교사 중심으로 대략 그 당시의 정세를 파악했는데 『국가와 혁명』을 다시 읽으면서 새롭게 유럽 근현대사를 근본적으로 살펴보고 있습니다. 이와 관련해서 1800~1900년대 유럽 역사 관련 책을 읽어보고 싶어요? 학부 때 공부했는데 기억이 가물가물합니다. 몇 개월 동안 『자본론』을 읽고 나면 인도 연구도 독창적인 시각에서 깊이 들여다볼 수 있을 것입니다.

인도 정치의 현상적 모습만 보고 분석하는 제 자신이 늘 불만이었습니다. 이번 압수수색이 저로 하여금 『자본론』을 공부할 기회를 주었군요? 이런 게 변증법 아니겠습니까(ㅎㅎ)? 이번 신문 읽고 보스턴 폭발사건에 대해 새로운 시각을 갖게 되었고 공감도 합니다. 미국 CIA가 급진적인 이슬람운동을 배후조종했다는 것은 엄연한 사실이에요. 그게 체첸에서도 일어났다는 게 흥미롭군요. 저는 가능성이 높다고 봅니다. 카스피해 유전개발을 놓고 미국이 체첸 반군을 배후조종했을 가능성이 높아요. 그루지아(조지아)도 그런 사례입니다. 그 어떤 매체에서도 제시하지 않은《노동자정치신문》만의 날카로운 시각과 분석이었습니다.

독자들의 무지를 깨는 데 큰 도움을 줄 것입니다. 박근혜 정부가 이번호《노정신》을 보면 격노하겠어요. 아주 조목조목 추경예산의 본질을 까발렸군요. 제 속이 시원합니다. 국가 독점자본주의는커녕 자본주의라는 용어조차 쓰지 말자고 생난리 치는 자본가들에게 '이것이 문제의 본질이다'라고 정확히 짚어주셨습니다. 상식적으로 국가채무는 늘어나는데 증세를 안 하고 채권을 발행한다는 것은 너무나 어처구니없는 일이에요. 굳이 국가 독점자본주의 모순을 '콕' 짚지 않아도 그런 표면적인 문제를 크게 부각만 시켜도 일반 대중들은 문제의식을 갖고 관심을 보일 것입니다. 이 문제는 아주 중요한 문제이므로 평범한 문제로 순화하여 다른 매체에 기고하시면 좋겠습니다.

부채가 가하는데도 왜 감세를 하는지 그 이유를 설명해주면 좋겠어요?(제가 써볼까요?) 국가 독점자본주의, 제국주의, 이런 이야기만 꺼내면 일반인들은 경기를 일으키고 보수력(자본계급)은 게거품을 물어요. 저는 그래서 학술차원에서도 그렇고 중·고생들이 이해하게끔 대중서도 많이 출판되었으면 좋겠어요. 감옥에 있다 보니 생각과 하고 싶은 일들이 넘쳐나네요. 출소하면 그런 일들을 해보려고요. 우리 아이들에게도 읽힐 수 있는 쉬운 책들을 써볼 생각입니다. 그리스 공산당 소식 들으니 기운이 납니다. 전선체 전략도 옳게 지적하셨습니다. 동의합니다. 아직 자세히 읽지 않았는데 SUSI(C) 자료 가운데 한반도 정세논평이 눈에 띱니다.

SUSI(CC)의 입장을 더욱 눈여겨봐야겠습니다. 노정협 동지들과 백철현 동지에게서 많은 도움과 지혜를 얻고 있습니다. 소부르주아 정치학자랍시고 어쩔 줄 몰라하며 감옥에 갇혀있었을 텐데 과학적 이론으로 벼리고 강력한 무기를 갖게 되었습니다. 레닌의 문제의식 그리고 그것을 실제적인 힘으로 뒷받침한 스탈린의 의지는 혁명을 하려는 사람들에게는 아주 귀중한 역사적 자산이자 경험이죠. 감옥에 가둔 것도 모자라 압수수색을 하는 억압체제를 보면서 그것을 바꾸려면 '제도'와 '규범' 변화가 아닌 '혁명'뿐임을 확신합니다. 아마 일반 대중들도 시간이 흐르면서 이런 억압체제의 본질을 알게 될 것입니다. 변치 않는 우정과 사랑에 감사드려요.

# 우리 사회에서 여성으로서
# 자존감을 갖고 산다는 것

2013년 5월 12일,
그리운 순영 씨에게

순영 씨 얼굴 보고 기쁘고 반가웠습니다. 그런데 이야기를 많이 나누지 못해서 아쉽습니다. 직장에 휴가 내고 이른 새벽에 일어나서 다은이 챙기고 힘들게 오셨을 텐데 짧은 인사만 나누어서 미안하고 죄송합니다. 그날 못다 나눈 마음을 이 편지가 조금이라도 대신하면 좋겠습니다. 순영 씨 덕분에 장기수 선생님들이 저를 찾아오시고 조금씩 공감대가 넓어지고 있습니다. 정말 고마워요. 순영 씨에 대한 믿음과 존경심이 커지고 있습니다. 여동생을 보면서 '우리 사회에서 여성으로서 자존감을 갖고 살기가 여간 어려운 일이 아니구나'라는 생각을 합니다.

더군다나 세상의 안락함에 안주하지 않고 세상의 변화를 고민하고 전망하기란 더더욱 어렵지요. 그러함에도 세상의 모순을 애써 외면하지 않고 진지하게 고민하는 순영 씨에게서 가슴 깊은 신뢰감과 믿음 그리고 참 인간적인 향기가 느껴집니다. 순영 씨는 알면 알수록 정말 진실한 분이세요. 다은이 아버님 말씀을 드려 죄송합니다만, 참으로 인간적이고 진솔하신 순영 씨를 많이 그리워 하실 거란 생각을 합니다. 순영 씨는 자신은 아는 게 별로 없다고 하시지만, 그동안 그 말에 제가 깜박 속았어요. 순영 씨의 교양과 삶의 깊이는 오히려 저보다 깊고 풍부

합니다. 순영 씨와 대화하면서 그런 사실을 깨닫게 됩니다.

그런 순영 씨의 순수함과 삶을 진지하게 사랑하는 자세에서 많은 용기와 힘을 얻는답니다. 만약 제가 더욱 성숙되고 넓은 시야를 갖고 아름답고 향기로운 사람이 되어 세상 밖으로 나가게 된다면 순영 씨의 배려와 값진 사랑과 동지애 때문일 거예요. 그런 신뢰와 믿음에 어긋나지 않게끔 부단히 저를 연마하고 사상적 무기를 갈고닦겠습니다. 제가 받은 은혜들을 다 갚지 못하겠지만 조금이라도 갚아나갈 수 있는 길을 개척하려고 합니다. 제 작은 소망은 그런 삶의 과정에서 서로 의지하고 위로하면서 시련과 고난을 이겨내어 행복과 기쁨을 함께 누리는 것입니다. 저는 그런 날이 꼭 오리라 확신합니다.

요즘 순영 씨의 고향인 고창의 봄소식에 마음이 들뜨고 있어요. 작년에 순영 씨가 걸어서 다녔다는 고향 마을 구석구석을 함께 걸어보고 싶습니다. 감옥에서 지내보니, 그런 소소한 일상적 삶들이 정말 그립고 절실히 다가와요? 예전에는 화려하고 웅장하고 특별한 것에 의미를 부여하고 그런 것들을 추구했는데, 삶의 근본적 가치에서 볼 때, 그런 것들은 신기루이며 공허한 것이었음을 깨닫게 됩니다. 절박함에서 나의 삶의 가치는 정말 아주 작고 사소한 일상에서 찾고 마주치게 됩니다.

나이를 먹으면서 여러 가지 경험을 겪게 되고 그런 과정에서 은폐된 거짓을 깨닫고 '진실'을 앎으로서 깨닫게 되는 것이겠지요. 그런 '진실'을 추구하는 삶의 관점에서 저와 순영 씨와 많은 공감대가 있고, 함께 그런 방향을 지향하고 서로 용기 있게 가요. 제가 순영 씨에게서 많은 위로를 받았는데 저도 순영 씨가 힘들 때 순영 씨를 지지하고 지켜주고 싶습니다. 짧고 아쉬웠지만 가슴 깊이 순영 씨의 마음을 새기겠습니다.

제가 압수수색을 당했다는 소식이 알려지자, 즉각 전자서신을 보내 저에게 용기 주신 분이 순영 씨와 백 동지입니다. 백 동지에 대한 신뢰와 믿음이 더욱 커졌어요. 압수수색이 저에게 심리적 압박과 고통을 주었지만, 이번 기회를 통해 저놈들이 나를 죽이려 한다는 본성을 확실히 알았습니다. 저들과 비타협적 투쟁을 해야 할 명분과 당위성을 확고히 인식했습니다. 당부 하신대로 위축되지 않겠습니다.

건강은 잘 챙기고 있으니 걱정하지 않으셔도 돼요. 글 쓰는 일을 줄여서 충분히 휴식을 하고 있어요. 작년 내내 긴장 속에서 지내다 보니 몸에 무리가 갔었나 봐요. 요즘은 잠도 많이 자고 있습니다. 다음에 만나면 더욱 건강한 모습 보여 드리겠습니다.

순영 씨가 보셨던 『임노동과 자본』을 읽다 보면 영어공부도 아주 열심히 하셨던 흔적이 고스란히 보입니다. 『자본론』을 읽으면서 『임노동과 자본』을 꺼내 함께 읽고 있습니다. 상품의 가치는 노동에서 나온다는 명제의 보편성과 과학성을 자본가계급은 은폐하려 하지만, 그것은 숨기고 감춘다고 없어지는 것이 아닙니다. 지배계급은 국가보안법 같은 폭력으로 노동계급이 생산하는 잉여가치를 자본가 계급이 사적으로 전유(착취)하는 것을 정당화시키고, 본질을 은폐하려하지만, 그런 진실을 영원히 숨기지 못할 것입니다. 순영 씨가 저에게 이 책을 보내시면서 애지중지한 '딸'을 시집보내는 것 같았다고 하신 말씀을 깊이 세기고 있습니다.

프랑스혁명사 공부는 성과가 있으신지요? 저도 마르크스가 쓴 『프랑스에서의 계급 투쟁』을 다시 읽고 있습니다. 처음 읽을 때는 1840년대 프랑스 정세가 생소하여 등장인물들과 여러 정치세력들을 파악하느라 흐름을 제대로 파악하지 못했어요. 다시 읽으면서 아주 세세히 당시 상황을 살펴보고 있습니다. 레닌이 쓴『국가와 혁명』에서 1848년 프랑스 노동자계급이 패배할 수밖에 없었던 요인 그리고 1871년 파리꼬뮌 실패 요인을 분석하면서 자신의 정치적 입장을 과학적으로 제시하고 실제로 1917년 러시아혁명을 성공시킨 사실과 연관지어 프랑스혁명사를 파악하고 있습니다. 우리나라 노동자들의 계급의식은 1840년대의 프랑스 노동자만 못한 것 같아요. 기아차, 현대차 대기업 정규직 노조가 자신들의 이익에만 급급해하는 것을 보면서 참 한심하다고 생각했습니다. 순영 씨는 용기 잃지 마시고 비정규직 노동자들의 용감한 투쟁을 지지해주실 거라 믿습니다. 저도 힘껏 응원합니다.

순영 씨!

수구보수세력과 공안기관은 나의 글을 '이적표현물'로 몰아 수사하고 있습니다. 제한된 자료들과 악조건인 감옥에서 쓴 글을 이적표현물이라면서 사납게 나를 물어뜯으려 합니다. 그러나 내가 쓴 글들은 ○○이와 ◇◇ 그리고 밝은 미래를 이끌어갈 우리 아이들에게 쓴 것입니다. 결코 이적표현물이 될 수 없습니다. 이 세상에 어느 부모가 자녀들에게 해악을 끼치는 글을 쓰려고 하겠습니까. 저는 그런 확신을 갖고 있습니다. 지배계급은 저를 범죄인으로 낙인찍어 진실이 유포되는 것을 막으려고 하지만, 우리 아이들을 저놈들의 노예, 심지어 성노리개까지 만드는 것을 어찌 두 눈 뜨고 볼 수 있겠습니까.

만약 수사가 진행되고 저를 재판에 또다시 세운다면 저는 총체적인 국면에서 목숨 걸고 싸울 것입니다. 그 때 순영 씨도 함께 도와주세요? 다은이와 새 세대의 미래를 위해 우리는 부정의에 맞서 싸워야 합니다.

저는 미래의 세상을 긍정적으로 봅니다. 희망을 갖고 싸우면 반드시 좋은 세상이 펼쳐 질 거라 확신합니다. 《작은책》 6월호 원고를 보냈습니다. 그 글을 쓰면서 많이 울었어요? ○○이가 4년 전, 그러니까 처음 막 재판을 받고 있는데 보낸 편지입니다. 밀린 숙제 빨리 하고 빨리 집에 오라는 이야기에 눈물을 '뚝뚝' 떨어 뜨렸어요. '밀린 숙제', 어린 딸아이의 표현이지만 저에게 참 많은 함축의 뜻이 있네요. 세상을 바꾸고 변화시키는 것이 저의 '밀린 숙제'입니다. ○○이 말처럼 밀린 숙제 빨리 다 끝내고 인간이 인간답게 살고 남과 북 해외 온 겨레가 화해하고 민족통일을 이루어 참 행복한 삶을 사는 그날을 꿈꾸어 봅니다.

우리 힘을 모아 그 꿈을 위해 전진해요. 순영 씨도 건강 잘 챙기고 잘 지내세요. 그리움 가득 담아.

# 분단을 극복하고 평화를 이루려는
# 열정이 불붙기를

2013년 10월 29일,
김익 사무국장님

지난 23일(수요일) 행정소송 재판에서 이겼어요. 그동안 재판을 위해 도와주신 덕분입니다. 고맙습니다. 이번 재판 승리로 저의 입지점이 강화되면서 자신감을 갖게 되었습니다. 더불어 우리의 사상과 표현의 자유와 그 권리가 신장되었으면 좋겠어요. 앞으로 남은 재판도 최선을 다해 꼭 승리하겠습니다. 부모님과 동생이 다녀갔는데, 재판 결과 소식 듣고 기뻐하셨어요. 가족들에게도 용기를 주었을 거예요.

이렇게 하나하나 싸우며 전진하다 보면, 우리가 목표하는 세상도 성큼 다가오겠지요. 절박한 싸움이지만, 정의와 진실의 힘으로 부정의와 맞선다면 우리는 지금의 시련을 이겨내고 반드시 승리할 거라 확신해요.

제가 감옥에 갇힌 지 4년이 훌쩍 넘어가고 있어요. 그 사이 남북관계가 점점 더 악화되어 걱정이 큽니다. 냉전이 해체되면서, 우리의 민족분단 구조를 바꾸고 화해와 평화의 방향으로 갈 수 있었는데 그런 기회를 놓치고 말았어요. 게다가 긴장과 대립이 격화되어 이만저만 안타까운 일이 아니에요.

수구보수 지배세력이 과거의 퇴행된 사고에 갇혀 우리민족의 발전을 퇴행시키고 있습니다. 이런 반동의 흐름은 오래가지 못할 것이며, 분명히 실패하겠지만 우리민족의 평화와 자주, 민주를 황폐화시키고 짓밟아 인민대중들을 고통에로 내몰고 있습니다.

그러다 보니 통일에 대한 열망, 분단을 극복하고 평화를 이루려는 열정과 노력들이 많이 위축되었습니다. 그럼에도 전쟁을 막고 평화를 실현하려는 싸움을 멈추어서도 안 되고 멈출 수 없는 일입니다. 왜냐하면 미국이 기울어지고 있는 그들의 세력을 유지하려고 호시탐탐 한반도에서의 전쟁위기를 고조하는 가운데 평화를 지지하는 세력들마저 목소리 내지 않으면 한반도는 한순간에 전쟁터가 될 것입니다.

저는 요즘 이런 고민들을 합니다. 어떻게 일반 대중들과 더 깊이 그리고 더 많이 이런 문제들을 공유하고 공동행동을 할 수 있을까? 언론이 통제되고 국가정보원 같은 비밀조직이 국민을 감시·통제하다 보니 진실을 알리는 게 쉽지 않고, 또한 그런 행동을 하면 불이익을 당할 거란 막연한 불안심리가 퍼져 있어서 대중들을 위축시키고 있습니다.

그러나 저는 대중들도 곧 진실을 깨닫고 정의로운 일에 함께 행동하고 실천할 것이라고 확신합니다. 이번 재판 결과로 저는 그런 자신감을 갖게 되었습니다. 명·청 권력교체 시기에 사대주의에 빠진 조선 봉건지배세력의 정세오판과 무능으로 '조선'이 큰 혼란에 빠졌듯이, 오직 대국에 의탁하려는 사대주의 사고는 결코 우리의 삶을 담보해주지 않습니다.

그 어떤 궤변을 늘어놓고 그럴싸한 변명을 하여도 군사작전권을 외국에 갖다주고 되찾아 오려고 노력하기는커녕 오히려, 제발 돌려주지 말아달라고 사정사정하는 모습은 제정신을 갖고 있는 국가는 아닙니다. 이런 근본적이고 명백한 모순을 해결하지도 못하면서 그런 문제들을 풀고 해결하려는 진지한 고민들을 불순한 정치적 의도로 박해하고 탄압하려는 것은 용납 받지 못할 범죄이죠.

최근 미국은 세계 35개국 정상들의 전화, 이메일 등등 각종 매체들을 이용해 몰래 도청, 감시하다가 들통이 났습니다. 평상시에 동맹국이라고 서로 악수하며 포옹까지 하면서도 이런 비열한 짓을 한 것입니다. 오직 미국의 이익을 위해서는 언제든지 배신하고 공격할 수 있다는 본심을 증명한 일이에요.

그런데도 맹목적으로 미국에 사대하고 그런 것을 비판하면 '반미세력'내지는 '이적', 더 나아가 종북으로 매도하는 일은 매우 비정상적인 폭력입니다. 더군다나 우리민족은 일본제국주의 세력에게 식민지배까지 당했는데도 자주의식을 포기하고 외세에 의존하는 것은 참으로 어리석은 짓입니다. 지금 아시아, 아프리카의 제3세계 국가들은 자주적인 민족국가건설을 위해 진군하고 있어요. 국제사회에서 이들 국가의 목소리가 커지고 있습니다. 이런 세계사적 흐름을 냉철히 이해하고 우리도 분별력 있게 그런 흐름에 동참하고 평화에 기여해야 할 때입니다.

저는 비록 감옥에 갇혀있지만, 역사 앞에서 정의로운 촛불을 들고 투쟁하시는 분들께 지지와 연대의 마음이 전해져서 작은 힘이라도 되면 좋겠습니다. 이런 저에게 늘 든든한 버팀목이 되어주시는 권오헌 선생님과 양심수후원회 선생님들께도 감사인사 드립니다.

김익 선생님과 리정애 선생님의 이야기 재미있게 보고 있습니다. 두 분의 행복한 가정을 소망하며, 두 분을 다시 뵐 날을 기대합니다.

사랑합니다.

포승줄을 풀며

# 시대적 사명과
# 역사적 임무에 대한 자각

2014년 2월 18일,
최상철 동지께

안녕하세요? 최상철 동지!

  항소심 선고 결과 소식을 듣고 무척 기쁩니다. 판결문도 함께 보냅니다. 읽어보시기 바랍니다.

  2심 재판부 역시 1심 재판부의 결론과 같이 형집행 기관이 갖고있는 재량권 행사는 명백한 근거 아래 인정될 수 있으며 평양 방문의 감상을 표현한 제 글은 국가보안법상 이적표현물이 아니라고 판시했습니다.

  참으로 다행스러운 일입니다.

  저에게 1993년과 1994년 두 차례의 평양 방문은 매우 중요했고 의미 있는 방문이었습니다. 첫 번째 방문은 지적 탐구심과 호기심이었고 두 번째는 순수한 민족애를 갖고 평양에 갔습니다. 그 당시에도 자유롭게 평양에 다녀올 수 없었기 때문에 '비공개'로 다녀왔습니다. 그런데 평양에 비공개로 다녀온 일이 늘 마음의 짐이었습니다. 언젠가는 밝힐 때가 있을 거라 생각했지요. 그러다가 국가정보원에 끌려가 조사받게 된 것입니다.

  늘 마음의 부담이 되었던 비공개 평양방문 사실을 정리해야겠다는 생각을 갖고 있었기 때문에 수사관들에게 그 이야기를 했습니다. 그런데 나의 의도와 달리 엉뚱하게도 나는 '간첩'이 되었지요.

국가정보원 수사기관의 의도도 잘 모르면서 나의 진정성만 믿고 이야기했던 게 얼마나 위험한 일이었는지를 나중에서야 깨달았습니다. 간첩혐의로 조사를 받는 저는 수사검사가 '간첩'은 사형 또는 무기징역이라며 극도의 공포심을 갖게 했죠. 무조건 시인하고 인정하면 감형될 수 있다는 말에 흔들렸고 그런 맥락에서 공소사실을 인정하게 되었습니다.

제 사건의 핵심 증거였던 '군사기밀' 제공도 그런 상황에서 진술을 했던 것입니다. 국가정보원 수사관들도 제가 보관하고 있던 자료가 장교들 사이에서 진급 시험에 대비하기 위해 족보처럼 공유했던 자료임을 확인했답니다. 그런데 재판 과정에서 그 증거자료가 저의 '간첩' 행위를 입증하는 핵심자료가 되었지요.

군 복무를 마친 저는 그 자료를 참고용으로 보관만 했습니다. 그렇지만 그 당시 저는 혼란스러웠고 매우 위축되어서 그런 문제들을 끝까지 제대로 밝히지 못했습니다. 지금 돌이켜보면 내가 왜 그렇게까지 불안에 떨었을까 스스로 반문해보기도 하지만, 50일 가까이 하루도 빠짐없이 매일같이 국가정보원과 검사실에 불려 가 조사받으면서 저는 간첩이라고 세뇌가 되었고 무기력해졌지요.

국가정보원에 의한 간첩조작 사건 논란이 끊임없이 되풀이되는 게 바로 그런 이유입니다. 저와 같은 억울한 사람들이 반복되어 나오지 않기 위해서라도 제 사건의 진실을 반드시 밝혀야 합니다. 나의 사건은 단순한 형사 사건이 아니라 남북분단이라는 특수한 조건에서 국가정보원이 어떻게 간첩 사건을 기획하고 만들어 내는지 구체적으로 보여주는 사례입니다. 그래서 진실을 밝히는 일은 역사적으로도 중요한 일이 될 것입니다.

저는 20년 전에 제가 왜 평양에 갔고 무엇을 보고 생각했는지 이야기하고 싶었습니다. 평양방문은 나의 가치관, 역사의식 그리고 정치사상에 큰 영향을 끼친 일이라 그때 당시 나의 느낌과 생각을 그 당시의 시점에서 솔직히 표현하고 객관적으로 살펴보고 싶었습니다.

그런데 그런 저의 의도와 다르게 교정당국은 제 글을 범죄행위의 재현이라며 이적 표현물로 몰아세워 발송을 금지했고 결과적으로 출판을 막았습니다. 저는 또 한 번 좌절과 절망에 빠졌습니다. '진정성'과 '진실'을 이야기하기가 이렇게 힘든 일이라면 우리에게 '희망'과 미래가 있을까? 그런 절박하고 절실한 마음으로 지난 2년 동안 행정소송 재판에 임했습니다. 2013년에 인천지방경찰청에서 감옥에까지 들어와 제 거실을 압수수색 할 때는 정말 너무 힘들어서 포기하고 싶었지요.

그럴 때마다 한결같이 저를 믿어주신 최상철 동지와 석방추진 모임이 큰 힘이 되었습니다.

또한 변호인 접견권조차 인정받지 못한 어려운 조건에서 열정적으로 변호해주신 박재홍 변호사님이 안 계셨다면 이렇게 의미 있는 성과를 내기 힘들었겠지요. 이렇게 힘든 과정을 겪으면서 저는 많은 것을 새롭게 배웠습니다. 그것은 나에게 주어진 시대적 사명과 역사적 임무에 대한 자각입니다.

그리고 정의는 반드시 승리한다는 확신입니다. 마지막 대법원 재판에서도 승리할 수 있도록 끝까지 최선을 다하겠습니다.

최상철 동지!

우리 이제 좌절과 패배감을 벗어 던지고 승리와 진보를 향해 힘차게 나아갑시다.

승리는 우리의 것입니다.


추신

2월 25일 전화드릴 예정입니다.

박재홍 변호사님께 대법원 재판 변호인 의뢰를 부탁해주시고 선임료 알아봐 주세요. 저도 부담을 할 생각입니다. 석방모임 의견은 어떤지 궁금합니다. 서신검열이 여전합니다. 최상철 동지께 보내는 서신은 모두 검열되고 있습니다. 이번 서신도 검열을 할 것 같은데….

그럼 전화로 인사드리겠습니다.

# 너무나 정당한
# 문제 제기

2014년 2월 26일,
천주교인권위원회 귀하


송상교 변호사님을 직접 뵙고 자신감이 생깁니다. 송 변호사님이 서신 검열 문제의 심각성을 잘 이해하고 계실뿐더러 저와 같은 생각으로 재판 준비를 하는 것을 알게 되어 기뻤습니다. 송상교 변호사님이 전주교도소에 변호인 서신검열을 하지 말라는 공문을 보냈다는 소식을 듣고 변호사님께 답장을 보냈습니다. 그 서신은 검열했다는 말을 안 하는 것을 보니 검열하지 않고 보낸 것 같습니다.

그런데 어제 서신 담당(공안) 계장과 상담을 했는데, 원칙적으로 기결수용자와 변호인 사이의 서신 비밀 보장을 해야 한다는 의무는 없다는 말씀을 들었습니다. 송 변호사님께도 그런 취지의 답변을 보냈다고 하는군요. 그러니까 변호인에게 보내는 서신을 검열해도 별문제 아니라는 취지로 이해했습니다. 다만 발송을 불허한다면 다툴 소지는 있다는 입장이었습니다.

전주교도소를 상대로 손해배상 청구소송을 해야 하는 저로서는 여간 곤혹스러운 일이 아니군요.

송 변호사님 접견 이후 우리가 소송을 준비하자 서신검열에 대한 교정기관의 입장이 조금 달라지고 있습니다. 그 점에 관해 정보 공개 청구 신청을 냈는데요. 어제 상담하면서 알게 된 사실은 '서신검열대상자' 지정은 사라졌다고 합니다. 정보공개청구 답변서를 받으면 확인이 되겠지만, 어제 상담하면서 그런 사실을 알게 되었습니다.

작년까지는 본부의 지시로 일괄적으로 '서신검열대상자'를 지정하고 상시적인(임의로 아무 때나) 검열을 했는데 올해부터는 개별 편지 중심으로 검열하는 것으로 지침이 바뀌었다고 합니다. 왜 갑자기 내부지침이 변경되었는지는 모르겠지만 본부에서도 서신검열 문제에 신경을 쓰는 듯한 인상을 받았습니다.

자세한 이야기는 송상교 변호사님께 하겠으니 공유하시면 좋겠습니다. 앞으로도 재판에 직접 관련된 민감한 이야기는 송 변호사님께 직접 보낼 테니 이해해주시기 바랍니다. 변호인에게 보내는 서신은 검열을 덜 하지 않겠는가. 공문도 보냈으니까 그런 기대를 하고 있습니다.

2월 25일(어제)에 최상철 간사와 지금 진행 중인 행정소송 변호인 선임을 의논했습니다. 1심, 2심에서 이겼지만, 중요한 판례가 될 수 있어서 대법원이 뒤집는 것을 막기 위해 변호인을 선임하기로 했습니다. 만약 대법원에서 상고기각 확정 판결이 나오면 바로 손해배상 청구 소송을 할 생각인데 개별적으로 하는 게 좋은지 송상교 변호사님께서 하는 게 유리한지 의견을 나누고 싶습니다.

오늘 천주교인권위원회와 관련해서 두 건의 기사를 보았습니다. 하나는 헌법소원(주민등록증 사진채집)이었고, 다른 하나는 서울시 공무원 간첩사건 증거 조작을 고소했다는 기사였습니다. 두 개 모두 너무나 정당한 문제 제기라고 생각합니다. 두 가지 모두 저에게 민감한 문제들이고 심각하게 생각하고 있었던 것입니다.

제 사건에 대해서도 수사 과정을 정밀하게 분석해보면 여러 가지 문제점들이 밝혀졌을 텐데 그 당시에는 저 혼자였고 경황이 없어서 제대로 대응을 못 했습니다. 출소하면 제가 직접 제 사건에 대해 공론화할 것이며 재심까지 생각하고 있습니다. 가족들이 제 사건의 변호인을 구하지 못해서 서초동 변호사 사무실을 전전긍긍 돌아다녔습니다. 대부분 수임을 꺼려했습니다. 만약 그때 천주교인권위원회를 찾아갔다면 얼마나 좋았을까 라는 아쉬움이 큽니다.

저는 그런 실수와 교훈에서 많이 깨닫고 배우면서 나와 같은 희생자가 나오지 않게끔 내 사건을 공론화하고 문제점을 사회적으로 공유해가고 싶습니다. 그에 따른 희생과 고난은 얼마든지 참고 이겨나갈 것입니다. 사회적 약자를 보호하고 정의와 진리를 위해 싸우는 천주교인권위원회에 최고의 존경과 경의를 표합니다.

# 영원히 사라져야 할
# 간첩 조작 사건

2014년 3월 17일,
존경하는 천주교인권위원회 귀하

반가운 편지 잘 받았습니다.

박재홍 변호사님과 의논하시며 소송 준비를 챙겨주시는 천주교인권위원회에 두 손 모아 감사드립니다. 매번 답장 편지를 받을 때마다 천주교인권위원회에서 애써주시는 모습과 진심을 느낍니다. 진실과 사회정의 그리고 인권을 위해 노력하시는 천주교인권위원회를 사랑합니다.

재판 준비를 위해 관련 자료들과 소식들을 송상교 변호사님께 보내고 있습니다. 변호인에게 보내는 서신은 검열을 하지 않는 것 같아서 재판 관련 이야기는 송 변호사님께 직접 보냅니다. 송 변호사님을 통해 재판 준비 상황을 점검하시면 좋겠습니다.

금속노조의 김혁 정책기획실장님이 서신검열 문제로 얼마 전에 전주교도소 측과 전화로 항의하셨다는 전자서신을 보냈습니다. 사회적 공론화가 필요하다고 하시네요. 김혁 실장님께 연락을 드리시면 어떤 생각을 갖고 계신지 자세히 알 수 있을 것 같네요.

저의 사건기록을 검토해보시겠다는 답변 듣고 기쁩니다. 박재홍 변호사님께 부탁을 드려 사건기록을 천주교인권위에 보내겠습니다. 저 역시 재심을 단박에 하겠다는 것은 아닙니다. 그 전에 제 사건을 객관적으로 규명해보고 싶습니다. 제 사건은 언론에 알려진 사실과 달리 심각한 일이 아니었습니다. 그런데 17년간 활동한 고정간첩 사건으로 둔갑되었습니다. 그런 부분에 대해 객관적인 재조사와 검토가 필요합니다.

실제로 제가 간첩활동을 했다든지 그런 의도로 해외에서 북쪽 인사들을 만났다면 저 역시 수긍할 텐데 억지로 짜 맞추기식으로 사건을 조작했습니다. 공포심과 불안감 그리고 법률적 조력을 제대로 받지 못하는 조건에서 재판을 받았습니다. 공소사실을 인정하게끔 유도성조사를 했지요? 문제의 심각성이 큽니다. 이 문제는 제가 징역을 살고 나가도, 잘못된 점을 제대로 밝히지 않으면, 국가보안법에 의한 간첩 조작 사건은 계속 되풀이될 것이기 때문에 우리 공동체 모두와 미래 아이들 세대를 위해서라도 반드시 짚고 넘어갈 문제입니다.

제 사건의 핵심 쟁점인 군사기밀유출도 그렇습니다. 군에서 기밀관리는 매우 엄격하며 그 자료에 접근할 때 반드시 기록이 남아있습니다. 그런데 제가 갖고 있던 자료들은 장교들이 군사교리를 연구하기 위하여 참고용으로 보는 것들입니다. '족보'라고 보시면 됩니다.

저 역시 군 장교로 복무하면서 선배 장교에게 얻어서 갖고 있었습니다. 그리고 10년 가까이 잊고 지냈지요? 그런 CD가(1장) 집에 있는 줄도 몰랐습니다. 그것을 마치 목적을 갖고(불법적으로) 획득해서 북에 전달했다고 뒤집어씌웠지요.

GPS 좌표는 국정원에서조차 아무 문제 없다고 했는데, 검찰이 무리하게 추가로 덮어씌운 날조입니다. 차량용 GPS로 이용하던 것인데 수만 개의 좌표 가운데 동작대교, 국회의사당, 집 근처 수원비행장, 등등 20개 정도만 추려내서 목적수행혐의를 씌웠습니다. 할아버지 산소 위치를 확인하여 표시해둔 좌표를 그 근처 저유소 위치를 표시한 거라고 검사가 우기더라고요. 너무 어이가 없었지요. 마침 추석날 성묘 기록이 있어서 제 말을 믿더군요.

광교산에 갔던 위치 기록을 갖고는 국정원 위치를 파악한 것이라며 생난리를 치더군요. 저는 국정원이 수원 광교산에 있는 줄도 몰랐습니다. 나중에 정밀조사를 해보니 실제 국정원 위치와 큰 차이가 있어서 그것도 빼더군요. 이렇듯 검사는 GPS좌표 기록들이 저의 일상생활과 관계 있었음을 알고 있는데도 마치 좌표탐지를 한 것처럼 몰아갔지요.

제가 당시에 정신적 공황상태에 빠져서 그런 부분들을 끝까지 밝히지 못했지요. 그때 사건 담당 변호사님도 통 크게 공소사실을 인정해야 양형에서 유리하다고 해서 제대로 따질 수가 없었습니다. 그 외에 사실과 다른 내용이 한두 가지가 아닙니다. 국가정보원도 그런 사실을 알고 있으면서 그들의 실적과 정치적 목적으로 제 사건을 조작 기획했다고 생각합니다.

그 이유는 제가 11기, 12기, 13기 민주평통자문위원 활동을 했는데 2008년 8월 미국 텍사스 주 휴스턴에서 열리는 민주평통 차세대 청년 대표 위원으로 참석했습니다. 제가 우리나라 대표로 기조발표를 했는데, 이명박 정부의 '비핵 3천' 정책을 비판하고 10.4 선언 이행의 필요성을 주장했습니다. 그 당시 제 발표에 회의장이 술렁였고 교포들도 큰 관심을 보였습니다. 민주평통 사무처 직원이 급히 나서서 정부의 입장이 아니라고 해명을 하는 등 조금 소동이 있었죠. 그 일 이후 국가정보원이 저를 주시하면서 간첩사건을 기획했을 거라 추측하고 있습니다.

그 당시에는 금강산 관광, 개성관광, 그리고 평양까지 왕래가 빈번했던 때라 해외에서 북녘 동포를 만나는 일은 심각한 일도 아니었고 저는 북측 인사들에게 우리의 입장을 설명해주어 남북관계에 도움을 주려고 했기 때문에 오히려 긍지와 자부심이 있었지요? 그런 저의 태도와 입장 때문에 북측 인사들이 오히려 나에 대해 불편함을 이야기 했을 정도였지요.

한편 저는 북측 인사들을 만났을 때 핵 문제와 전쟁의 위험성을 아주 심각하게 느낄 수 있었고 정치학자로서 그런 문제에 어떻게 접근하고 해결의 실마리를 찾을지 학문적으로 연구하고 검토하려는 문제의식을 갖게 된 것이죠. 제 생각과 의견, 의도는 하나도 빠짐없이 수사과정에서 밝혔는데도 전혀 180° 다르게 각색되어 '간첩'으로 둔갑되었습니다. 저는 그 점을 결코 동의할 수 없습니다.

만약 제가 정말 간첩이라면 국가정보원은 나를 지금이라도 데려가 추가사건을 조사하고 무슨 활동을 하려했는지 조사해야 하는데 그렇게 하지 않잖아요? 아니, 어떻게 한 개인이 국가를 상대로 간첩활동을, 그것도 17년 동안 암약했다는데, 조직도 없고 북의 누구와 내통했는지 조사도 안 할 수 있나요!

저는 북의 조국평화통일위원회의 초청을 받아 비공개로 평양에 (93년, 94년) 두 차례 다녀왔고 해외에서(2003년) 만난 사람들은 조국평화통일위원회 일꾼들과 현지 외교관이었습니다. 제가 해외에서 그들을 만난 일은 남북정상 회담이후, 남북의 왕래가 빈번해지고 상호신뢰가 쌓이는 분위기에서 특별한 의도 없이 순수한 의미로 만났던 것이지 무슨 심각한 의도나 목적이 있었던 것도 아닙니다. 그런 정황에 대한 이해와 흐름을 무시하고 사건을 과장한 것이죠.

우리 남북관계를 풀기 위해서라도 제 사건의 진실을 옳게 밝히는 게 도움이 될 거라 봅니다. 제 사건은 천안함 사건에 비할 바 못 되지만, 이런 작은 사건들의 진실을 밝히는 데서부터 남북관계의 진정성을 확인할 수 있기 때문입니다.

사건 기록이 천주교인권위원회에 도착되고 재검토가 진행되면, 저 역시 적극적으로 객관적 진실 규명에 나설 것입니다. 늦었지만 그렇게라도 진실을 규명하는 게 학자 된 도리와 양심에 맞는 행동임을 확신하고 있습니다.

저는 국가정보원에서 재수사를 한다 하여도 양심에 거리낄 일도 없고 떳떳하고 당당하므로 전혀 두렵지 않습니다. 오히려 그들의 치부만 더 드러나겠지요. 천주교인권위에 부탁드리고 싶은 점은, 제3자의 시각에서 제 사건을 큰 흐름에서 재검토하고 객관적으로 살펴봐 달라는 것입니다.

현실적으로 우리 사회의 뿌리 깊은 반북정세가 있으므로 제가 북측인사를 비공개로 만났다는 사실조차 범죄시하는 부분이 있기 때문에 그런 분들의 법 감정을 자극하거나 그들이 보기에 나를 '변명'하는 것처럼 하지 않기 위해 꼭 객관적 시각에서 제 사건을 정리해보고 싶습니다. 그런 다음, 제가 실수를 했거나 의도와 달리 잘못 행동한 부분이 있었다면 그 점에 대해 제 스스로 깊이 고민 해보고 싶어요.

또한 제 경험가운데, 우리 민족이 함께 공유하고 고민할 부분도 있을 것입니다. 그런 교훈점을 찾아 우리 모두의 자산으로 삼아 민족의 화해와 평화를 전진시키는데 시사점으로 삼는다면 우리 민족이 보다 성숙해지는데 도움이 되지 않겠는가라는 기대도 해봅니다.

긴 안목에서 제 사건의 재검토가 이루어지길 바랍니다. 어려운 환경 속에서도 제 사건에 관해 진지한 관심을 가져주신 것만으로도 제게 큰 힘이 되고 있습니다.

저도 언젠가는 반드시 진실이 밝혀지리라는 희망을 놓지 않고 더욱 분발하겠습니다.

감사합니다.

# 무엇이 진실이고
# 누가 거짓말을 하는지

2014년 4월 3일,
천주교인권위원회 귀하

저의 형사사건을 재조사하기로 결정해주셔서 고맙습니다.

제 사건은 저 개인의 명예를 회복하고 억울함을 해결하는 것보다 더 중요한 의미가 있습니다. 제 사건에 대해 저 역시 납득되지 않는 부분이 많았습니다. 처음에는 국가정보원을 믿고 진실을 이야기했지요. 그러나 저의 의도와는 전혀 다르게 나를 17년간 활동한 고정간첩으로 조작했습니다. 그쯤에 천안함 사건까지 일어나 주변사람과 친인척은 물론 전처까지 저를 의심하며 떠나가자 도저히 나 혼자서는 진실을 알리는 게 불가능했지요. 부모님들과 여동생은 매일 면회 와서 무조건 잘못했다고 빌고 선처해달라고 해라, 그래야 조금이라도 형이 줄어들지 않겠느냐며….

재판 때 공소 사실을 인정한 것은 그 내용이 진실이라기보다는 감히 혼자서 싸울 엄두가 나지 않을 정도로 위축되었고 정신적으로도 혼란스러웠습니다. 사람을 50일 동안 가두어놓고 단 하루도 빠지지 않고 매일 아침 7시부터 저녁 9시까지 조사했습니다. 지금 생각하면 강압수사지요.

철저히 진실을 밝혀 다시는 저와 같은 불행한 일이 되풀이되지 않게끔 하려는 게 제가 진실을 밝히려는 궁극적 이유입니다. 저는 정치학자로서 북의 핵개발이 몰고 올 파장에 대해 매우 진지하고 깊이 고민했습니다. 북의 핵 과학기술 수준이 높은 것은 알고 있었지만, 핵무기를 개발하거나 핵보유국이 되려는 의지가 없다는 것은 의심의 여지가 없다고 생각했습니다. 실제로 그러한지 북측 인사들의 진심을 듣기 위해 북측 인사들을 만났고 남북 관계가 발전되게끔 우리의(국민들의) 생각을 설명해주었습니다.

2008년 8월, 민주평통자문위원 청년대표단 일원으로 해외동포 차세대 지도자 회의에 참여 했습니다(미국 휴스턴). 제가 그때 국내청년대표단 기조 발표를 했습니다. 그때만 해도 이명박 정부의 대북정책이 모호했지요? 2008년 5월에는 성김 6자회담 미국수석대표가 북에 가서 냉각탑까지 폭파하고 실험일지까지 받아 갖고 와서 북·미 회담의 기대감도 높았지요.

그래서 저는 그런 정세 흐름을 고려하여 이명박 정부의 '비핵 개방 3천' 전략이 한반도의 긴장 해소에 적합하지 않다고 비판을 하면서 노무현 정부 때(10·4 정상 선언) 이미 합의한 옥수수 5만 톤을 보내주는 게 좋겠다고 주장했습니다.

그런데 제 발표가 있은 후, 해외 동포들의 호응이 크고 주목을 받자, 민주평통사무처에서 정부의 공식 입장이 아니라고 긴급 해명을 하면서 술렁였습니다. 아마 그 일 때문에 청와대에서 노발대발했고 국가정보원에서 저를 지목하여 기획수사를 했을 거라고 생각합니다(수사기록에는 그 회의 때 제가 발표한 내용이 국가를 음해한 행위라는 보고서가 있습니다).

그날 저녁 민주평통사무처장인 김대식(오래 전이라 이름이 잘 기억이 안 나네요? 동아대학교 일본어과 교수였는데)을 만났는데 그 양반과 불편한 관계가 되었습니다. 나중에 알고 보니 그 양반이 이명박 정권 개국공신이자 최측근이라는 사실도 알았습니다. 그렇지만 저는 정치학자로서 민족의 장래를 위해 객관적인 정세를 토대로 그런 주장을 했기 때문에 당당했고 떳떳하게 나의 주장을 밝혔습니다.

아무튼 이 일을 계기로 이명박 정권이 저를 밉보니까 그것을 간파한 국가정보원이 오래전부터 저를 내사했던 자료를 활용하여 국정원의 존재감을 키우려고 기획수사를 했을 것으로 추측하고 있습니다.

국가정보원은 인도유학시절 그들의 협조자의 신고로 수사를 하게 되었다고 했는데, 그 부분이 잘 이해가 안 되고 납득이 안 갑니다. 왜냐하면, 국가정보원이 저를 17년 동안 내사를 해왔다는 거잖아요?

수수께끼 같은 일이 참 많습니다. 만약에 그 말이 사실이라면 더 큰 일입니다. 국가정보원은 평상시에 모든 국민들을 내사하고 존안자료들을 갖고 있다가 그들의 필요에 따라서 그런 약점을 빌미로 정치적 반대자를 '간첩' 또는 반사회적 인물로 만드는 것이니까요? 재조사를 하게 되면, 그런 부분도 자세히 밝혀져야겠습니다.

재조사가 진행되면 수사기록보다 더 자세하고 깊은 이야기를 서면으로 제출하겠습니다. 그래서 무엇이 진실이고 누가 거짓말을 하는지 밝혀야겠습니다.

군사기밀 수집 및 염탐, 그리고 넘겨주었다는 것도 거짓이며, GPS로 좌표를 수집했다는 것도 사실과 다릅니다. '국가정보원 3급 기밀' 탐지는 너무나 어처구니없는 일입니다.

하고 싶은 말이 많지만, 차차 자세히 말씀드리겠습니다.

어제 박재홍 변호사님께 서신을 드렸습니다. 박 변호사님과 상의하서서 제때에 수사기록이 천주교인권위에 전달되면 좋겠습니다. (박변호 사님과 의논하시면 좋겠습니다. 택배비용은 저에게 이야기해주세요.) 석방모임의 최상철 간사님께도 천주교인권위에서 제 사건을 재검토하기로 했다는 이야기를 드리고 도움과 관심을 부탁드렸습니다.

북에서도 제 사건에 깊은 관심을 갖고 있을 것입니다. 제가 만난 북측 인사들은 조국평화통일위원회 간부들과 외무부 소속 간부들이었습니다. 국가정보원은 그들이 '공작원'이라고 하지만 저는 좀 다르게 생각해요. 제가 북측 인사들을 편드는 게 아니라, 그분들은 나에게 '간첩' 교육을 시키거나 뭘 지시하지도 않았습니다. 북의 최고 지도부의 판단, 북의 정책, 그리고 어떻게 하면 우리 민족이 평화롭게 지낼 수 있을지에 대해 서로 토론하고 상호이해를 키우는 게 만남의 내용이었습니다. 이런 부분에 대해 보수적 시각을 갖고 계신 분들은 저를 '종북'이라며 매도하시지만.

정치학자로서 북의 내부 상황과 고위지도부의 정치내용을 제대로 이해하고 파악해야 문제해결의 해법을 찾을 수 있지 않겠습니까? 실정법을 위반하지 않으려고 해외에서 만났는데 그것을 범죄시한다면 우리는 영원히 북의 진짜 모습과 그들의 솔직한 생각을 알지 못하겠지요.

그런 행동을 비난하고 저에게 돌을 던진다면 그것은 제가 짊어지고 갈 몫입니다.

의사가 살인범으로 몰릴까봐 죽어가는 환자를 방치하는 것보다는 어떻게 해서든지 살리려 노력해야 하지 않을까요! 그렇다고 제 행동이 모두 정당하다는 것은 아닙니다. 좀 더 사려깊이 행동했었더라면 하는 아쉬움과 반성도 합니다.

이번에 사건을 재검토하는 게 저에게는 뼈아픈 성찰과 반성의 기회입니다. 제가 국가정보원의 터무니없는 폭력을 비판하지만, 저 스스로에게도 그런 기준을 철저히 적용할 것입니다.

사건기록 자체가 방대하고, 남북관계에 미치는 영향까지 고려한다면, 체계적이고 종합적인 재검토 작업을 부탁드리겠습니다.

담당 수사 검사는 제 사건을 2010년 3월경에 발표할 계획이었다고 말해주었습니다. 그런데 제 자동차에서 도청장치가 나오면서 긴급체포했다고 설명해주었습니다. 공교롭게도 2010년 3월에 천안함 폭침이 일어났습니다. 제가 알지 못하는 숨은 배경이 있다고 생각합니다. 그리고 원정화 씨 수사팀(검사)이 제 사건을 수사했습니다. 검사와 수사관들이 회유했다는 한겨레신문 보도는 사실입니다. 수사관들이 저에게 직접 이야기해주었습니다. 짜장면도 시켜주고 도시락도 배달시켜주었다고 하더군요.

"원정화 씨에게는 우리가 짜장면도 시켜주고 했는데 당신도 먹고 싶은 것 있으면 말해. 우리가 시켜줄 수도 있으니까." 늘 이런 식으로 저에게 회유했습니다. 우리가 이런 식으로 간첩사건을 조작하며 북을 자극한다면 남과 북의 신뢰는 멀어집니다. 그런 불필요한 긴장과 대립을 누그러뜨리기 위해서라도 더 이상 간첩조작사건들이 일어나서는 안 된다고 생각합니다. 바로 그런 일에 작은 보탬이 되고자 제 사건을 재검토하여 진실을 알리려는 것입니다.

다시 한 번 사건 재검토를 결정해주신 천주교인권위원회에 머리 숙여 진심으로 감사 인사 올립니다.

고맙습니다.

# 정정당당하게
# 거짓과 부정의에 맞서 싸울 것

2014년 5월 23일,
천주교인권위원회 귀하

강성준 선생님, 안녕하세요?

편지와 언론사 보도자료 잘 받았습니다. 예상보다 많은 언론사에서 관심을 가져주었군요. 이런 관심과 노력들이 우리 사회의 인권의식과 감수성을 높이는 데 촉매제가 되면 좋겠습니다. 연합뉴스 기사에는 "17년간 북측에 군 작전교범, 군사시설 위치 등을 알려주고 5만 달러를 받은 죄로 8년형을 선고받아 복역 중"이라고 나왔던데 참담합니다.

재심을 위한 재조사가 성과 있게 진행되어 진실을 꼭 밝혀야겠습니다. 제가 항상 고민하면서 제일 중요하게 생각하는 것은 '왜? 우리 민족은 분단이 되었고 어떻게 하면 이 가슴 아픈 민족분단의 장벽을 허물고 평화와 통일을 이룩할까?'입니다.

그래서 인도에 유학도 다녀오고 그 과정에서 두 차례 비공개로 평양을 다녀왔던 것입니다. 이런 저의 의도와 맥락을 무시하고 범죄인 취급하며 '간첩' 딱지를 붙이고 형벌을 가하는 우리 사회가 과연 정상일까 하는 의문을 갖게 됩니다.

우리 사회가 계속하여 대북 적개심에 갇혀 북을 제대로 이해하려는 노력을 하지 않는다면, 북의 변화에 올바른 대처도 못할뿐더러, 오해와 잘못된 판단으로 긴장과 갈등만 심화될 것입니다. 이것은 결과적으로 우리 모두에게 상처를 주고 퇴행시키게 됩니다. 제가 재심을 하여 진실을 밝히려는 일은 저 자신뿐만 아니라 우리 사회체제를 성찰하고 바르게 가려는 길이라 확신해서입니다.

돈(공작금)을 받고 군사교범을 넘겨주었다는 것은 대단히 표면적이고 지엽적인 조각들을 가지고 악의적으로 사실관계를 왜곡하여 저를 모욕주고 진실을 은폐하려는 국가폭력입니다. 한 개인의 힘으로 국가에 의해 조직적 폭력에 맞서 싸우기란 쉬운 일이 아닙니다. 그래서 재판과정에서 포기하고 형량이나 줄이자는 유혹에 타협했지만 그것은 진실도 아니고 제 양심상 받아들일 수 없는 일입니다.

재심의 길이 험난하여도 정정당당하게 거짓과 부정의에 맞서 싸울 것입니다. 그래야 아이들에게 그리고 진실의 편에 계신 분들께 부끄럽지 않을 것 같습니다. 비록 목소리로 인사드려서 아쉽지만, 강성준 선생님을 뵙게 되어 저 역시 기쁩니다.

지난 5월 23일에 국가인권위원회 조사관과 면담을 했습니다. 두 개의 진정을 접수했습니다. 하나는 말씀드렸듯이 변호인 접견 시 변호인과 재판자료 전달과 인수 건이고 또 다른 사안은 공안수 분류심사와 처우의 차별 건입니다.

공안수들은 경비처우급과 관계없이 공안전담 교도소에 수용시키고 있는데 바로 그 점이 차별이라고 생각하여 진정을 했습니다. 국가인권위원회에서 정식조사하게 되면 그 내용을 천주교인권위원회와 공유하겠습니다.

공안전담 교도소라고 해보았자, 공안전담 직원이 1명 있는데 그것도 공안수 전담 업무만 맡는 게 아니어서 사실상 별 의미도 없습니다. 특별한 교육, 작업 처우가 있는 것도 아니어서 오히려 제약이 될 뿐이에요. 관련 법규나 지침을 찾아보아도 공안수전담 교도소 운영에 관한 것은 없습니다. 이와 관련해서 제가 참고할 자료나 조언을 듣고 싶습니다.

해남교도소 서신발송 금지 보도자료와 해남교도소의 답변서 살펴보았습니다. 수신처가 '언론사'라서 검열을 했다는 것은 동의할 수 없는 일이에요. 전주교도소도 마찬가지입니다. 지금도 천주교인권위원회와 같은 인권사회단체나 기자들에게 보내는 편지들을 계속 검열하고 있습니다.

교정기관의 특성상 폐쇄적인 조직문화가 강한데, 그러다 보니 언론과 사회에 노출되는 것을 불편해합니다. 교정보다는 범죄자들에 대한 국민들의 법 감정에 의존하다 보니 시대에 뒤떨어지는 부분이 존재합니다. 재소자들의 교육과 의식수준이 높아졌는데도 관행과 폐쇄적인 조직문화에서 벗어나지 못하기 때문에 이런 문제가 발생하고 있는 것입니다. 그런 문제제기들을 재소자들의 불평, 불만 그리고 법질서에 대한 훼손으로 보고 처리하는 자세가 잘못인 것이죠.

그동안에는 보안검사라는(내용물) 명목으로 서신을 개봉하게 함으로써 사실상 검열이 상시적으로 가능했는데 밀봉을 하게 되니까 불안한 마음에 자꾸 서신검열을 하는 것이라 봅니다.

김 씨의 서신 내용을 보면, 해남교도소만의 문제라기보다는 거의 대부분의 교도소에서도 비슷한 일이 벌어지고 있는 현상입니다. 꼭 광주교도소만의 문제는 아니라고 봅니다. 현행법에는 마약, 조직폭력, 관심수용자들은 분리수용하게끔 되어 있지만, 교정시설의 한계로 현실적으로 어려운 일이예요. 그러다 보니, 교도소에서 생활하면서 범죄정보를 많이 얻게 되고 그것이 재범으로 이어지는 것이지요.

어쩌면 이런 현실을 '거짓말'이라고 숨기기보다는 솔직히 인정하고 사회적 공론화와 대책을 세우는 게 미래지향적일 텐데 자꾸 감추려고 만 하니 불신감만 커지고 있네요. 일반적으로 언론사에 제보를 하면 해당 언론사들은 취재를 통해 사실관계를 객관적으로 파악하여 사실 일 때에만 보도를 합니다. 그런데, 해남교도소의 답변서를 보니 언론사 제보를 교정행정에 부당한 압력을 행사하여 수용생활의 편의를 도모 하거나 교도소 직원 등의 명예를 훼손하는 일로 깎아내리는 태도는 대 단히 권위주의적입니다. 교정기관의 권위는 진정성과 공정함에서 발현 되는 것이지 강압적 힘에서 나오는 게 아닙니다.

저도 해남교도소의 답변서를 읽으면서 왜 나의 서신을 검열하고 있 는지 이해가 되면서도 씁쓸합니다. 감옥에서 5년째 지내다 보니, 실제 현실적 고민도 하게 됩니다. 어느 소장님은 "교도소가 구호시설, 복지 시설이 아니지 않느냐!"라고 하십니다. 물론 교도소에는 엄격한 규율 이 필요하고 국민의 법 감정도 무시할 수 없겠지요. 그런데 가장 핵심적 인 것은 재소자들이 다시 사회로 복귀한다는 점입니다. 그 점을 고려했 을 때 국가기관으로써 전문적이고 장기적 관점에서 수용자들을 어떻 게 관리하고 범죄예방에 기여하겠는가가 핵심과제가 됩니다. 바로 이에 대한 실제적인 대안이 부족하고 현상유지에 급급하다는 것입니다.

저 역시 지금 당장 대안을 제시하라면 쉽게 답을 드릴 수 없는 노릇 입니다. 분명한 점은 바로 그런 대안을 찾기 위해서라도 사회적 공론화 가 필요하며, 교정기관의 현실이 외부로 노출되는 것을 부정적으로 볼 필요가 없다고 봅니다.

비판을 통해 더 건강하게 거듭날 수 있다고 확신합니다. 왜 범죄자들을 도와주느냐며 비난하시는 분도 계시겠지만, 특정 범죄인을 두둔하는 게 아니라, 나와 우리 가족 그리고 전체 공동체의 건강한 삶을 위해 비록 교도소의 수용자이어도 그분들의 인권을 배려하는 것이라고 저는 믿습니다. 그래서 천주교인권위원회와 강성준 선생님의 활동을 지지하고 존경합니다.

항상 저의 건강을 염려해주셔서 고맙습니다. 강 선생님과 천주교인권위원회의 건강과 평화를 기원합니다.


추신

언론에 보도된 기사 자료들을 1부씩 더 보내주실 수 있는지요?

송구스럽지만, 부탁드리겠습니다.


**붙임 1. 공안수 분류심사 및 처우의 차별**


1. 근본 문제

경비처우급과 경비등급시설의 불일치.

본인의 경우, 경비처우급은 2급인데, 경비등급시설은 S4급(중경비시설)에 수용되어있음. (전주교도소는 S3급, 일반경비시설)

'분류처우 업무지침' 제5절 분류수용에 관한 경비등급별 수용원칙에 따르면 완화경비 처우급(2급)은 완화경비시설에 수용되어야 함.

2. 인권침해와 공안수에 대한 차별 발생

1) 중경비시설에 구금함으로써 정신적, 심리적 압박.

2) 중경비시설의 구조적 특성상, 처우등급에 맞는 처우를 할 수 없어서 소
내 자치생활, 교육과 작업, 사회적 처우, 개인 작업 그리고 외부 직업훈련의
기회를 근원적으로 박탈당함.

3) 경비처우급 상향 조정 불가능, 가석방도 불가능. 중경비시설에 수용된 재
소자들이 대부분 중경비처우급과 일반경비처우급이므로 공동으로 할 수
있는 작업과 교육에서 제외되기 때문에 '평정 소득점수'를 받을 수 없음. 현
재 소득점수 평정 및 평가는 수형생활태도 5점 이내 작업 또는 교육성적
5점 이내 총 10점 만점이며 8점 이상 시 S2급에서 S1급으로 상향조정될 수
있음.

3. 결론

교정시설 경비등급별 수용자의 처우에 관한 지침과 모순되는 공안수들의 처
우는 심각한 인권침해를 초래하며 신체적, 정신적 압박과 고통을 주고 있음.

# 포기하지 않고 싸울 때
# 기회가 생기고 변화가 일어납니다

2014년 9월 16일,
권말선 시인에게


전주 KBS 시사기획 NOW 방송기사 잘 봤습니다.

지역 자체 방송이어서 방송을 못 보신 분들이 저에게 어떻게 방송을 볼 수 있는지 뒤늦게 물어보세요. 자주민보 기사를 보시라고 알려드렸습니다. 분단국가에서 조국통일을 하려면 북을 객관적으로 이해할 필요가 있다고 생각했어요. 그래야 구체적이고 현실적인 조국통일의 방법을 찾을 수 있으니까요. 그런 마음으로 북측 인사들을 해외에서 만났는데, 그들이 공작원이고 나는 '간첩'으로 둔갑되는 바람에 충격과 혼란에 빠졌어요. 일방적인 재판과정으로 많이 힘들었지요.

지난 5년 동안 감옥에서 견딜수 있었던 힘은 '진실'을 밝히겠다는 의지 하나였어요. 그러나 고립된 감옥에서 무엇을 어떻게 할지 몰라 막막하고 절망감에 빠졌습니다. 그러함에도 포기하지 않고 싸운 덕분에 5년을 잘 이겨낸 것 같군요.

가족, 동지들의 강력한 동지애와 믿음이 없었다면 저 혼자 고립되어 무너졌을 거예요. 덕분에 상처는 있지만 많이 치유되었고 마음도 성장했습니다. 하지만 남북대결이 계속 격화되고 통일을 향한 국민들의 의지도 사그라지는 것을 보면서 마음이 무거워집니다.

북의 군사적 실체들이 일반인들에게까지 속속 알려지게 되자, 동요하는 민심을 다잡으려고 공안통치를 강화하는 경향이 나타나고 있어 우려스럽습니다. 국내 정치상황도 세월호특별법으로 민심이 크게 흔들리는 상황이라 안보를 구실로 공안통치로 대중들을 겁주고 억압하려 하겠지요?

그만큼 보수세력들도 자신감을 잃고 동요한다고 볼 수 있습니다. 싸움에서도 이성을 잃고 흥분하는 사람이 지잖아요. 그와 같은 이치입니다. 이렇게 혼란스럽고 동요하는 세상에서 전진하려면 냉철한 이성으로 세상을 객관적으로 이해하여 현실적으로 나가야 실마리가 생깁니다. 작은 이익과 탄압에 굴하거나 타협하지 않고 한 방향으로 나가는 게 가장 빠른 길이 아닐까 생각되네요.

저도 그런 자세로 하루하루 최선을 다하고 준비합니다. 지난 9월 6일에 멀리 대구에서 한기명 대구·경북 범민련 회장님과 인혁당 사건으로 사형당하신 도예종 선생님의 미망인이신 신동숙 여사님이 다녀가셨어요. 신동숙 여사님으로부터 형장의 이슬로 사라진 도예종 선생님 이야기를 직접 듣고 여사님도 울고 저도 가슴이 먹먹하여 말을 잇지 못했어요.

함께 오신 한기명 선생님과 윤종순 선생님께서도 잠시 동안 말씀을 못하셨지요. 짧은 면회시간이었지만 평생 여사님이 어떤 고통속에서 사셨는지 알 수 있었습니다. 여사님께 도예종 선생님의 교훈과 진실을 잊지 않겠다고 약속했습니다.

광주교도소에 계신 이규재 범민련 의장님께 면회 다녀오시고 저에게 면회 오셔서 이규재 의장님 소식도 들었습니다.

이규재 의장님께 안부편지 드렸습니다.

저는 지난 9월 12일에 민사재판이 열렸어요. 사건번호는 2014 가단 98043 손해배상(기)입니다. 재판부는 서울중앙지방법원 민사 제21단독이예요. 대한민국 변호인은 정부법무공단입니다. 정부의 준비서면 제출이 있었고 우리는 증거신청으로 전주교도소에 대한 사실조회 및 문서송부촉탁신청과 국가에 대한 문서제출 명령신청을 했습니다.

다음 변론기일은 10월 24일 오후 2시 40분입니다.

오랜만에 밖에 나가니 낯설고 신기했어요. 수갑 두 개와 호송줄에 묶여 서울 서초동 법정을 다녀왔습니다. 이제 조금만 더 이겨내면 자유로워지기 때문에 더 힘을 내려고요. 서신검열 민사재판도 최선을 다하여 승리의 소식 전해드리겠습니다.

오늘 정설교 시인님의 일반서신이 도착했습니다. 1심 재판이 4일에서 11일로 연기되었다는데, 석방되셨는지 궁금합니다. 오늘 아버지와 전화 통화했는데 기뻐하시네요. 무엇보다 출소일이 점점 다가와서 그런지 목소리도 밝으셨어요. 긴 징역이 영원할 것 같았는데 이제 2년 11개월 남았군요. 자유롭게 동지들을 만날 수 있는 날이 가까워지고 있어서 좋아요.

인규와 지원이에게 늘 관심가져 주셔서 고마워요. 아이들에 대한 제 마음을 이해해주셔서 정말 고맙습니다. 아이들과의 관계도 좋아질 거라 믿어주셔서 고맙습니다. 마음 한편으로는 아이들이 나를 이해하고 받아들여줄지 걱정도 돼요. 출소하면 아이들과 가깝게 지내면서 그동안 헤어져 지낸 시간들을 보상해주고 싶은 마음이 큽니다.

그게 제 뜻대로 될지는 잘 모르겠지만, 그런 방향과 마음 자세로 아이들과 가깝게 지내고 싶군요. 석방모임에 서신검열 민사소송 재판 시작과 경과들을 공유하면 좋겠습니다. 특히 전주교도소에 서신검열한 사람들의 명단을 증거신청했는데, 석방모임에서 공동으로 대응하고 서신검열에 대한 증거제출과 의견 또는 증인증언 등 민사재판에 적극 참여하여 재판부를 설득할 필요가 있습니다.

말선 씨에게 보내는 서신들도 검열하고 있습니다. 필요한 증거들을 제출하면 좋겠습니다. 일반인들이 서신검열에 대해 어떤 정신적 피해와 심리적 위압감과 불안을 느끼고 있는지 법정에서 증언을 해주시면 좋겠습니다. 오늘 박근혜 대통령이 세월호특별법과 관련해서 수사권과 기소권을 인정할 수 없다고 뻐대는데, 민심을 거스르는 도발입니다. 시간을 끌어서 잠잠해지면 일반교통사고처럼 돈 몇 푼 주고 묻어버릴 심산인 거지요.

이미 깨져버린 국민들의 불신과 분노는 사라지지 않을 것입니다. 결국 모든 국민들의 저항을 자초하는 일이 될 것입니다. 계란으로 바위치기라 하여도 끝까지 포기하지 않고 싸울 때, 기회가 생기고 변화가 일어납니다. 우리 국민들도 그걸 깨닫고 일어날거라 믿어요.

모두 힘냅시다.

# 국보법이 사라지지 않는다면
# 악순환이 반복될 것

2014년 10월 3~4일,
백철현 동지께

백철현 동지께. 안녕하세요? 오랜만에 편지 드립니다. 월초에 신문 발행을 한다고 했는데 소식이 없어서 궁금했어요. 어제 신문과 자료 그리고 전자서신 받고 마음이 놓입니다. 혹시 예상하지 못했던 일이 생긴 건 아닐까 걱정했지요. 공안탄압의 강도가 나날이 높아지고 있으므로 날벼락 같은 압수수색과 체포 같은 일이 벌어질 수 있지요. 이제는 인터넷은 물론 개인 사이의 카카오톡 대화까지 상시검열하고 감시한다니, 세상이 감옥화 되어가는 것 같습니다. 서신검열로 항상 자기검열을 하며 시달리고 있는 저로서는 검찰의 인터넷 통제 의지와 실행에 분노와 경악을 금치 못하겠습니다.

어쩌다 우리 사회가 이 지경까지 퇴보했는지 우울합니다. '세월호참살' 진상규명이 지배계급의 농간으로 흐지부지되고 있습니다. 노정신 신문에서도 진실규명을 위한 비타협적 투쟁을 주장했지만, 그런 주장을 하면 쌍심지 켜고 잡아먹으려고 득달같이 달려들고 있잖아요. 서북청년단 재건위원회까지 활개치고 다닐 만큼 심각한 상황이에요. 더 큰 문제는 보수 지배계급의 반동적 공세에 효과적으로 맞서 싸울 정치적 구심체가 없다는 것입니다. 다들 잔뜩 겁을 먹고 있어요. 물론 이런 과정에서 가짜 진보세력과 기회주의자들의 실체가 드러나는 성과도 있지만, 전반적으로 흩어진 진보진영이 정치적으로 단결하여 돌파구를 찾아야 할 텐데…. 그런 노력이 보이지 않네요. 밖의 사정을 잘 모르면서 감옥에 앉아 평론가처럼 떠드는 게 미안하고 죄송스럽습니다.

그렇지만 지금처럼 진보진영이 너무나 기본적인 세월호 진실투쟁에서조차 패배하고 밀리면 어떻게 대중들의 지지를 이끌어낼지 답답해 보입니다. 저도 이번 신문의 논조에 공감하고 지지합니다. 신문을 읽고, '국정원에서 노정협을 표적으로 삼고 작업을 하겠구나!' 그런 생각이 들었습니다. 국정원 공작활동을 보면 수년간 동향파악과 정보수집하며 자료들을 비축해놓았다가 결정적인 시기에 압수수색과 체포로 기선을 제압하고 목표물을 제거합니다. 이곳에서 쟤네들 활동하는 방식을 곰곰이 분석해보니 패턴이 그렇더라고요. 그런 공격에 대비하여 미리 준비하는 것이 필요합니다. 전주방송국 보도물과 작은책에 실린 글까지 챙겨서 읽어봐주셔서 고맙습니다. 그렇게 하찮은 글조차 감옥에서는 쓰기가 어렵고 재판하고 싸워야 겨우 내보낼 수 있는 상황이에요.

그게 지금 우리들의 정치현실이기도 합니다. 과거와 달리, 저를 지지하는 글과 제가 쓴 글들이 인터넷에서 검색된다니 다행이에요. 그동안 백철현 동지가 도와주신 덕분입니다. 5년 1개월이 지났고, 앞으로 2년 10개월 남았네요. 감옥에 갇혀 있는 동안 정말 많이 변했습니다. 저부터 크게 변했으니까요. 출소해서 현실과 직접 부딪히면 그 큰 변화를 실감하겠지만 현재는 무덤덤해요. 남은 징역 생활을 어떻게 보내고 출소해서 어떤 일을 하며 살까? 그런 고민들을 하고 있습니다. 저놈들은 저를 보안관찰로 감시할 테고, 자격정지 5년과 추징금으로 저를 옥죌 텐데, 그런 제약들을 어떻게 풀어갈지 구체적이지는 않지만 앞으로 생각할 과제입니다. 제가 합법적으로 활동하는 정치적 공간만큼이 우리 사회의 수준일거라 봅니다. 저는 아마도 그 경계선에서 입지점을 넓히려 싸울 테고, 싸워서 늘어난 공간만큼 우리 사회의 진보적 정치공간이 커지는 것이겠지요. 제 글이 이곳저곳에서 검색된다니 신기합니다.

더 분발하여 더 좋은 글을 써서 입지점을 강화시켜야겠습니다. 글쎄요! 석방 이후의 삶이라… 잘 실감이 안 나는군요. 생활 기반을 마련하는 게 급선무일 텐데 대학교에서 강의 자리와 임용 기회를 줄까요? 아마도 쉽지 않을 거에요. 연구하고 공부하고 학생 가르치는 일만 하고 살았는데, 무슨 일을 해야 할지는 출소해봐야 알겠지요. 안정적인 연구를 하려면 재정적인 뒷받침이 필요한데, 우리의 정치현실에서는 힘든 일이잖아요. 연구활동을 접고 돈을 버는 일에 몰두해야 하나! 그런 갈등도 있습니다. 일단은 장학금이나 연구후원금 같은 지원을 알아보고 가능성을 찾아보고 그것이 불가능하다고 판단되면 직접 돈 버는 일을 해야 하지 않겠습니까.

비주류의 설움과 배고픔이 크지만, 구걸해서 살고 싶지는 않아요. 또 한편으로, 제가 북측 인사와 가까웠고 북에 대해서도 잘 알기 때문에 남북관계의 발전에 기여할 수 있는 가능성도 있습니다. 그러나 보수세력의 견제와 감시가 심해서 부담도 있어요. 그 부분은 향후 남북관계 변화에 따라 유동적입니다. 상황을 살펴보면서 목소리를 낼 생각입니다. 사실, 우리나라에서 인도 지역 연구의 기반이 약하므로 제가 할 수 있는 일도 많을 텐데, 수감경력이 그런 기회들을 제약할 것으로 예상이 됩니다. 경력단절도 큰 문제이고 논문과 연구실적도 부진하잖아요. 출소해서 그런 불리한 요인들을 최대한 빨리 극복해야겠는데, 그런 생각하면 마음만 바쁘고 누구와 깊이 의논할 수도 없기 때문에 막막해요.

'실력만 있으면 되지'라고 스스로 위안을 삼지만, 현실도 무시할 수 없잖아요. 인도박물관 김양식 관장님과 출소하면 일을 같이 하기로 했는데, 그것도 그때 가봐야 알겠지요. 순수문화교류단체를 지향하면서 정부보조금 지원을 받고 있어서 제가 불쑥 인도박물관에 들어가면 기존의 연구원들이 반발할거예요. 인도박물관을 기반으로 새로운 사업을 키워나가야 저의 입지가 생길 텐데, 그러려면 탈정치화 한 사업을 키울수밖에 없을 것 같아 고민이죠. 대학교수는 학생들 가르치는 수업만 하면 그 외 연구과제는 누구의 간섭받지 않고 할 수 있는데, 일반 연구소나 기관은 돈을 주는 곳의 입장을 대변하는 연구를 해야 먹고살잖아요.

그렇다고 제가 지금 당장 연구소를 독자적으로 운영할 자금도 없고…. 노동사회과학연구소 같은 곳이 국책 연구 프로젝트에 기금을 받아 성장하면 좋은데, 저놈들이 훼방이나 안 하면 다행일 정도로 무시하잖아요. 출소해서 구체적 상황을 보고 판단하겠지만, 백철현 동지와도 많은 대화를 나누고 방향을 정할 거예요.

10월 3일


오늘 뉴스 속보 들으셨겠지만, 김양건, 최룡해, 황병서 북측 고위급 대표단이 왔습니다. 저도 깜짝 놀랐습니다. 저는 남북대화의 돌파구가 열린데 대해 좋은 일이라고 생각합니다. 북이 보수세력에게 대화의 명분과 기회를 주었으므로 이제는 박 대통령과 보수진영의 선택만 남았습니다. 북이 작심하고 대표단을 보낸 것 같습니다. 한편으로는 북이 이번 고위급 인사들까지 보냈는데도 박 정권이 계속 대북 적대시정책을 유지한다면 북은 아주 강경하게 핵실험도 강행하면서 나갈 것으로 보입니다. 북이 박근혜정권을 들었다 놨다 하는군요. 북이 고위급 인사들을 보내서 핵을 포기하겠다고 이야기할리는 없을 테고 이제 그만 대화하자라고 했을 것입니다.

박 정권이 대화를 받아들이면 북의 핵을 인정하고 현실주의로 돌아간다는 의미입니다. 지금 박 정권은 내부적으로 당황하고 있을 거예요. 사실 미국과 함께 사드 배치와 일본의 자위권 문제들을 논의하려는 시점에 불쑥 고위급 회담을 하게 되어 어리둥절하겠지요. 오늘 아시아경기대회 폐막식에 나타난 김관진 안보실장의 표정이 밝지 않았습니다. 최룡해는 조금 상기된 모습이었고 핵심실세인 김양건 대남담당비서는 여유가 있었고 북측 선수단 입장을 하자 환하게 웃더군요. 오늘 있었던 고위급 회담 분위기를 느낄 수 있었어요. 저는 북이 오늘 고위급 회담을 갑자기 제안하고 한 일은 아니라고 봅니다.

미리 사전에 치밀한 계획을 했다고 봅니다. 다만 우리 측에 어제 갑자기 통보한 것은 미국과의 사전조율 없이 남북 당사자끼리 만나자는 의도입니다. 방문 형식도 폐막식 참석으로 하여 외교와 의전절차도 다 건너뛴 그야말로 날것 그대로의 만남으로 남측의 의도와 의지를 실험한 것입니다. 우리야 폐막식에 오겠다는데 막을 수는 없었을 테고, 이렇게 북측의 최고위급 인사들이 내려오는데 밥만 먹고 보낼 수도 없잖아요? 그렇다고 아무나 내보낼 수도 없을 테고. 김관진이 끌려나가듯이 불려나가 똥줄이 탔겠죠. 미국과 사전조율도 못했으니 기존 입장 고수했다간 서로 전쟁하자는 이야기겠고, 대화에 동의하면 한미 공조가 틀어지고 아마도 북측 입장을 듣기만 했을 가능성이 큽니다. 북은 남북이 대화하자, 그럼 핵 문제고 미사일 문제고 인권 문제고 다 풀린다. 그러나 대화로 풀지 않겠다면 우리도 살아야 하지 않겠느냐. 우리식대로 우리 살길 찾아가겠다.

뭐 이런 이야기를 했을 것입니다. 오늘 회담은 서로 탐색전이고 정책 전환을 할지, 말지를 놓고 최후통첩의 성격이 있습니다. 미국은 당연히 북의 흔들기 전략에 화를 내며 박 정권을 단속하려 들 테고 고민을 하겠죠. 박 통이 미국의 만류를 뿌리치고 북과 대화에 나설지는 좀 더 지켜봐야겠지만, 최근 UN 연설에서 한 발언을 보면 대북정책기조를 바꾸기는 어렵다고 봅니다. 북도 그런 점을 알면서도 고위급 인사들을 보낸 이유는 영변 핵발전소 운영과 위성발사, 핵실험 등등 자신들의 명분을 세울 수 있기 때문이겠죠. 대화든 대결이든 북으로서는 어느 쪽으로 가든 손해는 아닙니다. 그런데 우리는 좀 복잡해요. 가뜩이나 중국-미국의 군사적 대결로 미국에 대해 우리 국민들이 의구심을 갖고 있는데 마냥 미국과 군사동맹을 믿고 대결로 갔다가 그 뒷감당을 누가, 어떻게 할지 열심히 계산기 두드리고 있으니까요.

초등학생이 계산기 두드려도 전쟁 나면 우리만 손해임을 압니다. 북이 이 정도까지 성의를 보였는데 대화 분위기를 깨어 제4차 핵실험까지 이어지면 그 책임 역시 박 정권에게 그대로 가겠죠. UN경제제재 해봐야 아무 소용 없다는 것은 이제 모르는 사람이 없어요? 이처럼 치고 빠지는 북의 외교전략과 전술을 보면 참 대단합니다. 이번에도 우리의 허를 정확히 찔렀어요. 우리는 북이 곧 망할 거라 믿고 싶겠지만, 실제로 북에 가보면 놀라지 않을 수가 없어요. 국가보안법으로 진실을 은폐하려고 하지만, 그렇게 한다고 위성 쏘아올리고 핵무기 보유한 북의 실체가 은폐될까요. 손바닥으로 해를 가리는 격이에요.

북이 그들의 군사력에 확신을 갖고 있어요. 군사대국인 미국을 완전히 농락하잖아요. 이북 외무상이 이란에 가서 이란-미국 핵협상 흔들고 UN총회에서 대놓고 미국을 비난하고 러시아에 가서 협정 맺고 오늘은 갑자기 고위급 대표단을 보내 한미 동맹을 시험하고 있어요. 미국으로써는 미치고 팔짝 뛸 노릇이지요. 오늘 남북 고위급 만남으로 미국의 사드 배치는 어려워졌습니다. 만약 미국이 그것을 강행하면 미국의 의도가 북이 아니라 중국과 러시아라는 점을 증명하게 되기 때문이죠. 앞으로 남북 당국자들의 후속조치들이 기대됩니다. 이왕에 고위급 만남이 성사된 마당에 아주 획기적인 변화가 있었으면 좋겠어요.

새민련은 꼴 좋네요. 지네들이 합의한 6·15, 10·4 정상선언도 지키지 못해 새누리에 빼앗기고, 세월호 특별법 같은 민생조차 챙기지 못하는 머저리 같은 놈을 누가 좋아할까요. 새민련 '새'됐네요. 다음 총선, 대선 때 '비판적 야당 지지' 떠드는 놈 있으면 미친놈이라고 욕할 것입니다. 이참에 새민련 해체하고 새로운 야권세력이 나타났으면 좋겠어요. 국보법을 폐지할 만큼의 부르주아 정당이 정권을 잡아야 사회주의 정당이 생기겠죠. 국보법이 사라지지 않는 이상, 힘이 없기 때문에 희생과 패배의 악순환이 반복될 거예요. 남북 관계의 변화를 상상하며 기분 좋은 하루를 보냅니다. 10월 신문은 보내주신 자료 가운데 인도 총선 결과 논문을 분석해서 써보겠습니다. 바쁜데도 꼼꼼하게 많은 자료 보내주셔서 고맙습니다. 백 동지께 항상 고맙습니다.

10월 4일

# 왜 서로 총을 겨누고
# 몇십 년을 등지고 살아야 하는지

2014년 11월 7일,
이윤 선생님께


안녕하세요? 선생님.

귀한 책들 잘 받았습니다. 고맙습니다. 『재미동포 아줌마, 북한에 가다』는 신은미 작가가 직접 서명을 하여 선생님께 주신 귀한 책인데 저에게 보내주셔서 놀랐습니다. 책을 받자마자 읽었습니다. 저는 93년과 94년에 비공개로 이북을 다녀왔다는 이유로 8년을 감옥에서 보내고 있는데… 재미교포는 책도 내고 상도 타고 대접받는 것을 보고 씁쓸했습니다. 사실, 그런 우리 민족의 분단모순을 바꾸자고 우리가 싸우고 있는 것 아니겠습니까. 더욱 굳은 신념과 의지로 싸워갈 것입니다. 소녀 같은 감상과 호기심으로 북한 탐방기를 잘 표현했더군요.

저도 책을 읽으면서 20년 전의 일들을 떠올리며 추억들을 회상했습니다. 20년 전이나 지금이나 순박한 이북 동포들의 일상생활은 그대로인 것 같습니다. 그렇지만 사람들의 표정과 거리의 모습은 더욱 활기차 보이네요. 저는 나진-선봉 지역과 원산은 아직 못 가보았는데, 꼭 가보고 싶습니다. 저도 프로펠러 비행기를 타고 백두산에 다녀왔는데, 지금도 그 비행기가 있네요. 신기하고 반갑기도 합니다. 백두산 천지의 장관이 지금도 생생하네요.

삼지연과 백두산 밀영, 항일유격대의 발자취를 느낄 수 있었던 사적들과 대기념 작품 등등 많은 경험과 견문을 쌓을 수 있었습니다. 그런 일을 경험하고 직접 눈으로 보니 민족분단의 아픔과 우리의 현실을 정확히 인식할 수 있었습니다. 당시 20대 초반이었던 저는 민족분단에 대한 문제의식을 갖게 되었고 그런 고민 속에 정치학 연구를 해왔습니다. 국가보안법에 위축되어 공개적으로 나의 방북 사실을 밝히지 못했지만, 이제는 당당하고 떳떳하게 북에 대해서 연구하고 우리의 현실을 객관적으로 진단하여 조국통일을 위한 방향을 제시하고 공감대를 키워나갈 생각입니다. 이북에 가면 낯설고 이질적일 거라고 생각하지만 그렇지가 않습니다. 민족 고유의 전통과 유산을 보존하고 있으며 자연과 삶의 모습이 자연 그대로 넘쳐나는 인간미가 살아 있는 곳이지요.

늘 경쟁과 시간에 쫓기듯 강박관념에 물든 우리들이 보기에는 시시하다고 하겠지만, 저는 그런 북이 더 인간적이고 자연스러운 고상함이 있다고 느꼈습니다. 20년 전이나 지금이나 그런 고상함을 잊지 않고 살아가는 북의 모습이 좋아 보이고 신뢰가 갑니다.

우리 민족이 힘을 합쳐 서로 돕고 사는 일이 당연한데도, 우리는 왜 이리 서로 총을 겨누고 몇 십 년을 등지고 살아야 하는지 납득이 안 됩니다. 민족의 배신자와 기회주의자들의 농간을 갈아엎고 우리 모두가 꿈꾸고 소망하는 세상을 만드는 데 목소리를 내고 싸워나가야겠습니다.

제가 이런 주장을 하면, 북의 동무들은 공감하고 지지해주는데, 나의 부모형제, 자녀가 있는 이곳은 나를 '간첩', '배신자'라며 감옥에 가두어놓았습니다. 그래서 실망도 컸지만, 이제는 아닙니다. 나라의 자주권도 지키지 못하여 남의 나라에 전시작전권을 갖다 바치는 사람들이 잘못된 것이지, 제가 잘못된 사람이 아님을 확신하고 있습니다. 누가 '배신자'인지 역사가 증명해 줄 것입니다. 선생님과 그날을 함께 맞이하겠습니다.

# 감옥이라는
# 진흙을 뚫고 피는 연꽃

2014년 11월 18일,
권말선 시인에게

오늘 송상교 변호사님이 다녀가셨고 어머니, 아버지와 전화 통화했습니다. 어머니와 아버지께서 법정에 오십니다. 어머니는 놀라실까봐 국가보안법 재판에 참석도 안 하셨는데 어머니까지 오신다네요. 하루 먼저 오산의 여동생 집에서 주무시고 여동생과 같이 법정에 오시라 했더니 그냥 두 분이 이른 아침에 대전에서 오신답니다. 여동생과 전화 연락을 못해서 자세한 내용을 몰라 걱정입니다.

법정은 동관 472호라고 알려드렸는데, 혹시 법원에서 길을 잃을 수도 있으니 부탁드립니다.

오늘 부모님께 자주민보 권말선 기자를 소개하고 그날 법원에 방청하러 온다고 말씀드렸어요. 연락처도 알려드렸습니다. (010-0000-0000) 맞지요?

괜찮으시다면 미리 부모님과 연락하셔서 법원 오는 길 그리고 인사를 나누면 좋을 듯 싶네요. 재판 후 오신 분들과 인사도 나누고 점심도 드시면 좋겠어요. 부모님께 법원에서 자연스럽게 석방모임, 양심수후원회, 민가협, 구노회, 송 변호사님 등과 만나 인사를 하시라고 했습니다. 사건의 충격으로 말도 못하고 속앓이만 하셨을 텐데 서로 마음이 통하고 진심을 이해한다면 부모님들도 큰 용기가 될 것입니다.

아버지는 '지원이와 인규에게'란 시를 읽으시며 많이 우셨대요. 아이들 사진과 시를 짓게 된 이야기를 해주시면 부모님이 기뻐하실 것입니다.

저도 오늘 아버지, 어머니와 전화 통화하면서 적극적인 모습에 놀랐습니다. 저를 믿고 확신한다는 것을 느낍니다. 그래서 기쁩니다. 가족들이 슬픔을 이겨내고 저와 함께 단단해지고 있구나, 이런 게 변화고 전진하는 거구나, 우리 가족들의 변화를 보면서 우리가 가는 길이 옳음을 확신합니다.

우리에게 국가보안법을 폐지할 힘은 미미할지라도 아주 작은 일이지만 국가의 부당한 행위에 맞서 싸우고 투쟁하면서 우리는 성장하고 전진하고 있음을 실감합니다. 우리는 그동안 순진하게 국가를 믿고 '가만히 있었습니다'. 구해주겠지! 좋아질거야! 그런 환상에서 살았던 것입니다. 저 역시 '내가 어떻게 국가정보원을 이겨?'라며 자포자기했어요.

그러나 이제는 아닙니다. 저는 싸울거예요. 우리의 자유와 권리는 싸워서 쟁취하고 지키는 것이지 누가 공짜로 주는 게 아니라는 것이 감옥에 와서 깨닫고 내린 결론입니다. '조국통일'의 원대한 꿈을 계획하고 목숨 바쳐 살았던 청년의 꿈을 다시 깨워 힘차게 일어날 것입니다. 그래서 우리가 기대하고 소망하는 조국통일을 앞당길 것입니다. 어쩌면 감옥은 잠들어 있던 나의 청년정신을 흔들어 깨우고 오염된 부르주아 문화와 정신의 찌꺼기를 정화시켜 나를 거인으로 성장시키는 곳인 것 같기도 합니다.

감옥이라는 진흙을 뚫고 피는 연꽃이 되고 싶습니다.

# 우리가 가는 길을
# 믿습니다

2015년 2월 5일,
그리운 최상철 동지께

서신검열 민사소송 1심 재판 선고가 다가옵니다. 어떤 결과가 나올지 예측할 수 없지만, 재판과정에서 교정 당국의 부당한 서신검열을 확인했고, 오랜 기간 이루어졌음이 입증되었으므로 의미있는 재판결과를 기대하고 있습니다.

행정소송에 이어 민사소송에까지 많은 도움을 주셔서 고맙습니다. 최상철 동지 덕분에 많은 분들이 이번 소송에 깊은 관심을 갖고 지지와 응원을 보내주셨습니다. 6년 전 혼자 외롭게 법정에서 싸워야 했던 저에게는, 자신감을 되찾고 새로운 가능성과 전망을 찾는 시간이었습니다.

저에게 이번 재판은 반격의 전환점을 세운 뜻깊은 기회였습니다. 천주교인권위와 상의해서 결정할 일이겠지만 이번 재판의 항소심도 송상교 변호사님과 계속 갔으면 합니다. 먼저 천주교인권위에서 항소심 변호사 선임 비용을 후원해주실지 알아보면 좋겠습니다. 분명히 선고결과에 관계없이 법무부는 항소를 할 테고, 우리도 이에 대한 준비를 해야 할 것 같아요.

구체적인 일은 13일 선고결과를 보고 결정해야겠지만, 제가 직접 밖의 분들과 상의할 수 없는 입장이니 최상철 동지께서 1심 선고 이후 항소심 준비를 도와주시면 좋겠습니다. 선고 이후 항소심 재판 준비를 의논하기 위해 2월에는 17일과 24일 전화 예약을 합니다. 선고 결과 우리가 승소하면 항소심 준비에 여유가 있지만, 만약 패소해서 우리가 항소를 해야 한다면, 긴장해서 재판 준비를 해야겠지요. 그런 부분에 차질이 없게끔 천주교인권위와 미리 의견을 나누셨으면 합니다.

오늘 인도에서 발행된 여러 권의 학술지를 받았습니다. 우리 연구소의 소중한 자산인데 저에게 보내주셔서 정말 고맙습니다. 그동안 저에게 보내주신 자료들은 잘 보관했다가 연구소에 반납할 것입니다. 또한 제가 소장하는 자료들도 공유할 것입니다. 오늘 자료들을 받는 순간, 호기심과 연구 의욕이 불타오릅니다. 벌써 관심 있는 주제가 눈에 들어와 읽고 있는 중 입니다. 앞으로 몇날 며칠 이 자료들에 푹 빠져 지낼 것 같습니다.

인도 '모리' 정권이 들어서서 인도에서 큰 변화가 예상되는데, 우리나라와 달리 인도학자들은 그래도 지조 있게 비판적인 연구와 글을 계속 쓰고 있네요. 이번 자료들을 통해 최근 인도의 고민과 내면을 자세히 살펴볼 수 있겠군요.

오랫동안 감옥에 있다 보니 인도 연구자료들을 볼 수 없어 연구 실력과 흐름 파악이 떨어질까봐 걱정했는데, 우리 연구소의 도움으로 인도 연구의 흐름을 놓치지 않고 잘 따라가고 있습니다. 감옥 생활로 인한 연구실적의 공백이 생기지 않게끔 더 노력할 것입니다. 정세와 노동 1월호에 실린 "부르주아적 디플레이션 담론에 대하여"(채만수)와 "세계관과 변증법적 유물론1"(문영찬)을 보고 반가웠습니다. 채만수 소장님의 글은 경제공황을 은폐하고 있는 부르주아의 거짓을 이해하기 쉽게 밝혀주었습니다. 문영찬 동지의 글은 앞으로 기대가 됩니다.

반동의 시대에 시련에 굴하지 않고 당차게 이론의 무기를 벼리어가며 싸우는 동지들의 열정과 헌신을 느낍니다.

저는 우리가 가는 길이 정당하고 정의의 길이라고 확신합니다.

# 서신검열과 교과서 국정화는
# 국가의 폭력

2015년 12월 16일,
송상교 변호사님께

오늘 변호사님의 편지 잘 받았습니다. 내일 바로 정보공개청구신청을 하겠습니다. 대구교도소의 김덕용 님과도 최근에 서신검열 강화에 대해 의논했습니다. 대구교도소도 서신 수거와 발송을 하루씩 늦추기로 했답니다. 아마도 교정본부에서 서신검열 지침이 전국적으로 내려간 것으로 생각됩니다.

　서신검열 관련 소송이 진행되고 있음에도 서신검열 강화를 지시한 것으로 보아 법무부와 교정본부는 서신검열이 재소자들의 인권을 얼마나 심각하게 침해하는지를 모르는 것 같습니다. 그런 법무부와 교정본부에 경각심을 주기 위해서라도 우리의 소송이 꼭 이겼으면 좋겠습니다. 사실, 여러 차례의 변론기일이 연기되는 것을 보면서 재판부가 우리의 입장과 주장을 귀기울여 듣지 않으려 한다는 생각이 들었습니다. 특히 '문서제출명령'을 받아들이지 않았다고 들었을 때 진실을 밝히려는 재판부의 의지가 없다고 느꼈습니다.

　그래서 '싸워봤자 소용없겠구나'라는 예단을 했습니다. 더군다나 여러 사람 불편하게 하고 싶지 않은 마음도 마음 한구석에 있었고요. 그러나 힘들게 여기까지 왔는데 문서제출명령신청에 대한 답을 듣지 못하고 변론이 종결되면 우리가 마치 '기권'하는 것이 될 텐데 끝까지 싸우겠다는 제 결의와는 다릅니다. 제가 너무 재판의 결과만을 생각한 것 같습니다.

국가기관의 '검열'이라는 근본문제에서 볼 때, 교정기관의 서신검열 사례를 재판에서 공론화한다는 소송의 중요한 의미를 사려 깊게 살피지 못했습니다. 소송경비부터, 죄인처럼 수갑과 포승줄에 묶여 법정에서는 제 자존심과 수치심이 저를 작게 만들었네요.

송상교 변호사님께서 불편하지 않으시다면 길게 보고 끈질기게 다투겠습니다. 어차피 우리의 소송은 재판결과보다는 어떻게 국가의 검열문제를 공론화시키고 뒤에 꼭꼭 숨어 교묘하게 시민들을 감시하고 사찰하고 있는지에 대한 구체적인 사례 연구이자 싸움이었습니다. 이제 그 첫걸음을 내디뎠을 뿐인데 제가 너무 조급했습니다. 제가 조금의 빈틈을 보이자 교정본부에서 서신검열 대상자 지정제도를 당당하고 공개적으로 이야기하는 것을 보세요. 그래놓고는 서신검열 대상자 지정제도는 없다고 발뺌하겠죠.

더 이상 재판부의 권위에 의존하지 않겠습니다. 이 문제는 제 스스로 결단을 내렸고 제가 싸워야 하는 문제입니다. 끈질기게 싸우겠습니다. 서신검열 대상자 지정 근거에 대한 정보공개청구신청하고 대법원 항고 결론 듣고 변론기일 종결하는 게 좋겠습니다. 하는 데까지 해보고 싶습니다. 오랜 수감생활에 따른 피해의식 때문인지 자꾸 현실에서 도피하고 싶을 때가 있어요. 제가 잘못 생각했습니다. "요즘 밖은 아비규환입니다"라는 변호사님 말씀 듣고 제 자신을 반성합니다.

금요일 접견 못 오셔도 이 편지 받으시면 재판부에 제 입장을 말씀하시면 좋겠습니다. 저는 예정대로 법정에 출석합니다.

역사 교과서 국정화는 우리가 미래 세대의 역사를 빼앗는 잔인한 폭력입니다. 헌법소원청구가 받아들여지고 반드시 이기길 바라겠습니다. 저도 자주 편지 드리고 소식 전해드리겠습니다.

항상 고맙고 감사합니다.

# 우리가
# 승리했습니다

2016년 1월 11일,
존경하는 송상교 변호사님께

편지와 준비서면 잘 받았습니다.

1월 22일 변론기일에 법정에 출석하겠습니다. 법정 출석 때 민간인 복장을 입을 수 있는지 알아보니, 형사재판에만 해당한다고 하여 아쉽습니다.

정보공개청구결과가 부분공개되어 실망했는데 변호사님께서 나름 성과가 있다고 하시니 힘이 납니다. 대법원에서 문서제출명령을 '기각' 하여 속은 상하지만 앞으로도 이와 비슷한 사례들이 반복될 테고, 변호사님께서 애쓰셨고 문제제기하셨던 부분은 매우 중요한 자산이 될 것입니다.

교정당국의 서신검열 사례가 재판에 회부된 첫 재판이었다는 데 큰 의미가 있습니다. 그러나 1심 재판부가 명확한 판단을 하지 않았습니다. 항소심 재판부는 선고이유와 근거를 명료하게 밝혀주었으면 좋겠습니다. 재판부에 마지막으로 서신검열에 따른 고통과 그 심각성을 이야기드리려 했으나, 지난번 변론기일에 법정에서 진술했기 때문에 재판부에 보낼 편지는 쓰지 않았습니다. 또한 이미 여러 차례 변호사님이 준비서면으로 문제제기를 하셨기 때문에 변론에 대한 미련이나 더 드리고 싶은 이야기는 없습니다(재판에 도움이 된다 하시면 따로 제출하겠습니다).

저는 재판부가 어떤 판단을 내리든 관계없이 우리가 승리했다고 생각합니다. 송상교 변호사님께서는 타당한 근거들을 토대로 진정성 있는 변론을 하셨습니다. 저는 변호사님의 변론을 믿고 확신합니다. 교정당국은 서신검열과 집필문검열에 강한 집착을 갖고 있습니다. 특히 공안수들의 서신을 검열하여 동향을 파악하고 집필문에 직간접적으로 개입하려 합니다.

수용자는 서신검열에 강제로 발가벗겨지는 일 만큼이나 모욕감을 느끼고 불안합니다. 그런 고통과 압박은 사회와 격리되어 고립되어 있기 때문에 더 증폭되고 고통스럽습니다. 서신검열을 수단으로 한다면 잘못된 일 뿐만이 아니라 교정행정에 대한 불신과 반발감만 갖게 하겠지요.

물론 법률로 서신검열은 예외적인 경우에만 하게끔 했지만, 우리가 알 수 없는 지침들을 근거로 서신검열을 교정당국(직원)이 임의로 할 수 있습니다. 그런 부분에서 분명하고 엄격한 서신검열 기준이 적용되어야 합니다. 항소심 재판부가 그 점을 사려 깊게 해주길 바랍니다.

저는 지난 주 내내 힘들게 지냈습니다. 2016년 새해의 정세를 전망하면서 1월 3일에 자주시보에 보낼 기고문을 썼습니다. 2015년 12월 31일에 발표한 러시아의 신 안보전략을 근거로 동북아의 '신 냉전'을 전망했습니다. 그러면서 북-러 군사연대 강화와 북의 핵무장 강화를 예측했는데 이틀 후에 북의 핵실험(수소탄)이 있었습니다. 처음(6일)에는 기사를 발송한다고 했다가 7일에는 발송 보류, 8일에는 '국가보안법 위반(찬양·고무)'으로 심문(조사)까지 받았지요(공식적인 조사는 아니었습니다).

상황이 심각해지자 저와 사회복귀과장과 긴급면담을 했고 일단 제 글을 회수하여 더 이상 확전은 피했습니다. 교정당국은 재판에서 지더라도 일단은 제 글의 발송을 막으려는 의지가 무척 강했습니다(국정원 수사의뢰까지 검토).

저 역시 북의 수소탄 시험을 예측하고 쓴 글이 아닌데도 공교롭게 그 시기가 일치된 데 대하여 불필요한 파장을 원치 않아서 글의 회수는 했지만 너무나 외롭고 힘든 1주일이었습니다. 저야 당당하고 양심에 걸린 게 없지만, 갑자기 판이 커지는 데 따른 심리적 압박감이 컸습니다. 그런 싸움에 대한 치밀한 준비도 전혀 없었고요. 제가 이런 말씀 드리는 이유는 저에 대한 서신검열과 집필문에 대한 검열 그리고 여러 가지 유형의 압박은 여전하다는 것을 이야기하고 싶어서입니다. 어쩌면 송상교 변호사님께서는 저보다 더 직접적으로 많은 압력과 권력의 힘에 맞서고 계실 거라 생각합니다.

저는 용기 잃지 않고 싸워갈 테니 변호사님께서도 힘내세요.

제가 글을 회수한 것은 소모전을 피하려는 것일 뿐 제 양심을 속이고 타협하는 것은 아닙니다. 출소하여서도 남북문제에 대해 정치학자로서 전문성을 바탕으로 제 소신을 밝히고 공감대를 넓히고 실천적인 대안을 모색하고 실천해 나아갈 것입니다.

송상교 변호사님이 계셔서 정말 용기가 생깁니다. 변호사님을 많이 사랑하고 좋아합니다.

# 계급모순과 분단모순을
# 통일적으로 인식하고 실천

2016년 9월 22일,
백철현 동지께

백철현 동지께.

　답답하고 지루한 긴 추석이 지나자마자 백철현 동지의 편지와 노정협 동지들의 투쟁의 성과물을 받아 무척 기쁘고 반갑습니다. 변순영 동지가 문건 형태의 자료를 보내주어서 대략 내용을 알고 있었는데, 이렇게 『노동자 정치세력화의 길을 찾아서』라는 책자로 발간되어서 좋았습니다. 자세하게 각주도 달아서 누구나 이해하기 쉽게 배려한 동지들의 노력에 아낌없는 찬사와 경의의 인사드립니다. 지난번에 노동자의 책 대표가 보안수사대에 압수수색 당했고, 공안당국의 탄압과 감시가 심할 텐데, 노동계급의 정치세력화를 위해 과학적 사상과 이론으로 정면돌파하는 동지들께 깊은 신뢰의 인사 올립니다.

　저는 제도권의 정치학자라는 틀과 그런 조건에서 살아가면서 계급정치와는 거리를 두었습니다. 그것은 나의 신변을 보호하려는 이유도 있었고요. 그러나 더 이상 제도권 정치학에 미련도 없고 거기에 종속될 이유도 없습니다. 동지들 덕분에 다시 레닌을 공부하고 사회주의 이론을 하나씩 연구하며 배워가고 있습니다. 이번에 제출한 소책자는 노정협의 핵심적인 사상이 잘 녹아 있고 현 정세에 맞는 올바른 지도방침이 제출되었습니다. 점점 역동적인 힘을 잃어가고 있는 노동자계급에게 큰 그림을 그리게 하고 자신감을 줄 것이라고 확신합니다. 가장 인상적인 것은 "한국사회 노동계급 운동의 역사적 분열을 극복하기 위해서는 계급모순과 분단모순을 통일적으로 인식하고 실천해야 한다"(41쪽)입니다.

바로 이 점이 변증법적 유물론과 역사적 유물론의 관점에서 현 시기 이남 진보진영의 문제를 과학적으로 분석한 것이라고 봅니다. 이런 관점에서 의회주의의 편향을 넘어서 인민민주주의 투쟁노선을 명확히 하고 구체적인 당면과제로 박근혜 정권과의 투쟁을 제시한 것은 옳은 방침입니다. 사실, 진보진영은 어느 순간부터 정말 모든 것을 내걸고 절박하게 싸우기보다는 슬금슬금 타협하고 싸우는 시늉만 하고 있습니다. 우악스럽게 싸워보지도 않고 싸우나마나 질 텐데 뭘! 그러면서 무기력합니다. 나와 노정협 동지들은 소수이지만, 우리는 싸움의 최전선에 서 있고 우리마저 무너지면 진보를 갈망하는 대중들은 더욱 더 위축되고 좌파 가면을 쓴 기회주의자들의 준동이 더 심해질 것입니다.

우리의 정치방침이 지금 당장에 실질적인 힘을 발휘하지는 못하겠지만, 그 과학적인 분석 때문에 필연적으로 우리의 예측과 흐름대로 정세가 발전할 것이고 지금은 선전구호처럼 들리는 이야기(정치방침)가 정세에 정확히 맞아떨어지면서 힘 있게 움직일 거라 확신합니다. 다만, 그런 과정에서 모진 시련을 견디고 극복해야 하는 동지들의 초인간적인 노고와 희생이 제 마음을 아프게 합니다. 세상을 바꾸고 전진시키는 일에는 대부분 쉽게 공감하면서도, 막상 그 일을 책임 있게 해나가면서 짊어져야 할 인간적인 고통과 희생 때문에 싸움을 주저하게 하고 변혁운동을 타협에 빠지게 합니다. 바로 그렇기 때문에 오늘 우리의 목소리는 더욱 가치 있고 의미가 있습니다. 이런 엄혹한 시대에 동지들의 가슴 뜨거운 투쟁을 통해 나를 성찰하고 성숙시키고, 배우고 있습니다. 노동계급 동지들도 여러 혼란 속에서 갈팡질팡하고 있지만, 결국은 계급의식으로 스스로 무장하고 단결하여 싸울 수밖에 없다는 확고한 진리를 깨닫게 될 것입니다.

그런 노동계급을 올바르게 지도하고 이끄는 정치조직은 기본 가운데 기본입니다. 나는 그 일을 우리 노정협 동지들이 잘해내고 있다고 생각합니다. 저는 경험과 알고 있는 게 많이 부족하여 지금 밖에서 요구되는 구체적인 문제들에 대해 실천적인 대안을 제시하는 데 한계가 있습니다. 그런 부분은 노정협 동지들을 신뢰하기 때문에 올바른 노선을 제출하실 거라 믿습니다. 다만, 제 입장과 태도는 맹목적이고 몰계급적인 통일운동세력들에게 분명한 경고가 될 것입니다. 따라서 그 부분에 대해서는 좀 더 과감하게 우리의 비판적인 목소리를 내셔도 됩니다.

다만 그런 노력이 어떤 불순한 정치적 입장에서 상대편을 깨려 한다는 오해와 불신을 주지 않게끔 관용적인 자세(포용성)와 따뜻한 배려가 있었으면 좋겠습니다. 백철현 동지께서도 이미 알고 계시겠지만, 북은 이미 사실상 핵무력으로 무장한 국가가 되었고, 그런 현실 사회주의 국가에 대한 계급적 이해 없이는 남북문제를 과학적으로 풀어갈 수가 없게 되었습니다. 국가보안법 때문에 6·15선언 그 이상의 담론을 넘어설 수가 없는 현실이지만, 내년에 민주당이 집권한다 하여도 지금의 현실과 별로 달라지지 않습니다. 따라서 자유주의자들에 의한 정권교체로 평화협정이 저절로 될 거라는 것은 환상입니다. 평화협정도 역시 투쟁하고 싸워서 쟁취하는 것이지 요구한다고 저절로 생기는 것은 아닙니다.

저는 백철현 동지와 노정협 동지들이 지금처럼 노동자들의 정치세력화를 위해 근본적인 원칙을 견지하면서 투쟁한다면 우리는 반드시 승리하리라 확신합니다. 그리고 저의 페이스북과 카페에도 노정협 동지들의 글도 올려 활발하게 소통하시면 좋겠습니다. 저는 러시아 10월 혁명이 성공하고 소비에트 정권이 들어서자 반동세력들의 음모로 파시스트 정권이 나타난 점을 경계하고 있습니다. 곧 망할 거라고 믿어왔던 북이 혼란은커녕 더욱더 강력하게 핵무장 속도를 높이자 독점자본가들이 초조해합니다. 이것이 광폭한 공안탄압을 부채질하고 있습니다. 그런 현실을 냉철하게 살펴보고 불필요한 희생이 없도록 신변에 주의하세요. 최근에 메갈리아 논쟁과 '정의당 탈당'과 '시사인 절독'을 보고 한심한 생각이 들었습니다.

여성시대와 메갈리아 누리꾼들이 혐오스러운 극우집단인지는 잘 모르겠습니다. 그러나 '오늘의 유머'에 올라오는 댓글들은 동의 안 합니다. 나무위키에 서술된 메갈리아는 범죄집단처럼 되어있는데 그런 사이트가 있다는 것도 얼마 전에 알았습니다. 부르주아의 썩어빠진 문화와 정신이 젊은 청년들을 병들게 하고 있습니다. 정의당이 메갈리아를 편들었다고 탈당하는 게 한심해보였지만, 저런 당을 진보세력의 중심에 놓고 이러쿵저러쿵 떠드는 모습이 참 초라합니다. 이런 현상을 보면서 젊은 청년세대를 올바르게 이끌지 못한 책임감도 무겁게 느낍니다. 저 또한 젊은 세대들을 일베 자식들로 생각해 무시하고 버린 자식 취급했는데, 운동의 미래와 연속성을 위해 젊은 세대에 대한 관심과 애정을 가져야겠습니다. 여러 정치세력의 입장 가운데 '노동전선'의 주장이 건강합니다. 그러나 계급모순과 분단모순을 '통일적으로 인식하고 실천'해야 한다는 우리의 입장에서 볼 때 한계가 있습니다. 민감한 시기에 악조건 속에서도 '노동자 정치세력화'애 대한 과학적 노선을 제출한 동지들을 깊이 신뢰하고 이것을 계기로 우리들의 분명한 입지점이 만들어졌다고 봅니다. 역사가 우리의 정당성을 증명할 것입니다. 백철현 동지의 건강과 안녕을 바라며 또 편지 드리겠습니다.

안녕히 계세요.

# 참교육의 튼튼한 나무 아래 자라날
# 우리의 아들딸들

2016년 9월 29일,
존경하는 이윤 선생님께

선생님, 안녕하세요?

올해는 유난히 무더운 날씨가 길었는데 잘 지내셨습니까? 감옥은 좁고 창문도 손바닥 2개 정도 창문만 있어서 찜질방 같이 뜨거웠습니다. 이제 더위가 물러나 지낼만 합니다. 올해는 여름이 길어서 많이 힘들었습니다. 가을이 무척 반갑습니다.

비록 서신검열 재판은 졌지만, 재판과정에서 서신검열에 대한 구체적인 사실들을 밝혀내었습니다. 다만 그런 행위에 대한 위법성을 법원이 인정하지 않은 것이므로 그런 한계와 부당성은 고스란히 법원이 지는 것입니다. 사법부의 계급적 성격을 알 수 있었던 재판이었습니다. 정의의 수호자라는 사법부는 허울뿐이고 기대할 것도 없습니다.

중국 동북지방과 연해주를 다녀오셨군요? 저는 아직 가보지 못했습니다. 출소 후에 가보고 싶습니다. 저도 백두산 중심의 항일무장투쟁 지역들을 방문하면서 항일무장투쟁의 의미를 새롭게 인식했습니다. 사실 우리 역사 교과서에는 사회주의와 공산주의자들의 독립투쟁 역사를 배제하고 있어서 그런 일이 있었는지조차 모르고 있습니다. 백두산 천지에 올라 가슴 뭉클했던 기억이 지금도 생생합니다. 백두산 밀영과 삼지연 주변의 경치는 신비스럽기까지 했습니다. 우리 민족이 통일이 되어 마음껏 자유롭게 다니길 진심으로 바랍니다.

「참교육의 함성으로」 악보와 가사를 오랜만에 만나니 감회가 새롭습니다. 제가 정치학에 관심을 갖게 된 계기가 『내 무거운 책가방』(실천문학사) 시집을 읽고서였습니다. 당시 고1이던 저에게 깊은 감동과 공감을 준 시집이었습니다. 그러면서 카프문학에 대해서도 공부하고 일제시대에서 활동했던 작가들의 시와 소설들을 많이 읽었습니다. 백석 시인은 물론 오장환, 임화 등등 월북작가들의 작품들을 읽으면서 올바른 역사의식을 정립할 수 있었습니다. 저는 전교조 선생님들을 저의 참스승으로 따르며 청소년 시기를 보냈습니다.

전교조 선생님들을 진심으로 존경합니다. '참교육의 함성으로'를 속으로 따라 부르니 그때의 감정이 다시 '불끈불끈' 심장을 칩니다. 이제는 선생님들을 대신하여 우리 전교조 1세대들이 선생님들의 고귀한 '참교육' 정신을 잘 계승·발전시켜나가야 하는 무거운 책임이 있습니다. 박근혜 정권의 전교조 탄압이 심하지만, 참교육 정신과 뿌리는 그 누구도 없애지 못하고 더 높고 튼튼한 나무로 성장할 것입니다. 그 나무의 품속에서 저와 우리의 아들딸들이 올바른 의식을 갖고 무럭무럭 자랄 것입니다.

제가 출소하면 전교조 선생님들과 만나 제 경험을 이야기하고 우리 민족의 평화와 자주통일을 주제로 대화하는 자리가 있었으면 좋겠습니다. 또한 현장의 고민이 무엇인지 듣고 저의 역할과 해야 할 일들을 깊이 생각해보고 싶습니다.

매번 많은 책들을 보내주셔서 감사합니다. 선생님 덕분에 저의 견문이 넓어지고 있습니다. 그런 고마움을 어떻게 다 갚아야 할지 모르겠습니다. 더 분발하여 선생님을 기쁘게 해드려 고마움을 갚겠습니다. 선생님의 당부 말씀 명심하여 새겨듣고 건강관리 잘하겠습니다. 또 편지 드리겠습니다.

안녕히 계세요.

# 신뢰는 강철같이
# 단단합니다

2016년 10월 9일,
반가운 최상철 동지께

안녕하세요?

오랜만에 편지 드립니다. 지난 추석 공동면회 행사 때 최 동지와 우리 노동사회과학연구소가 행사 참여에서 배제되었다는 소식을 한참 지나서 알았습니다. 그 소식 듣고 무척 화도 났고 그동안 함께 신뢰하고 믿고 의지했었던 사람들에 배신감을 크게 느꼈습니다.

노동사회과학연구소에서 공개적으로 문제제기를 했고 양심수후원회 답변을 기다린다고 들었습니다. 문제제기는 당연합니다. 이 문제가 공론화되면 저 역시 잘못을 따져 물을 것입니다. 모두가 힘을 합쳐 싸워도 힘이 모자라는 상황에서 이와 같은 분열주의 망동을 벌이다니 진정성이 있는 사람들인지 의문입니다.

과학적 사상과 이론의 부재가 진보진영을 혼란에 빠뜨리고 혼탁하게 만들고 있습니다. 다시금 과학적 사상과 이론의 중요성을 깊이 깨닫고 있습니다.

『21세기 대공황과 레닌주의』에 실린 '레닌주의여 영원하라'는 저에게 두 가지를 생각하게 합니다.

첫째, 레닌의 위대한 혁명사상입니다. 사회주의 운동 과정에서 나타나는 수정주의(기회주의)와 좌익 무정부주의와 비타협적으로 싸우며 독점자본주의 체제의 발현인 제국주의와의 투쟁은 오늘날에도 여전히 유효합니다.

둘째, 중국 공산당의 과거와 현재입니다. 1960년대만 하여도 혁명노선을 고수하다가 왜 자본주의로 후퇴했을까? 이 글을 현재 중국 공산당은 어떻게 평가하고 있을까? 자본주의 생산양식으로 후퇴할 수 있는 것일까? 아니면 중국이 사회주의 체제를 유지할 만큼 생산력이 충분히 발전하지 못해서 일시적으로 사적 소유제가 나타난 것일까?

중국 공산당 노선의 본질, 계급적 특징이 무엇인지 궁금해졌습니다. 김태균 동지가 쓴 "노동자계급의 민주주의 투쟁"에 전적으로 지지하고 공감합니다. 특히 경제투쟁과 정치투쟁의 변증법적 통일을 촉진시키는 필요조건으로서 노동자계급 정당 건설은 정말 시급한 과제입니다.

이번에도 성과연봉제에 반대하여 노동자들이 싸우고 있지만, 개별 조합주의 수준을 넘어서지 못하고 있습니다. 만약에 노동자계급을 올바르게 지도하는 정치조직이 있었다면 이렇게 허무하게 싸움에서 밀리지 않았겠죠. 물론 그 이유 때문에 경찰, 검찰, 국정원에서 노동자계급의 정치조직을 초장에 박살내고 발본색출하여 깨부수려 혈안이겠죠.

그래서 현 정세가 엄혹하고 고난의 시기입니다. 그러함에도 불구하고 노동자계급의 당을 건설하지 않고는 늘 지배계급의 공격에 속수무책 당할 수 밖에 없으므로 이를 악물고 싸워갈 수 밖에 없습니다. 저도 과거에는 협상과 타협으로 사회진보를 이룰수 있을거라는 환상에 빠졌습니다. 그러나 그것은 '개꿈'임을 감옥에서 뼈저리게 깨닫고 있습니다. 제가 감옥에 갇혀 지낸 사실 하나만으로도 지배계급의 본질과 잔인함을 증명하고도 넘칩니다.

요 몇 주 동안 『세계철학사 I, II, III』(도서출판 녹두)을 다시 읽었습니다. 전체적인 흐름을 살펴보고 재정립할 수 있었습니다. 소비에트연방이 해체되고 사회주의 국가들이 자본주의에 투항하는 시대에 이 책의 관점이 옳은가? 반문했었지만 20년 만에 다시 읽어보니 20대 때 뜨거웠던 나의 열정도 느껴지고 그동안 내가 겪었던 경험들과 지식들을 되새김질 하면서 깊은 의미도 찾았습니다.

여전히 나는 부족한 게 많고 더 치열하게 공부할 게 많다고 생각합니다. 21세기를 살아가는 우리가 20세기의 혁명이론을 교조적으로 따라갈 필요는 없지만, 우리는 레닌의 통찰을 통해 우리의 나아갈 승리의 길을 개척할 수 있다고 확신했습니다. 노동사회과학연구소 동지들과 최상철 동지 덕분에 제가 사상이론적으로 성장하고 더 단련되어가고 있습니다. 깊은 동지애로 감사 인사를 드립니다.

얼마 전에 박근혜 대통령이 북의 붕괴를 암시하는 듯한 한 발언에서 알 수 있듯이, 이제 남북관계는 돌이킬 수 없는 대결국면으로 들어섰다고 봅니다. 제국주의세력이 전쟁으로 위기를 은폐하고 체제 유지에 힘쓰려는 듯이 박근혜가 북의 핵무장을 빌미로 전쟁위기를 부추기는 것은 그 자체가 지배계급의 위기를 보여주는 것이라 할 수 있습니다. 앞으로의 정세가 매우 유동적이며 긴박하게 급상승할 것 같습니다. 정세를 예의주시하여야겠습니다.

요즘은 책을 읽느라 번역작업 속도가 느려졌습니다. 계속 진행은 하고 있으니 조금씩 보내겠습니다. 이번에 『세계철학사 III』(사적유물론)를 다시 읽으면서 인도 공산당의 의회주의 노선에 비판적인 입장을 정리했습니다. 의회주의 노선으로 정권을 잡는 데는 그 한계가 명백합니다. 실제로 오늘날 인도 공산당의 모습도 지지부진합니다. 이런 시각에서 1960년대 인도 공산당의 노선 갈등을 분석하는 논문을 써서 제출할 생각입니다. 저 개인적으로는 인도 현대 정치사를 정리해가는 작업의 일부분이기도 합니다.

10월 25일 (오후)에 전화예약신청을 해두었습니다. 그리고 내일(10월 10일)은 가족 만남때 부모님과 동생이 옵니다. 가족들을 만날 생각에 설레고 기대도 됩니다. 최 동지와도 어서 빨리 자유롭게 만나는 날이 왔으면 좋겠어요.

저는 식사도 잘하고 운동도 열심히 하며 잘 지내고 있습니다. 지난달에 같은 사동에 계셨던 조양원 선배님(내란음모사건)이 출소하셔서 한동안 허전했어요. 지금은 괜찮습니다.

최상철 동지도 건강 잘 챙기세요. 우리는 어렵고 커다란 시련 속에서도 굴하지 않고 잘 싸워왔고 앞으로도 더 당당하게 싸워갈 것입니다. 저와 최 동지의 믿음과 신뢰는 강철같이 단단합니다.

항상 사랑하고 존경합니다.

# 분발하고 또
# 분발하려 합니다

2017년 1월 23일,
백철현 동지께

오늘 이재용 구속 기각 소식을 듣고 실망했습니다. 사법부를 믿지 않지만, 시국상황과 민심이 '이재용 구속'을 요구하고 있으므로 이번에는 좀 다르지 않을까 기대했는데…. 역시나 독점자본가계급을 옹호하는 사법부의 본질에 충실합니다. 삼성그룹 사내 변호사가 500명이 넘는답니다. 사법부에 대한 삼성의 영향력이 상상을 초월합니다. 거기에다 언론사와 이곳저곳의 삼성의 부역자들과 삼성 장학생들을 생각하면 삼성 공화국이 과장은 아닌 것 같습니다. 재벌 부회장 하나 어쩌지 못하는 우리의 현실이 참담하군요.

백 동지의 편지와 노정협 동지들이 펴낸 정치선전문 소책자와 노정신 글들 잘 읽었습니다. 촛불집회와 맞물려 시의적절한 주장과 글들입니다. "박근혜 퇴진투쟁과 그 이후 세상을 전망한다!"를 인상 깊게 읽었습니다. 1단계 박근혜 퇴진투쟁은 어느 정도 성공했습니다. 헌재가 탄핵을 기각하기는 어렵습니다. 헌재가 탄핵을 거부한다면 오히려 좋은 일입니다. 왜냐면 불난 집에 기름을 붓는 일이니까요. 부르주아계급도 공멸하지 않기 위해 개량주의 가면을 쓸 것입니다. 박근혜 탄핵 이후 2단계 투쟁이 중요합니다.

이번 자료에서 변혁당에 대한 노정협의 비판이 눈길을 끕니다. '반자본'투쟁이 당면한 대중투쟁의 과제가 아니라는 데 동의합니다. 자본주의를 대체할 실력과 능력도 없으면서 '반자본'을 대중투쟁의 과제로 내세우면 대중들이 지지하지도 않을 뿐더러 스스로 고립되는 일입니다. 가장 중요한 쟁점은 '조기대선과 민중후보 전술 및 진보연합정당 건설의 문제'입니다. 사실 이 부분이 제일 중요한데, 이번 소책자에서는 노정협의 기존 입장을 정리하는 수준이었습니다.

현재의 급박한 정세에 조응하여 구체적이고 실질적인 내용은 미미합니다. 그렇지만 진부하고 온갖 잡설로 뒤죽박죽 섞여있는 여타 진보세력에게 우리가 어느 방향을 보고 전진해야 하는지에 대한 '문제의식'을 갖게 합니다. 이것은 방향감각을 잃고 혼란스러운 진보진영 전체에게 명확한 방향성을 제시합니다.

아무리 낡고 허약한 체제라 할지라도 그것은 쓰러뜨릴 물리적 힘이 담보되지 않으면 낡은 체제를 쓰러뜨리지 못합니다. 낡은 체제가 저절로 무너지지는 않습니다. 자본주의 체제의 모순이 필연적으로 노동자계급이 주도하는 혁명이 일어날 거라는 이론적 전망을 할 수 있지만, 실제로 낡은 자본주의 체제를 쓰러뜨리는 일은 다릅니다. 마르크스는 유럽의 자본주의 체제 안에서 노동자계급의 혁명적 역동성을 과학적으로 해명했습니다. 그러나 그것은 초기 순수한 자본주의 국가의 현실에 제한되어 있습니다. 자본주의는 제국주의(독점자본주의)로 진화했고 오늘날에는 더 정교하게 진화하고 발전했습니다.

우리는 그런 현실에 살고 있고 어마무시한 폭력수단들로 무장한 부르주아계급과 싸우는 중이지요. 단지 사상적 논쟁과 이론적 전망이 아니라 어떻게 저놈들을 쓰러뜨릴 실질적인 힘을 갖고 사상적·물리적으로 무장하겠는가! 그런 고민에 직면해 있습니다. 이재용을 뇌물죄로 특별검사가 구속시키려 하여도 강제할 수단이 없으니까 그냥 풀려나지 않습니까. '재벌 해체', '반자본'을 주장하여도 그것을 실행할 힘이 없다면 오히려 공허하고 빈말에 불과하죠. 그보다는 어떻게 실질적으로 우리의 힘을 모으고 키울 수 있을까, 그런 진지한 고민과 연구가 필요합니다. 말만 앞서기보다는 아주 작은 부분이라도 실천하여 힘을 기르고 지배계급과 맞서 싸우는 그런 과정에서 대중들에게 신뢰와 믿음을 얻어 민중권력을 세우는 것 이외에 다른 방법은 없다고 봅니다.

저도 이 낡은 체제가 지겹도록 싫고 당장 어떻게 하고 싶지만, 꾹 참고 실력을 키우려 분발하고 또 분발하려 합니다. 지금 상황을 실망할 필요도 없고, 조급해한다고 객관적 조건이 갑자기 바뀌는 것은 더더욱 아니므로, 끝까지 변혁노선을 포기하지 않고 묵묵히 그리고 담담하고 대범하게 우리의 길을 갈 뿐입니다.

저는 이런 생각을 가지고 있습니다. 「박근혜 퇴진 투쟁과 그 이후 세상을 전망한다!」 소논문(panphiet)에서 "테제 20"이 투쟁의 방향을 (65쪽) 올바르게 제시합니다. 저도 전적으로 동의하고 그것이 옳다고 생각합니다. 조기대선 시국에서 정권교체의 환상에 젖어있는 소시민들과 다수의 일반인을 대중운동으로 견인하는 게 어려운 일이지만, 그렇다고 포기할 수 없는 일입니다.

1월 19일. 지난 주말 촛불집회에 35만 명이 모여 '이재용 구속!'을 외쳤다합니다. 잠시 주춤했던 광장의 혁명적 열기가 계속 이어져 다행입니다. 김기춘이 수갑에 묶여 특검 조사 받는 사진을 보았습니다. 굳은 표정으로 화난 모습이었습니다. 죄의식과 염치라고는 전혀 찾아볼 수 없어요. 아마 속으로 좌파세력에게 당했다며 분노할 테지요. 즉결 총살을 해도 시원치 않을 놈이에요. 공작정치를 배후조정하고 블랙리스트 만들어 탄압하고 아주 나쁜 놈입니다. 물론 박근혜 대통령과 극우 지배계급이 이 사건의 몸통일 것입니다. 광장의 목소리가 더 커지길 기대합니다.

백철현 동지도 엄혹한 시국에 힘들고 어려움이 많을 텐데, 용기 내시고 건강 잘 챙기세요. 우리에게도 곧 따뜻한 봄날이 오겠지요. 그럼 또 편지 드리겠습니다.

안녕히 계세요.

# 정의와 진리의
# 보검을 높이 들고

2017년 3월 6~8일,
그리운 임채희 선생님께

장문의 편지 잘 받았습니다. 편지라기보다는 한편의 아름답고 감동적인 수필 같았습니다. 임 선생님의 인품과 깊은 사상 그리고 치열한 삶을 느낍니다. 저는 감옥에 갇혀 있다는 이유로 편하게 지내는 것 같아 편지 읽으면서 반성도 합니다. 제 편지에 대한 긴 답장과 진심을 담은 선생님의 편지에 깊이 감동 받았습니다.

최상철 동지가 예전에 임채희 선생님을 소개해주었는데, 편지 받고 선생님을 만나 뵙고 싶은 마음이 커졌습니다. 선생님의 유년 시절과 20~30대 질풍노도의 시기 그리고 대학에서 강의하고 박사 논문 연구하시는 모습이 저의 과거를 보는 듯합니다. 그래서 무언가 서로 통하는 것처럼 선생님에게 빠져드네요.

선생님의 '소련' 유학이 인상적입니다. 저도 소련에 꼭 가보고 싶었지만 아직까지 못 갔습니다. 그 대신 저는 뉴델리에 있는 소련문화원에 자주 들렀고, 프로그레스 출판사 뉴델리 서점에도 자주 갔습니다. 그때 샀던 책들이 저의 서고에 있습니다. 레닌 사진첩도 있고 LP 음반도 있어요. 출소하면 그런 자료들부터 정리해서 선생님과 함께 공부하고 공유하겠습니다.

소련에 관심이 많았지만 그 많은 자료들을 제대로 이해도 못했고 읽지도 못했거든요. 그 당시 모스크바에서 온 책들을 구입하면서 미국 또는 영국의 책값에 비해 1/10밖에 안 되는 저렴한 가격에 놀랐습니다. 이윤이 목적이 아니라는 진정성이 좋았습니다. 그런 대국이 해체되었다는 소식 듣고 애달팠습니다. 그러면서 현실 사회주의 국가인 북에 관심과 호기심이 컸습니다. 보수 언론과 국정원은 저를 북의 '고정간첩'이라며 딱지를 붙였지만 진실이 아닙니다. 있는 그대로의 북의 현실을 보고 싶었을 뿐입니다.

제가 북에 머문 기간은 각각 1달가량, 두 차례였지만 제게는 커다란 충격과 놀라움이었습니다. 처음에는 도무지 믿어지지가 않을 만큼 평화롭고 활력 넘치는 북의 모습을 보고 깜짝 놀랐습니다. 벌써 20년 전의 평양 모습이니까 최근의 평양은 더 발전했겠죠. 그리고 2007년 개성 공단과 개성 시내를 둘러보았습니다. 평양과는 또 다른 분위기였어요.

만약에 국가보안법이 사라진다면, 그래서 누구라도 자유롭게 남북을 드나들면서 실제 그들의 삶의 모습을 볼 수 있다면 무엇이 진실이고 무엇이 거짓인지 누구나 쉽게 알아차릴 것입니다.

북의 정권의 속성과 추구하는 목표와 남의 정권의 속성과 추구하는 목표가 극명하게 다르고 추구하는 바를 객관적으로 파악할 수 있지요. 국가보안법은 우리의 사상과 인간의 양심과 존엄성까지 짓밟으며 진실을 가두고 침묵을 강제합니다. 그런 왜곡된 지배계급의 폭력이 우리 일반 인민들의 삶을 옥죄고 있다고 생각합니다. 저는 솔직히 진보적이거나 혁명가는 더더욱 아닙니다. 단지, 남과 북의 현실을 있는 그대로 인식하려는 것일 뿐입니다. 학자로서 그런 가장 기본적인 자세조차 불온

시 되고 간첩 딱지까지 붙여서 범죄인으로 만드는 체제가 오히려 비정
상이지요.

3월 6일

오늘 선생님의 시들을 받았습니다. 시인이 되고 싶다고 하셨는데 선생
님의 작품들을 읽으면서 '이미 시인이구나!'라고 생각합니다. 편지를 통
해 선생님의 삶을 조금은 알게 되었는데 시에는 그런 선생님의 가슴 뜨
거운 삶의 열정과 사랑 그리고 사상이 오롯이 살아 움직입니다.

시 「국가보안법에 대하여」는 제 심금을 울립니다. 너무나 제 가슴에
와 닿는 시입니다.

선생님의 시들을 읽으니, 선생님의 시가 저를 어루만져주며 위로해
주는 듯한 가슴 뭉클한 감정이 일어납니다.

"조금이라도 인간답게 살고, 조금이라도 민주주의를 앞당기고, 그래
서 새로운 세상, 조금이라도 전진하길 바라는 마음뿐입니다"라는 말
씀이 선생님의 진심이라고 믿습니다. 그 말씀에 저 역시 깊이 공감하며
가슴에 새깁니다. 선생님의 편지와 훌륭한 시들을 읽으면서 흔들렸던
제 마음을 다시 단단하게 잡고 '거인'이 되어야겠다고 다짐을 합니다.
정의와 진리의 보검을 높이 들고 투쟁할 것입니다.

감옥은 좌절과 패배가 아니라 승리를 벼리는 치열한 싸움터입니다.
저는 정원 스님의 소신공양의 의미는 두려워 말고 정진하라는 가르침
이라고 생각합니다. 많은 사람들이 국가 폭력에 두려워하고 지레 겁을
먹고 변절하거나 도망을 갑니다. 그러나 '죽음'조차 각오한 이에게는 그
어떤 절대 폭력이 무용지물이에요. 시도해보지도 않고 미리 겁부터 먹

고 두려워하는 것은 진실성도 없고 감동도 없는 무지한 삶이겠죠. 대범하고 당당하게 우리의 길을 가면 됩니다. 그렇다고 지배계급에 무모하게 맞서 싸우자는 것은 아닙니다. 승리를 타산할 수 있게끔 우리도 사상과 이론 그리고 물리적 힘을 키워가야겠죠.

아무리 허약하고 껍데기에 불과했던 봉건통치 지배체제라도 저절로 붕괴되지는 않았습니다. 낡은 지배체제를 쓰러뜨리려면 조직화된 물리적 힘이 있어야 합니다. 저는 그런 결정적인 국면이 점점 현실적으로 도래하리라 봅니다. 부르주아계급 독재의 실상이 폭로될수록 인민들의 권력의지와 자위적 무장의 필요성과 담보가 현실화될 것입니다. 우리가 두려움에서 벗어나 흔들리지 않고 전진한다면 승리는 우리의 것이 될 것입니다. 선생님에 대한 존경과 감사의 마음 가득 담아 보냅니다. 또 편지 드리겠습니다.

안녕히 계세요.

3월 8일

# 더 높은 단계의
# 촛불혁명을 염원하며

2017년 4월 24일,
존경하는 임채희 선생님께

안녕하세요? 4월 18일자 편지와 「철학 한마디 모음」 그리고 함께 보내신 3월 17일자 서신 잘 받았습니다. 그리고 3월 20일자 등기 소인이 찍혀 있는 3월 17일자 서신도 잘 받았습니다. 제가 답장을 미루다가 잘 받았다는 말씀을 드리지 못했습니다. 걱정 끼쳐드려 죄송합니다.

1월 24일자 첫 편지를 받았고, 2월 20일자, 3월 17일 그리고 4월 18일자 편지를 따로 정리해 놓았습니다. 「혼례의 노래」와 「철학 한마디 모음」도 함께 정리해두었습니다.

선생님이 저에게 보내주신 편지는 단순한 편지가 아니라 치열하게 투쟁하는 혁명전사의 깊은 사상과 철학 그리고 사회주의자의 따뜻한 인간적 풍모와 향기가 녹아 있습니다. 그래서 여러 번 찾아 읽게 됩니다. 제 답장을 반겨주셔서 고맙습니다. 저는 선생님보다 현장 경험도 부족하고 여전히 모르는 게 많습니다. 선생님의 편지 읽으면서 다시 생각하고 고개를 끄덕이며 배웁니다.

많은 사람들이 사회주의에 대한 확신도 없고 청산주의에 빠져 있는 것을 많이 보아왔는데, 선배님께서는 여전히 20대 청년과 같은 뜨거운 심장과 열정을 갖고 계신 것을 보고 놀라고 존경합니다. 선배님의 시와 글들에는 오롯이 선배님의 혁명사상이 녹아있습니다. 선배님의 편지를 읽으면 읽을수록 선배님이 얼마나 순결한 분인지 느껴집니다. 자연스럽게 공감이 되고 수긍하게 됩니다. 거리에서, 긴박한 현장에서 틈틈이 저를 생각하시며 편지 쓰시는 모습에 깊은 감동이 가슴을 뭉클하게 합니다. 선배님의 편지는 제게 큰 영광입니다.

3월 16일자 편지에 북의 사회주의를 직접 보고 온 저의 경험을 언급하셨는데, 그런 경험들을 마음 놓고 있는 그대로 공유할 수 없는 현실이 안타깝습니다. 그렇지만 거짓은 진실을 이길 수 없고, 무엇이 진실인지는 밝혀질 것입니다. 그런 날이 곧 올 것입니다. 한 가지 예를 들자면 많은 사람들이 북의 핵미사일 개발과 시험 발사 능력에 의구심을 갖고 "불량 국가", "미친 독재자", "믿을 수 없는 형편없는 집단"으로 바라봅니다.

그러나 그런 관점은 사회주의 체제에 대한 몰이해와 반공주의에 갇힌 미신에 불과한 주관적인 편견에 지나지 않습니다. 인공위성을 소련이 최초로 쏘아 올려 성공한 사실에서 알 수 있듯이 사회주의체제와 자본주의체제에서 과학의 목표와 접근방식은 근본적인 차이가 있지요. 상품의 대상에 지나지 않는 '과학'과 인류의 생산력에 기여하는 '과학'의 결과물은 질적으로 다릅니다. 고작 개인의 이기심과 욕망에 의해 또는 아등바등 살아남으려고 노예처럼 일하는 것과, 고차원적인 사회적 조직방식으로 생산하는 생산물은 질적으로 다른 결과를 가져옵니다. 선배님이 지적하셨듯이 현상이 아니라 본질을 이해하려는 노력을 끊임없이 실천해나가는 노력이 굉장히 중요하다고 생각합니다.

촛불혁명이 박근혜 정권과 보수세력을 뒤흔들어 놓았지만 여전히 노동자, 빈민의 정치세력화는 미미합니다. 그렇지만 실망할 일은 아닙니다. 대중들은 촛불혁명의 한계를 곧 인식하고 보다 높은 단계의 혁명을 스스로 개척해갈 테니까요.

저도 감옥에 갇혀서야 우리의 현실을 절박하게 깨달았습니다. 혁명 투쟁을 통해 비로소 거짓과 진실을 판별할 수 있고 힘이 생기는 것이지 가만히 기다리면 저절로 세상이 바뀌지 않음을 알았습니다. 패배가 뻔하므로 스스로 싸워보지도 않고 포기한다면 아무 것도 바꿀 수 없습니다. 지더라도 굴하지 않고 싸워봐야 어떻게 싸울지 구체적인 전략과 전술을 내올 수 있고 힘을 키울 수 있습니다. 노동계급에게 그런 불굴의 의지와 신념이 부족해 보입니다.

노조 간부들이 감옥에 와서 대접받으려고만 하고 나가서는 수감살이를 경력으로 내세워 자기 이익을 챙기는 모습 볼 때마다 역겹습니다. 공공운수 노조 간부가 건달처럼 수감생활하는 모습을 보고 경악했습니다. 선배님의 편지에는 공장들이 혁명화 되고 있다고 하는데 수감된 노조 간부들을 보면 몇몇 분을 제외하면 절박해 보이지 않습니다. 그래서 제가 출소하면 실제 노동현장의 분위기는 어떤지 직접 방문해보고 싶습니다.

제가 처음 갇혔을 때는 인간에 대한 존엄과 신뢰는커녕, 절망감과 불안 그리고 불신으로 가득했습니다. 그런데 심연의 고통이 밀려들수록, 사는 것보다 죽는 게 나을 것 같은 괴로움과 상처들이 온 몸을 할퀴고 지나가 죽음 말고는 더 이상 밑바닥으로 떨어질 게 없을 때가 돼서야 나를 내려놓게 되었습니다. 그리고 내가 얼마나 아픈지, 그 절실함을 체험하면서 다른 사람들의 고통과 상처의 무게를 이해할 수 있었죠. 예전에는 피상적으로 피착취계급의 고통을 이해했다면 지금은 그 고통이 온전히 나의 것이고 공감하지요.

감옥은 저의 삶을 근본적으로 바꾸어 놓았답니다. 진정한 신뢰는 참혹한 고난과 시련 속에서 저를 지켜주었고 인간의 존엄성을 깨우쳐 주었습니다. 감옥의 시련이 저에게 진정한 인간의 가치와 신뢰를 깨닫게 하다니 대단히 역설적인 일입니다. 제 경험에서 알 수 있듯이 자본주의 모순과 착취로 인해 인간성이 파괴되고 무너질수록 인간에 대한 신뢰는 더욱 더 절실해지고 강력한 힘이 될 것입니다. 지독히 아파본 사람만이 사람의 진정한 가치를 깨닫고 신뢰할 수 있습니다. 그런 신뢰와 혁명을 촉발시켜서 사람의 세상으로 바꿀 거라 확신합니다.

거리의 봄꽃 소식이 반갑습니다. 저도 어서 빨리 거리의 봄꽃을 자유롭게 만나고 싶습니다. 선배님과의 대화가 즐겁습니다. 또 편지 드리겠습니다.

# 여전히 남은
# 파쇼 억압 체제의 토대들

2017년 5월 15일,
최상철 동지께

대통령선거로 문재인이 당선되었습니다. 박근혜가 파면되고 야당으로 정권이 바뀌어서 기대감도 있지만, 공허한 마음도 듭니다. 한반도의 군사적 긴장은 여전합니다. 어제 새벽에 북이 미사일 시험 발사를 했습니다.

북은 이남의 새 정권을 의식 않고 그들의 시간표대로 가려는 것 같습니다. 북도 문재인 정권의 한계를 알기 때문에 대남관계 보다는 대미 전략에 집중하려는 것 같습니다.

문재인 대통령이 미중러일 사이에서 공간을 만들어보려는 것 같은데, 북의 협조 없이는 어려운 일이에요. 그렇다고 문 대통령이 미국보다 북과의 관계를 더 중시할 것 같지도 않습니다.

북이 핵무장 능력과 미사일 기술이 상당한 수준에 이른 현재의 상황에서 20년 전의 6자 회담 체제로 되돌아가려 할까요. 또한 북을 핵무장 국가로 인정 않는 미국이 북과 협상을 하려 할까요. 문재인 대통령이 한반도 평화를 위해 동분서주 애쓰겠다고 다짐했지만 여전히 불확실성이 큽니다.

아마 북도 그런 점을 알고 당분간 핵과 미사일 능력 향상을 더욱 다그칠 것 같습니다.

북과 대화하겠다는 문 대통령의 기대와는 달리 당분간 남북대화의 전망이 불투명해 보입니다. 이남 내부의 자유주의자들도 북을 어떻게 대할지 근본적인 고민을 할 때가 되었습니다.

북을 적으로 간주하는 반공체제의 토대를 그대로 존속하면서 북은 '적'이면서 '동포'라는 가변적이고 이중적인 생각으로 어떻게 북과 진정성 있는 대화와 신뢰를 쌓을 수 있겠어요.

막연하게 자유주의 시장경제의 우월성을 맹신하여 돈으로 북의 체제를 흔들고 이끌 수 있다는 환상은 이제 비현실적인 일이 되었습니다. 과거처럼 순진하게 남북이 경제교류를 활성화시키자는 이야기는 진부해졌습니다. 미국과 주변 국가들이 그렇게 하도록 가만히 있지도 않겠죠.

박근혜 파쇼체제를 무너뜨리고 촛불혁명의 힘으로 새로운 정부를 세운 일은 민주주의의 역동적인 힘입니다. 그러나 여전히 파쇼 억압 체제의 토대들이 그대로 존재하므로 민주주의 완성은 미미하고 연약합니다. 우리 내부에서 보다 근본적인 민주주의가 실천될 때 민중들의 삶이 행복해지고 남북평화의 토대도 강해질 거라 봅니다. 이것이 문재인 대통령의 당선을 기뻐하면서도, 마냥 기뻐하지 못하는 우울한 지금 제 마음이에요.

이곳 감옥의 일상은 똑같습니다. 대통령이 바뀌었다고 감옥 인권이 지켜지지는 않으니까요.

감옥 생활이 8년 가까이 되었지만, 여전히 낯설고 감시와 억압적 분위기에 짓눌리지요. 그런 긴장감 속에서 스스로 자존감을 지키려면 늘 방심 않고 끊임없이 자신과의 싸움에서 이겨야 합니다. 한순간이라도 방심하는 순간 '와르르' 무너집니다. 식사, 운동, 학습, 모든 것이 그런 맥락에서 이어져야 합니다.

이것이 지난 8년 동안 저를 지켜준 힘입니다.

출소가 가까워지면서 앞으로 제 계획을 궁금해하십니다. 저는 너무나 갑자기 수감되어서 여전히 지금의 현실이 '꿈'같습니다. 마치 제가 꿈을 꾸는 기분이거든요. 8년 전이나 지금이나 감옥생활은 그대로여서 시간이 멈추어 버린 것 같기도 합니다. 출소하면 지난 시간의 공백과 변화들이 한꺼번에 다가올 테고 그런 것들을 잘 채우고 제자리를 찾아야겠죠. 기쁨과 설레임도 있고 가슴앓이도 하겠죠.

아픔보다는 희망이 더 클 거라 믿고 힘든 감옥생활을 이겨냈듯이 당당하고 흔들리지 않을 것입니다. 수감생활 초기에 '거인'이 되겠다고 최 동지께 약속했는데, 과연 지난 8년의 시간 동안 제가 그만큼 성장했는지 부끄러워집니다. 저는 죽을 힘을 다해 싸웠다는데 제 스스로를 다독일 뿐이에요.

바쁜 시간 내어서 인도박물관 김양식 관장님을 뵙고 제가 쓴 글(편지)들을 전해주셨다지요. 고맙습니다. 언제나 변함없이 저를 위해 애쓰시는 최 동지께 감사할 뿐입니다.

최 동지 덕분에 저는 외롭지 않습니다. 깊은 동지애를 느낍니다. 오랜만에 전화 신청을 예약합니다. 5월 23일(오후 2~3시경)입니다. 최 동지의 반가운 목소리가 그립습니다.

안녕히 계세요.

# 세상은
# 바뀌지 않았습니다

2017년 6월 11일,
존경하는 임채희 선생님께

안녕하세요?

선배님이 보내주시는 편지와 여러 편의 시들을 받고 이제야 편지 드립니다. 저의 게으름을 용서해주세요. 선생님께서 5월 2일, 5월 18일에 보내 주신 작품 모음집과 5월 30일에 보내주신 편지와 시들 잘 받았습니다.

멀게는 1985년부터 거리에서 쓰신 글도 있었고, 그동안 임 선생님의 치열했던 삶을 보고 느낄 수 있었습니다. 선생님과 함께 투쟁의 현장에 있는 것처럼 생생한 묘사의 감정들이 가슴 깊은 울림을 줍니다. 소설 『구보 씨의 하루』를 읽는 것처럼, 1980년부터 2017년 오늘날까지 치열하게 혁명을 고뇌하면서 살아온 일상들을 자세히 기록한 일기를 보는 것 같습니다.

제가 고등학교 때 카프 시인들을 좋아했습니다. 오장환의 「병든 서울」을 읽으며 사실주의(리얼리즘) 문학에 깊이 감동했습니다. 일제 식민지의 모순을 있는 그대로 표현한 것이 놀라웠습니다. 임채희 선생님의 글들을 읽으면서 우리의 현실이 일제시대 때나 지금이나 비슷하구나! 그런 생각이 드네요.

오늘 6월 10일 민주항쟁 30주년 기념식에서 문재인 대통령이 민주주의 후퇴가 없을 거라고 기념사에서 이야기했는데 제 마음은 참 공허하네요. 극우정권에서 보수정권으로 바뀐 것뿐인데 마치 촛불 혁명이 성공했으므로 더 이상 나서지 말고 가만히 있으라는 이야기처럼 들리네요.

세상이 바뀐 것처럼 착각하며 기다리는 것을 미덕처럼 여기고 지배계급의 선의와 호혜를 바라는 시민 대중들을 어떻게 봐야 할지 잘 모르겠습니다. 세상의 빈부격차가 재앙 수준이라고 떠들면서 자본가들은 이를 비웃듯 쥐새끼들처럼 강남 재건축 아파트 투기로 떼돈을 벌고 있는 현실입니다. 일자리를 늘려 가계소득을 올리고 비정규직을 줄이겠다고 큰소리치지만, 자본주의 속성상 공허한 이야기입니다.

생산시설의 사회화 없이는 모두에게 일자리를 나누어줄 수는 없습니다. 이곳 감옥은 치열한 전쟁터입니다. 구조적인 폭력이 늘상 팽팽한 긴장감을 주지요. 특히, 공안사범에 대한 감시와 경계는 정권이 바뀌었다고 달라지지 않지요. 온갖 멸시와 조롱, 감시의 음흉한 일상들을 참고 버티고 이겨내는 것 이외에는 선택할 게 없지만, 역설적이게도 그런 핍박과 억압이 나를 담금질하여 강하게 만듭니다. '감옥의 역설'입니다.

밖에서 생각하는 감옥과 이곳의 실제 모습은 다릅니다. 경찰을 늘려 치안을 유지하고 범죄를 줄인다고 생각하지만, 정반대의 결과만 나옵니다. 일단 교도소에 수감되면 교정과 교화가 되어 출소할 거라 기대하지만 억압적이고 폭력적인 곳에서 어찌 진정한 교화와 교정이 가능하겠습니까. 그저 잠시 격리시키는 효과뿐이죠. 반면에 재소자가 출소하여 안정을 찾기란 현실적으로 어렵고 또 다시 범죄에 손대고 재범, 누범이 반복되는 구조입니다. 범죄가 반복될수록 가중처벌을 받기 때문에 사소한 사건이 강력범죄로 되고 점점 더 흉악해집니다.

살인사건으로 무기징역형을 사는 사람들을 보면 어떻게 저렇게 선량한 사람이 그런 끔찍한 일을 저질렀을까 믿기 힘든 경우가 대부분입니다. 순간의 분노, 감정을 통제 못해서 그런 경우가 많아요.

사회의 구조적 모순 때문에 발생하는 범죄들이 많은데, 그런 근본적인 모순을 방치하면서 경찰을 늘려 형사처벌을 강화하고 교도소는 점점 과밀 수용으로 제 기능을 잃어가는 심각한 문제가 진행 중이에요. 법무부도 이런 사정을 잘 알면서도 그저 쉬쉬! 감추기에 급급할 뿐입니다.

출소가 가까워지면서 보안관찰신고 때문에 고민이 깊습니다. 강용주 님이 위헌심판신청을 하면서 싸우고 계시지만 여전히 현실은 우울합니다.

국가보안법 폐지 목소리는 아예 들리지 않을 정도로 미미합니다. 사상의 자유는 여전히 어둠 속에 갇혀 있습니다. 국가보안법 폐지를 주장하는 것만으로도 공안기관의 표적이 되고 감시당하며 저 같은 경우는 보안관찰 대상으로 족쇄를 채웁니다. 이와 같은 조건에서 무산자계급이 당을 건설하고 조직화하기가 어려운 것이 현실입니다. 이것을 어떻게 극복해나갈지 어깨가 무겁습니다. 아주 지독한 반공국가 체제에서 마르크스-레닌주의자의 원칙을 버리지 않고 40년 가까이 혁명가의 삶을 놓지 않는 선생님께 존경과 경의의 인사드립니다.

수행자의 삶보다 더 큰 고통과 외로움을 이겨내셨을 것입니다. 저는 소련이 해체되었다고 해서 사회주의 체제가 실패했고, 오류였다는 생각은 안 해보았습니다. 사회주의 진영이 무너졌다고 해서 자본주의 진영이 무너졌다고 해서 자본주의 근본적 속성이 바뀌지는 않는 것이니까요. 전 세계 자본주의 체제는 과잉생산과 주기적인 경기침체로 만성적인 경제위기에 놓여있습니다. 저는 이 모순의 임계점이 곧 현실화될 테고 폭발할 거라 봅니다.

요즘, '기본소득' '일자리 창출' '정규직으로 전환' 등등 경제적 불평등 문제 해결에 대한 기대감이 커졌지만 자본가계급이 바보처럼 손 놓고 가만히 있겠습니까? 국내 독점자본가들은 해외 독점자본가들과 결탁하여 철저히 그들의 이익을 지키려 할 것입니다. 시간이 지날수록 자본주의 모순은 노골적으로 드러날 테고 체제유지를 넘어서는 근본적인 고민을 하게 될 것입니다.

「생각들」 작품들을 국가보안법 위반으로 옭아매어 강제로 삭제시켰군요. 생각을 글로 표현했다고 죄가 된다니 황당합니다. 저들은 제가 평양에 다녀온 이야기를 하는 것 자체로 국가보안법으로 걸어서 《작은 책》 연재도 막았답니다. 행정소송을 제기하여 집필문을 밖으로 내보내 겨우 발표는 했지만 2~3년 동안 피 말리는 재판을 해야 했고 감옥에서 압수수색까지 당했지요. 저놈들은 사소한 것으로 국가폭력을 휘두르며 괴롭히고 위축시키려 합니다. 그렇게 함으로써 체제에 순응하지 않으려는 사소한 일조차 '풍비박산'을 내어 박멸할 수 있다고 믿는 것이죠. 역사적으로 볼 때, 이런 현상들은 점점 망해가는 체제의 말기적 징후들이었습니다.

모순들의 충돌 때문에 일어나는 문제들을 윽박질러 숨긴다고 해결되지는 않겠죠. 저는 요즘 노사과연에서 보내준 소련-인도 외교 관련해서 논문들과 자료들을 읽고 있습니다. 러시아 혁명 100주년 기념으로 소련과 인도 관계를 주제로 논문을 구상하고 있습니다. 소련과 인도가 평화우호협정을 맺었는데, 1970년대 냉전시기에서 보면 사회주의 국가의 대외정책을 가늠해볼 수 있는 사례입니다. 제가 능력이 부족하여 제대로 연구성과를 낼지 걱정입니다.

대학에서 자리 잡고 먹고살려면 자본가계급이 선호하는 인도지역 연구를 해야 하는데, 어차피 교수되기는 틀렸고 주변 눈치 안 보고 계속 저의 학문적 안목과 신념을 믿고 진행하려고 합니다. 그것이 인도를 객관적으로 이해하는 정도이기도 하지요.

올 초에 『자본론 Ⅰ』(상), (하)를 읽었는데, 출소하면 채 소장님께 자본론을 배울 생각입니다. 그리고 연구소가 활성화될 수 있도록 저도 힘을 보태겠습니다. 저는 선생님처럼 거리에서, 투쟁 현장에 나서지는 못하겠지만 그런 투쟁이 승리하고 지속적으로 발전하게끔 열심히 공부할 생각입니다. 저에게 공부는 죽을 때까지 평생 하는 노동입니다.

제가 1991년에 프로그레스 출판사 뉴델리지사에서 구입한 LP판이 십여 장 있습니다. 멜로디아레코드사에서 만든 러시아 민요와 교향곡, 레닌 연설 육성 녹음 등등 귀중한 자료들인데 러시아어를 몰라서 늘 궁금했었습니다. 제가 출소하면 임 선생님과 함께 LP 음반자료들을 공유하도록 하겠습니다. 러시아어를 배우고 싶었지만 거기까지 제 실력이 닿지 못했습니다. 제가 평양의 벗들에게 평양을 거쳐 시베리아 대륙횡단열차 타고 모스크바에 여행하자고 약속했는데, 그런 날이 곧 올 것입니다.

저는 제 자신이 과연 8년 동안 감옥에 갇혀 지내며 무너지지 않겠는가? 제 자신을 믿지 못했는데, 거침없이 전진하는 역사의 진보를 보면서 '정의의 승리'를 확신하며 더 강해졌습니다. 탄압과 억압은 승리를 더욱 담금질하여 강하게 만드는 또 다른 징표라는 것을 감옥에서 깨달았습니다. 선배님이 가시는 길과 제가 가는 길은 같다고 봅니다. 혼자라면 외롭겠지만, 이제 저 혼자가 아니라는 사실 하나만으로도 용기가 생깁니다.

선생님의 깊은 배려와 사랑을 느낍니다. 곧 반가운 얼굴로 찾아뵙겠습니다. 안녕히 계세요.

# 뜬구름 잡는 비핵화 주장 대신
# 진정성 있는 민족애로

2017년 8월 12일,
존경하는 이윤 선생님께

안녕하세요? 선생님. 무더운 폭염 날씨에 건강하게 잘 지내시는지요? 저는 감옥에서 마지막 더위와 싸우고 있습니다. 입추와 말복도 지나 더위가 한풀 꺾이었습니다. 땀 범벅이 되어 고생했지만, 건강하게 더위를 잘 이겨냈습니다.

곧 건강한 모습으로 뵐 수 있을 것입니다. 저의 출소예정일은 9월 8일 오전 5시입니다. 9월 8일 오전 5시 전주교도소 앞에서 간단한 상봉모임을 갖고, 모두 함께 아침을 먹을 계획입니다. 그리고 전주고백교회로 이동하여 공식적인 환영축하모임을 가질 계획입니다. 전주고백교회에는 한상렬 목사님과 이강실 목사님이 담임목사님으로 계십니다. 전주고백교회 일정은 한상렬 목사님이 준비하시기로 했습니다. 민가협과 양심수후원회, 석방모임 등 단체에서 환영식모임 준비를 하고 있습니다. 9월 7일 12시(밤) 경에 서울에서 모여서 버스(관광전세)로 전주로 내려올 것으로 알고 있습니다.

이윤 선생님도 참석하신다면 제게는 크나큰 영광입니다. 너무 이른 새벽에 이동하시는 게 힘든 일이어서 "와 주세요!" 말씀드리기가 송구한데, 이렇게 한달음에 먼 곳까지 와주신다니 이윤 선생님의 마음이 느껴져 제 가슴이 뭉클합니다. 제가 석방모임 변순영님께 이윤 선생님의 연락처를 편지로 보내서 환영식 일정을 공유하시고, 참석하시게끔 부탁하겠습니다. 참고로 변순영님의 연락처는 010-○○○○-○○○○입니다. 저의 석방을 위해 애쓰시는 분입니다.

저는 당분간 부모님이 계신 대전에서 지낼 것입니다. 서울 서초동에 있는 인도박물관에서 연구활동을 하면서 공부도 하고 입지점을 세워 갈 것입니다. 통일운동과 남북평화를 위해 제게 역할이 주어지면 당연히 그런 일에도 힘을 보탤 것입니다.

북미 대결이 파국으로 가지 않으려면 평화협정을 맺고 친구처럼 지내야 할 것입니다. 북의 비핵화는 점점 비현실적인 일임이 드러나고 있으므로, 북미 관계도 그런 현실이 반영되어 재설정될 거라 예상합니다. 그런 흐름에 따라서 남북관계도 재설정될 테고, 남에서 바라보는 북의 관점과 인식도 바뀔 거라 생각합니다.

문재인 정부가 들어서면서, 보훈처장이 몽양 여운형 선생님의 추모식에 축사까지 보내고, 좋은 일입니다. 그러나 자유주의 세력을 대표하는 문재인 정권의 대북정책은 실망스럽습니다. 반공보수 정권과 본질적으로 다르지 않습니다. 근본적인 정치개혁은 손도 대지 않고 있습니다. 국가보안법 철폐와 국가정보원 폐지는 민주주의 발전을 위해서는 반드시 실행되어야 할 과제입니다.

남북관계도 미국 눈치 보지 말고 자주적으로 풀어갈 노력도 않고 한미일 대북제재에 열을 올리면서 대화를 하자고 엉뚱한 소리를 합니다. 그러면서 무슨 "운전대" 타령을 합니다. 북핵 문제에 남측이 해결할 능력도, 영향력도 없으면서 북을 비핵화 시키겠다고 큰소리칩니다. 최근에 북미 긴장이 고조되자, 남측의 처지와 현실을 인식하며 북미 핵문제에 끼어들지 않겠다며 슬쩍 한발 빼고 있지만 끼어들고 싶어도 끼어들 틈도 없는 상황 아니겠습니까!

오바마가 전략적 인내로 허송세월 보냈듯이, 지금 문제인 정부의 모습처럼 현실에 안주한다면 남북관계 희망은 보이지 않을 것입니다. 민족분열과 분단, 적대관계 청산에 대한 철학과 의지 없이 주변 나라들 눈치 보면서 꼼수만 생각하는 처세술 가지고는 남북관계를 전망 있게 끌고 갈 수 없습니다.

이제 우리도 친일·친미 세력을 청산하고, 자주독립국가를 세우겠다는 결단이 필요합니다. 그렇지 않고 백날 촛불 들어봐야 보수 지배계급이 내주는 '떡고물'에 만족해야 할 것입니다. 북이 핵으로 무장한 데는 남쪽의 책임도 크다고 봅니다. 북을 적대시한 결과 북을 핵무장으로 내몬 측면도 있습니다. 사실상 미국의 핵을 내세워 북을 압박한 것 아니겠습니까.

늦었지만, 우리의 희생과 대가를 지불해서라도 북을 진정으로 대하고 민족 동질성을 회복하는 데 노력해야 합니다. 뜬구름 잡는 "비핵화" 소리는 별 의미가 없다고 봅니다. 돈이면 모든 것을 결정하고 가질 수 있다는 천박한 사고에서 벗어나 진정성 있는 민족애와 인류애가 우리의 문제를 풀어줄 열쇠라고 생각합니다.

이런 어려운 문제를 혁명이 아닌 다른 방법으로 풀어가기가 대단히 어려운 조건이지만, 끝까지 포기할 수는 없는 일 아니겠습니까. 그래서 '참교육'이 대단히 중요하지요. 요즘 대학교는 취업 스펙을 쌓는 곳으로 타락했고 학교 교육은 입시와 경쟁으로 붕괴되었습니다. 집값 떨어지고, 주식 떨어지는 데는 눈에 불을 켜고 살지만 교육의 황폐화에는 그 누구도 책임지지 않습니다. 출소하면 선생님과 그런 문제들을 의논하고 싶습니다. 어떻게 민족의 미래 간부들을 키워나갈지 진지하게 고민하고 있습니다. 그럼 출소 날 뵙겠습니다. 안녕히 계세요.

# 포승줄을 풀고
# 현실의 도전에 맞서 싸우겠습니다

2017년 9월 3일,
그리운 백철현 동지께


안녕하세요? 출소 앞두고 전주교도소에서 백철현 동지께 마지막으로 편지 씁니다. 가슴이 떨리고 벅차오릅니다. 지난 8년의 시간을 곁에서 함께 힘든 시간을 참고 견디어 준 백 동지와 노정협 동지들께 이 벅찬 기쁨을 나누고 우리의 승리를 축하합니다.

어려운 고비마다, 백 동지는 저에게 항상 용기와 격려를 아낌없이 주셨습니다. 갇혀 지내면 고립감 때문에 무너지기 쉽지만, 백 동지와 노정협 동지들의 헌신적인 후원과 배려 때문에 저는 더 강해졌고 싸웠답니다. 8년이라는 긴 인고의 시간을 우리는 물러서지 않고 혁명의 결의를 다지며 전진했습니다. 저는 동지들 덕분에 과학적 사회주의 운동, 특히 레닌에 대한 깊은 이해와 경험을 할 수 있었습니다. 이런 이론적 정립은 우리 사회의 혁명운동의 본질을 깊이 통찰하게 하는 자산이 될 것입니다.

현실 사회주의 진영의 몰락이 반드시 자본주의의 승리와 그들의 영원불변성을 의미하지는 않습니다. 소련과 동구 사회주의 국가들의 몰락과 제3계 진영의 약화가 제국주의(독점자본주의) 체제를 승리자로 만든 것처럼 보이게 하지만, 자본주의 체제의 근본모순이 해결되지 않고 심화되고 있으므로 눈에 보이는 게 다가 아닙니다. 최근 북미관계를 보

367

아도 미국의 체제가 얼마나 취약한지 잘 보여주고 있지 않습니까! 소수 자본가 지배계급을 위해 전쟁의 불안 속에 살 수는 없습니다. 그런 전쟁은 허무하고 무가치합니다. 그 점을 미국이 증명해줍니다.

우리 민족의 자주통일 전망도 이런 맥락에서 해결될 것입니다. 나는 글을 쓰고 연구활동을 하면서 조금씩 입지를 세워갈 생각입니다. 백 동지와는 그동안 가슴속에 쌓아두고 나누지 못했던 이야기들을 마음껏 나누고 산행도 하고 싶습니다. 8년 내내 콘크리트 장벽에 둘러싸여 있는 교도소에서 갇혀 지내서 산과 들, 나무와 꽃, 자연이 그립습니다.

노동계급의 현실과 전망은 어떤지 많은 현장의 모습을 보고 싶습니다. 저는 노정협의 관점이 옳다고 생각하는데, 왜 현장의 노동자들은 이론적 방황을 하는지 알고 싶습니다. 지난 8년 동안 어떤 일이 있었는지 자세히 듣고 배우고 싶습니다. 출소에 대한 기대가 크고 설레지만, 엄혹한 현실의 도전들에 맞서 싸워야 한다는 긴장감도 있습니다. 그동안 함께 시련을 잘 이겨냈듯이 동지들과 함께 깊이 토의하고 전망을 공유하면서 전진해나가겠습니다.

서초동 중앙지법에서 포승줄에 묶여 지나가는 저를 따라와 "힘내라!"고 외치시던 백 동지의 동지애를 잊을 수 없습니다. 그때 첫 만남이 가슴에 깊이 있습니다. 이제 곧 자유롭게 만날 수 있다니 정말 기쁩니다. 얼싸안고 우리들의 승리를 축하해야지요! 노정협 동지들께 영광이 있기를!